KB161490

코포릿 아메리카

코포릿 아메리카

초판 1쇄 발행 2014년 9월 20일

지 은 이 | 김성열

펴 낸 이 | 최용범
펴 낸 곳 | 페이퍼로드
출판등록 | 제10-2427호(2002년 8월 7일)
　　　　　 서울시 마포구 연남동 563-10번지 2층

편　　　집 | 양현경
마 케 팅 | 윤성환
관　　　리 | 강은선
디 자 인 | Kewpiedoll Design

이 메 일 | book@paperroad.net
홈페이지 | www.paperroad.net
커뮤니티 | blog.naver.com/paperoad
Tel (02)326-0328, 6387-2341 | Fax (02)335-0334

ISBN　978-89-92920-05-6 13320

법과 제도 그리고
101가지 사례로 본 미국식 자본주의

코포릿
아메리카

★

CORPORATE
AMERICA

김성열 지음

페이퍼로드
paperroad

일러두기

이 책의 각주에 등장하는 'A v. B'는 판례(실제 사건)를 의미합니다. 일반적으로 A가 소송을 제기하는 사람 (plaintiff)이고, B가 소송을 제기 당하는 사람(defendant)입니다. 미국의 판례를 실제로 표시할 때는 '담당 법원, 심급(1심, 2심, 최종심), 판례 정리와 기록을 담당하는 리포터의 이름, 판결 연도' 등을 추가적으로 표시해야 합니다. 다만, 이는 아주 복잡할 뿐더러 독자들에게도 큰 의미가 없는 전문적 내용이라 단순화해 표기하였습니다.

예를 들어, 'Gay Jenson Farms Co. v. Cargill Inc.'는 'Gay Jenson Farms. Co.'라는 원고가 'Cargill Inc.'라는 피고를 상대로 소송을 제기해 미국 법원이 판단을 내린 판례를 뜻합니다. 이 판례의 정식 명칭은 'Gay Jenson Farms Co. v. Cargill Inc., 309 N.W.2d 285 (Minn. 1981)'입니다.

본문 중에 등장하는 'A U.S.C. §B' 등은 미국 연방 법률의 표기 방식입니다. 여기서 'A'는 법의 적용 대상 분야를 구분하는 타이틀이며, 'U.S.C.(United States Code)'는 코드화된 연방 법률이라는 의미이고, '§B'는 구체적인 조항 번호를 가리킵니다.

이 책의 목적은 미국의 기업 제도 및 관련 사례에 대해 정보를 제공하기 위한 것으로, 특정 사안에 대한 법률 자문이 아닙니다. 개별 사건에 대한 법률 자문은 변호사와 관련 전문가의 도움을 받아야 하며, 이 책의 저자와 출판사는 이 책의 내용에 의해 직접적 또는 간접적으로 초래되었다고 주장되는 어떠한 상업적 · 재무적 · 정신적 · 육체적 피해에 대해서도 책임이 없음을 알려드립니다. 아울러 이 책의 내용은 저자 자신의 개인적 견해로서 대한민국 정부나 출판사의 공식적 견해가 아니며, 책에서 인용된 기업명 · 상품명 · 인물명 등은 추천이나 승인 목적이 아니라 정보 제공 목적으로만 사용되었음을 양지하시기 바랍니다.

──── 기업은 자본주의의 핵심 단위다. 사회가 그러는 것과 맥을 같이하여, 기업의 모습과 역할 또한 변화를 거듭하고 있다. 요즘은 윤리가, 이윤에 앞서는 기업의 존재 이유가 되기도 한다. 미국 자본주의를 다룬 책은 많다. 하지만, 산업 정책 입안 경험을 토대로 미국 법에 대한 지식과 뉴욕 상무관으로서 겪은 실제 사례를 엮어 미국 자본주의를 해부한 책은 유일하다. 자칫 지루할 수 있는 무거운 주제를 사례(case) 형식으로 흥미롭게 풀어낸 점도 이 책이 주는 매력의 하나다. 또한, 기대와 우려 속에 소용돌이치고 있는 우리 경제의 앞날에 시사점을 준다는 점에 대해서도 저자에게 인색할 필요는 없을 것 같다.

윤상직 산업통상자원부 장관

──── 우리는 미국에 대해 많은 것을 안다고 생각한다. 하지만 실제 미국의 기업, 세계를 움직이는 제도와 룰에 대해서는 깊이 알고 있지 않다. 이 책에서는 미국법 전문가인 저자가 세계 경제의 수도 뉴욕에서 상무관으로 근무하면서 직접 관찰하고 분석한 미국 자본주의의 정수가 녹아 있다. 저자는 미국 기업 조직과 운영의 전통적 이론을 다루면서도 기업 지배 구조 쟁탈전, M&A, 경영진의 보수, 배당, 내부 거래, 금융 트렌드 등 현대 미국 경제의 핵심 토픽을 실제 기업 사례를 통해 생생하게 전달하고 있다. 미국 경제를 심도 있게 조망해 볼 수 있는 새로운 바이블의 탄생을 축하한다.

이정훈 법무법인(유한) 태평양 대표 변호사

──── 미국 기업 제도의 핵심을 정교하게 잘 설명하고 있을 뿐 아니라, 미국 기업 세계와 금융시장의 핵심 이슈를 짚어볼 수 있는 매력을 갖고 있다. 이 책이 매력적인 또 다른 이유는 미국법 전문가인 저자가 세계 경제의 심장 뉴욕에서 상무관으로 근무하면서 직접 수집하고 분석한 다양한 기업 사례들이 주제별로 등장하기 때문이다. 미국 자본주의 시스템의 여러 면을 좀 더 깊이 있게 이해하려는 모든 이에게 이 책을 자신 있게 권하는 바이다.

김영준 미국 국제 로펌 밀뱅크(Milbank) 파트너 변호사

──── 미국 시스템을 심층적으로 공부한 저자가 뉴욕 상무관 근무 경험을 토대로 미국의 기업 제도와 이론을 다양한 사례와 함께 소개하고 있는 흥미진진한 교과서다. 왜 회사가 존재하는지, 진정한 회사의 주인이 누구인지, 경영진이 잘 못하면 무슨 일이 발생하는지, 금융시장이 기업에 대해 어떤 영향을 미치고 있는지 등등 이 책이 다루고 있는 다양한 주제와 심층적 분석은 미국식 자본주의를 새롭게 이해할 수 있는 훌륭한 도구이다.

김우진 서울대학교 경영학과 교수

여는말

우리는 왜 미국식 자본주의를 깊이 이해해야 하는가

미국은 누구나 알고 있듯이 자본주의의 첨병 국가로서 정치적인 영역에서만 아니라 경제 분야에 있어서도 세계를 선도하고 있다. 미국 금융시장의 움직임과 미국발 경제 속보가 오늘도 세계와 우리나라 경제에 영향을 미치는, 미국이 주도하는 글로벌 경제의 시대에 우리는 살고 있는 것이다. 전 세계를 상대로 경영 활동을 전개하는 다국적기업의 상당수가 미국 기업으로서 미국적 가치와 경영이 세계적으로 확산되고 있는 것도 이제 새로운 얘기가 아니다.

미국의 자본주의는 철저하게 기업 중심으로 운용되고 있다. 하지만 미국식 자본주의의 상징인 미국 기업들도 파트너십 Partnership, 유한 파트너십 LP, 유한책임회사 LLC, S형 주식회사 S corporation, C형 주식회사 C corporation 등 여러 가지 다양한 형태로 존재하며, 이러한 다양한 형태의 기업들은 개별주의 회사법, 정관 등 회사 내부의 규범, 제3자와의 계약, 세제와 관련된 규정 등 다양한 제도적 환경에 의해 그 운영이 제약되고 있다.

세계에서 가장 기업 친화적이라는 미국도 기업에 대해서 100% 활동의 자유를 보장하지는 않는다. 그 이유는 경영자, 주주, 채권자 등 기업을 둘러싸고 있는 다양한 관계자의 이해 조정이 필요하기 때문이다. 이를 위해서는 규범이 필요하고, 그러한 규범의 역할을 다 하고 있는 것이 미국의 회사법 제도 Corporations Law라고 할 수 있다.

미국의 회사 관련 제도와 사례를 우리나라에 자세하게 소개하려고 마음먹은 데에는 여러 가지 이유가 있다. 첫째로 우리는 미국과 뗄 수 없는 긴밀한 관계를 맺고 있다. 한국전쟁 이후 혈맹의 관계를 맺어온 것을 얘기할 필요도 없이, 경제적으로 미국 시장은 우리에게 여전히 큰 해외시장이며 한·미 FTA로 그에 대한 관심이 더욱 커진 바 있다. 우리는 한·미 FTA가 우리나라 제도와 관행이 선진화될 수 있는 계기가 되리라 믿어왔다. 그렇다면 우리나라에 많은 영향을 미칠 미국의 제도, 특히 기업과 관련된 제도와 이러한 제도가 실제 기업 운영에 적용되는 사례를 살펴보는 것은 미국을 이해하는 데 큰 의미가 있다고 본다.

둘째, 우리나라는 그동안 기업이 최대한 성과를 낼 수 있는 제도를 설계하는 데 많은 관심을 쏟아왔다. 정당성이 입증되지 않는 규제 개혁을 통해 기업 활동의 발목을 잡고 있는 병목 요인을 제거하는 것만으로 우리의 작업이 끝날 수는 없다. 적극적으로 우리나라의 기업이 글로벌 경쟁에서 승리할 수 있는 제도적 환경을 조성해 주는 데 정부는 노력을 기울여야 한다. 그런 관점에서 세계 최고의 경제 대국이며 기업 관련 제도의 선진국인 미국의 제도와 사례를 살펴보는 것은 시간 낭비가 되지 않을 것이라는 확신을 갖고 있다.

셋째, 미국 제도의 영향력은 세계적이다. 비단 미국 내에서 뿐만 아니라 세계적으로도 미국의 규범은 글로벌 스탠다드로서의 역할을 해온지 오래되었다. WTO와 OECD 등 주요 국제기구의 논의, 국제 상사중재 규범, 국제 M&A와 회사 간의 계약 등에 있어서 미국법은 준거법이자 나침반으로서 기능하고 있다. 해외시장 진출이 기업 성장의 주요한 수단인 우리나라 기업들에게 있어서 미국 제도의 이해는 생존 전략의 하나가 될 수 있는 것이다. 우리나라의 많은 기업들이 미국 시장 개척을 위해 미국에 현지 법인을 세워 운영하고 있는 사실만 봐도 이미 우리는 미국 제도의 영향을 직접적으로 받고 있다. 리스크 관리 차원에서 국내외 제도적 환경에 대한 대응은 기업의 성과를 결정지을 뿐만 아니라, 궁극적으로는 한 경제의 중·장기적 성장에도 영향을 미칠 수 있다.

넷째, 월 스트리트를 중심으로 한 미국의 금융도, 그리고 메인 스트리트의 제조업도 모두 기업이 주연 主演을 하고 있으며, 이 미국 기업들은 설립, 운영, 인수·합병, 자금 조달, 일상적 운영 등 여러 가지 활동을 함에 있어서 미국 회사 제도의 직접적인 영향권하에 놓여 있다. 우리는 그간 여러 차례 월 스트리트의 탐욕과 그로 인한 금융 위기, 미국 회사들에 얽힌 빅 뉴스 등을 접해왔다. 이러한 뉴스에 대한 이해는 회사의 실체와 조직, 회사를 운영하는 사람들, 외부의 이해관계자들이 서로 작용하는 세계를 규율하는 철학과 원리를 알고 접근할 경우 훨씬 쉬워질 수 있다.

마지막으로 이 책에서 소개할 사례가 우리에게 주는 교훈을 얘기하고 싶다. 한국 뉴스에서 접하게 되는 지배주주의 불법 행위, 금융시장을 교란시키는 내부 거래 등 우리가 고민하고 있는 내용들을 포함해 더 다양한 케이스에 대해 이미 미국은 제도나 판례를 통해 시각을 정립해왔다. 어떤 기준으로 어떻게 이해관계를 조정하면서 자본주의의 핵심인 기업 조직을 다루고 있는지 보는 것은 우리에게도 많은 시사점을 줄 수 있을 것이다.

2014년 뉴욕에서

김성열

차 례

Part
01

미국식 자본주의를
이해하기 위한 기초

Corporate America

01

기업 형태 : 주식회사만 회사가 아니다

기업은 다양한 주체가 활동하고 있는 무대이다. 미국 회사법은 이러한 여러 주체들의 실체와 관계가 항상 독립적이고 명확하지 않을 수 있다는 것을 우선 인정한다.

가령 A라는 사람이 있다고 가정해 보자. A는 기업을 창업하는데 성공한다. 이 A가 나중에 이사로서 그리고 지배주주로서 회사를 경영하게 되었다. 이런 경우 A는 창업자, 경영자, 이사, 그리고 주주 등 다양한 역할을 혼자서 동시에 수행할 수 있게 된다. 따라서 개인, 법인, 기업이라는 각 실체 간의 구분이 반드시 큰 의미가 있다고 할 수는 없다.

기업 활동을 담당하는 주체는 다양한 기업 형태 business entity를 선택할 수 있다. 미국에서는 자영업 sole proprietorship, 대리 agency, 파트너십, 유한 파트너십 limited partnership, 유한책임 파트너십 limited liability partnership, 유한책임회사

Limited Liability Company, S주식회사, C주식회사, 비영리법인 등 다양한 기업 형태가 인정되고 있다. 파트너십에서부터 비영리법인에 이르기까지 기업 형태의 다양성이 최대한 인정되는 것 자체가 미국식 기업 제도의 유연성과 장점을 반영하는 것이라 생각한다.

02

미국의 기업 제도가 주목하는 다섯 가지 주제

다양한 형태의 기업이 법적으로 존재하는 가운데, 미국 회사법은 기업의 본질과 관련된 다음의 다섯 가지 문제에 집중되어 있다고 볼 수 있다.

첫째, 기업을 누가 소유하고 있는지의 문제다. 소위 말하는 '오너'는 기업이라는 실체에 영향을 미치는 가장 중요한 주체로 인정되고 있다.

둘째, 기업을 소유하고 있는 오너와 기업이라는 실체의 관계도 미국 회사법의 관심 영역이다. 과연 오너가 경영을 직접하면서 소유와 경영의 일치를 실천하고 있는지, 아니면 경영권을 위탁하고 단지 지배주주로서 투자 수익의 확보에만 관심이 있는지 여부가 기업을 둘러싼 여러 가지 법적 쟁점을 이해하고 조정하는 데 방향타가 될 수 있다. 자세한 내용은 나중에 설명하기로 하겠다.

셋째, 오너가 지는 제3자에 대한 책임 관계 liability exposure도 중요한 영역이다. 일반적으로 기업 활동을 영위하는 데 있어서는 대규모의 자본이 필요하고, 이를 조달하기 위해 오너는 풍부한 자금을 보유한 제3자로부터 돈을 차입할 필요가 생긴다. 물론, 이 경우 제3자는 주주로서 참여하는 게 아닌 채권자 creditor로서 참여하게 된다. 채권자는 주주가 아니기 때문에 기업 활동의 실적과 관계없이 원금과 일정한 수준의 이자를 보장받게 된다. 하지만 모든 일이 순탄하게만 흘러가는 것은 아니다. 경우에 따라서는 채권자의 권리가 오너의 행위에 의해서 침해를 받게 되는 상황도 흔히 발생하며, 그 반대의 상황도 생길 수 있다. 기업을 둘러싼 이해관계자의 권리 보호가 회사법의 주요한 목적이라고 볼 때, 이러한 부분에 대한 미국 회사법의 관심은 당연하다고 보인다.

넷째, '누가 기업을 경영하고 누가 이를 통제하는가'라는 극히 중요한 문제가 있다. 필자는 이 문제가 미국 회사법, 아니 대륙법과 영미법계를 망라한 모든 회사법의 중요 이슈라고 생각한다. 기업은 오너에 의해 직접 경영될 수도 있지만 기업의 규모가 커지고 자본주의가 발전함에 따라 주주가 아닌 경영자에게 위탁되어 경영되는 현상이 일반화되었다. 바로 여기서 컨트롤의 문제가 발생하며, 그 유명한 본인 principal과 대리인 agent의 문제가 발생하는 것이다. 이 문제에 대해서는 앞으로 상세히 다루고자 한다. 어쨌거나 기업 경영과 연관된 통제의 문제는 우리 사회에서도 흔히 이슈로 제기되고 있는 중요한 사항이라는 점에서 미국 제도를 통해 유용한 시사점을 얻을 필요가 있다.

마지막으로 기업과 정부(보통 주(州) 정부)의 관계를 이해하는 것이 필요하다. 특히 기업의 설립 formation과 세금 관계에 있어서 정부(연방 정부와 주 정부)가 운용하고 있는 회사법과 세법의 역할은 막대하다.

03

기업을 둘러싼 법적 환경

우리나라의 법학에 법원 法源이라는 말이 있다. 이는 법의 근거 내지는 원천을 말하는 것으로 법규범이 존재하는 형태를 일반적으로 지칭하는 것으로 이해되고 있다. 미국 회사법에도 법원이 있다.

미국 회사법의 법원을 얘기하기 전에 우선 미국이라는 나라의 법 제도에 대한 간략한 설명이 필요하다. 회사법의 체계만 설명하는 것은 커다란 호수의 일부분에서 물장구를 치고는 호수 전체를 다 둘러 보았다고 큰소리를 치는 것과 같은 우를 범할 수 있기 때문이다.

우리는 어렸을 적부터 '미국은 불문법 不文法 국가'라고 배워왔다. 불문법 국가는 특별한 성문 법전이 없이 법원에서 나오는 판례가 법규범 형성의 주역을 맡고 있다고 우리는 알고 있다. 이 말이 틀리다는 얘기를 하고자 하는 것은 아니다. 다만 미국법에 대한 이러한 '일견'은 미국법을 전체적으로 이해하는 데 큰 도움이 되지 않는다. 물론 필자도 미국법을 공부하기 전에는 그렇게 피상적으로 생각했다. 결론적으로 말하면 미국법은 법원이라는 측면에 있어서, 판례뿐만 아니라 수많은 형태의 성문 법전이 존재하고 이러한 성문 법전이 판례를 형성하는 데 중요한 기준이 되고 있다. 미국법에 있어서 판례의 영향은 막강하다. 미국 연방 대법원 The United States Supreme Court에서부터 주 단위의 말단 법원에 이르기까지 판사들이 다양한 선례와 관련 법조문에 근거해서 내리는 법적 판단은 아직도 중요한 법의 원천으로 기능하고 있고 앞으로도 그럴 것이라는 데 의심의 여지가 없다.

다만 미국법이 이러한 판례만에 의해 좌지우지된다고 생각한다면 그건 큰 오산이다. 특히, 회사법 등 상법 분야에 있어서는 성문화의 정도가 우리의 상상을 뛰어넘을 수준이며 그 양과 내용도 방대하다. 예를 들어 우리나라의 '어음수표법', '등기법' 등과 비슷한 내용을 담고 있는 통일 상법전 Uniform Commercial Code의 경우는 주제별로 수많은 조문과 그 조문들을 설명하는 사례로 구성되어 있어서 과연 법조문인지 법조문을 설명하는 교과서인지 구분이 안 갈 정도다. 세법전 tax code, 증권거래법 the securities exchange act of 1934 등도 지나치게 정치하고 자세할 정도의 조문과 해설로 구성되어 있다.

기본적으로 미국은 연방 국가이며 연방을 구성하는 모든 주가 독립적인 입법 및 사법 권한을 갖는다. 회사법도 마찬가지이다. 모든 개별주는 각자 독립적인 회사 법전을 갖고 있다. 그중에서도 가장 대표적인 주가 델라웨어 주와 뉴욕 주라고 할 수 있다. 델라웨어 주는 많은 수의 미국 기업이 법인격을 등록하고 있는 기업법의 선진 지역이다. 미국 회사법을 대표하는 유수의 판례가 델라웨어에서 쏟아져 나온 것도 회사법 관련 소송의 당사자인 많은 수의 기업들이 델라웨어에 등록한 기업이었기 때문이다. 소송이 많았다는 것은 그 만큼 회사법에 대해 고민할 기회가 많았음을 의미한다. 다양한 유형의 케이스를 고민하면서, 회사법의 목적에 충실하면서도 여러 가지 이해관계를 조정한 결과 나온 판례들은 미국 회사법을 대표하는 선례가 되었다. 이러한 선례들은 미국내 최고의 회사법이라고 일컬어지는 델라웨어 회사법 Delaware Corporation Law에 그대로 반영되게 된다. 뉴욕 주 회사법도 비슷한 얘기를 할 수 있다. 뉴욕은 미국 금융과 상업의 중심지이다. 많은 수의 기업들이 뉴욕에서 활동하면서 뉴욕 주 역시 미국 회사법의 메카가 되게 된다. 뉴욕 회사법 New York Business Corporation Law과 이를 해석한 수많은 뉴욕 판례가 미국 회사법 교과서에 소개되고 있다.

이제 미국 회사법의 법원 法源에 대해서 본격적으로 얘기할 때가 되었다. 기업이라는 실체를 형성하는 것과 직접적으로 관련된 법은 기본적으로 각 주의 회사법 state statute이다. 이러한 주별 회사법은 각 주의 법원에 의해 해석되게 된다.

다음으로 기업 자체가 갖는 법규범도 무시할 수 없다. 기업에 내재된 이러한 법규범은 서티피킷 certificate, 차터 charter, 법인 설립 정관 articles of incorporation, 내부 규정 bylaws, 이사회 및 주주총회의 결의 resolutions of board of directors and shareholder votes 등 그 형태가 다양하다.

기업과 제3자 간에 맺어지는 계약 contract도 회사법 영역의 중요한 법원으로서 기능하고 있다. 아울러, 기업 활동과 관련된 외부 환경을 규율하는 각종 규정 regulations도 회사법의 원천으로서 기능하고 있다.

회사법의 명가 名家, 델라웨어 최고 법원의 수석 판사

2014년 초, 델라웨어의 주지사인 잭 마켈(Jack A. Markell)은 델라웨어 최고 법원(Supreme court)의 수석 판사로 레오 스트라인(Leo Strine)을 지명했다. 스트라인은 49세로서 델라웨어의 하급법원인 챈서리 법원(Court of Chancery)을 이끌고 있었다.

델라웨어 주 최고법원은 기업 관련 법적 쟁송의 최종 심판자로서 미국 내에서 확고한 지위를 차지하고 있다. 그 이유는 미국 내 상장 기업(listed companies)의 반 이상이, 회사법이 가장 발달했으며 판례도 풍부한 델라웨어 주에서 법인 등록을 하고 있기 때문이다.

스트라인은 15년 동안 챈서리 법원에서 판사로 근무하면서 기업의 인수·합병(M&A)에 대해 주주들이 제기한 소송을 많이 다루었다. 미국 내 M&A의 98% 이상이 법적으로 다투어지고 있다는 점에서 스트라인이 M&A 소송을 많이 다룬 것은 당연해 보인다. 또한, 스트라인은 근거 없는 소송 제기를 뿌리 뽑기 위해 노력하면서 법원이 공정한 중재자 역할을 할 수 있도록 노력해왔다고 한다.

스트라인은 회사 관련 소송에서 경영진과 이사의 권리를 존중해온 판결로 유명하다. 컴퓨터 업체인 델(Dell)의 이사회가 250억 달러 짜리 자사주 매입 계획을 실현하기 위해 주주 투표 규정을 바꾼 것에 대해 이사회의 손을 들어준 것이 그 예이다. 또한, 회사는 회사를 상대로 주주가 소송을 제기할 경우 델라웨어에서만 소송을 제기할 수 있도록 주주들에게 강제할 수 있다고 기업 편을 들어준 것도 그의 '비즈니스 프렌들리(business friendly)' 성향을 보여주는 사례다.

스트라인은 회사법 분야에서 정평이 난 로펌(Skadden, Arps, Slate Meagher & Flom LLP)에서 단지 2년 정도만 어소시에이트(associate) 변호사로 근무했다. 로펌 근무 이후 스트라인은 델라웨어 주지사였던 톰 카퍼(Tom Carper)의 법률 자문으로 임명되었으며, 이를 계기로 빠른 출셋길을 걸어왔다.

04

기업은 왜 존재하는가

기업 관련 주체들은 왜 기업 활동을 하는가? 아마 대다수의 사람들은 "돈을 벌기 위해서"라고 대답할 것이다. 경제학과 경영학에서는 이를 이윤 극대화 maximization of profit라고 부른다. 미국의 회사법도 기업 활동의 궁극적 목적이 이윤 극대화라는 것을 부정하지는 않는다. 그렇다면, 미국 회사법은 이윤 극대화 이외에 기업 관련 주체들의 관심과 동기가 무엇이라고 보는가?

이윤 극대화 다음의 관심은 '신뢰의 이행 fulfill trust'이다. 신뢰의 이행은 앞서 얘기한 대리인 문제와 깊은 관련이 있다. 기업의 주인은 주주이지만, 그 주주가 회사의 경영에 직접 참여하지 않을 경우 회사를 경영하는 경영자가 주주의 이익에 부합되게 경영을 하는지 살펴봐야 할 필요가 생기게 된다. 미국판 신의·성실 의무 duty of fiduciaries가 존재하는 이유가 여기에 있다. 그리고, 이러한 신의·성실 의무는 미국 기업 관련 소송의 많은 부분을 차지할 정도로 중요성이 크다.

그 다음으로 통제권의 유지 retain or extend control와 관련된 문제가 있다. 적대적 인수·합병의 경우를 생각해보라. 인수의 대상이 된 기업의 경영진은 경영권(통제권)을 유지하기 위해 다양한 방법[1]을 동원하고, 이러한 노력이 실패할 경우 경영권(통제권)을 빼앗기게 된다. 경영권을 유지하느냐 마느냐의 문제는 경영자뿐만 아니라, 경영자를 대리인으로서 감시하는 주주에게도 커다란 관심 영역이 된다.

비영리기업 not for profit organization의 경우, 공익을 위한 봉사도 중요한 기업 활동의 목적이 될 수 있다. 미국의 많은 자선단체는 비영리기업으로서 약자와 소외된 계층을 돕는 것을 그 존재 이유로 하고 있다.

지금까지 이야기한 기업의 활동과 그 주체들에 관련된 이슈들은 크게 다음과 같은 핵심 키워드로 요약될 수 있다. 이러한 키워드들은 '투자 investment – 감시·감독 oversight – 통제 control – 책임 responsibility –의무 liability'로 정리된다. 이제 이러한 개념들이 미국의 회사 제도와 사례에 어떻게 구현되고 있는지를 살펴볼 차례가 되었다. 이러한 개념과 미국 회사법의 이해를 위해 우선 짚고 넘어가야 할 산이 있다. 그게 바로 대리인 agency 문제이며 다음에서 상세히 설명하기로 한다.

---

[1] 과거 우리나라에서 많이 논의된 바 있는 경영권 방어 장치 도입과 관련된 이슈를 생각해보라.

지배주주 CEO의 '주식 대박'

2013년 미국 증시는 뜨거운 한 해였다. 블루칩(blue chip)으로 구성된 다우지수(DJIA)는 26.5%가 오른 16,576포인트를 기록했고, S&P 500 지수는 30%가 오른 1,848포인트로 마감했다. 기술주 중심의 나스닥(NASDAQ)은 한 해 동안 무려 38%가 오른 4,176포인트를 찍었다. 이렇게 주식 시황(市況)이 좋아지자 '잘 나가는' 회사의 최대 지분을 보유하고 있는 오너 경영자의 주식 평가이익(paper profit)이 크게 증가했다.

S&P 500 기업 중 지배주주이면서 CEO를 겸하고 있는 20인의 2013년 장부상 주식 평가이익은 총 809억 달러에 달하는 것으로 집계되었으며, 이들은 같은 해 보유 주식의 일부를 매각해 73억 달러 규모의 이익을 실현하였다고 한다. 회사별로 보면 버크셔 해서웨이(Berkshire Hathaway)의 워렌 버핏(Warren Buffet)은 127억 달러, 아마존(Amazon)의 제프리 베조스(Jeffrey Bezos)는 120억 달러, 페이스북(Facebook)의 마크 저커버그(Mark Zuckerberg)는 120억 달러의 주식 평가이익을 각각 본 것으로 나타났으며, 구글(Google)의 공동 창업자인 래리 페이지(Larry Page)와 세르게이 브린(Sergey Brin)도 각각 90억 달러 상당의 주식 평가이익을 기록하였다. 이렇게 주식의 평가이익이 크게 증가한 것은 모두 회사의 주가가 크게 뛰었기 때문이다. 2013년 각 회사의 주가 상승률은 페이스북 105%, 아마존 59%, 구글 58%, 그리고 버크셔 해서웨이 32%를 각각 기록하였으며, 주로 IT를 중심으로 한 기술 분야(technology sector) 기업의 약진이 두드러졌다.

지배 지분을 보유한 CEO와 인덱스 펀드(index fund)에 투자한 개인들의 주식 평가이익은 확대된 반면, '프로페셔널'인 월 스트리트의 헤지펀드(hedge fund)

나 주식 전문 투자 매니저들의 실적은 예상보다 부진했다. 주식 투자 전문 헤지펀드(stock-focused hedge funds)의 2013년 평균 수익은 14.4%로서 주식 시장 전체 수익률의 절반에도 못 미치는 수준이었으며, 전반적인 헤지펀드의 실적도 9.3%의 수익률을 거두는 데 그쳤다.

일부 전문가들은 지배주주가 CEO를 겸한 회사의 주가가 높게 상승한 것은 경영진이 주주의 입장에서 주주 가치를 높이는 비즈니스 활동을 통해 많은 성과를 낼 수 있었기 때문이라고 분석하고 있다. 다른 말로 얘기하면 이런 회사의 경우는 대리인 문제(agency problem)가 거의 발생하지 않기 때문에 좋은 성과를 냈다는 것이다.

Part
02

기업 관련 이슈의
펀더멘탈: 에이전시 이론

Corporate America

01

누가 대리인인가?

대리인 문제는 앞서서 얘기한 것처럼 기업의 소유와 경영을 담당하는 주체가 다를 경우, 흔히 발생하는 문제이다. 예컨대 경영자는 소유자인 주주의 대리인으로서 기업을 경영하게 되며, 이에 따라 통제 등을 비롯한 각종 문제가 발생하게 된다. 대리인 문제의 본질을 이해해야 기업을 둘러싸고 발생하는 각종 법률적 쟁점을 이해할 수 있다.

미국법에서 대리 agency는 어느 한 사람이 다른 사람을 위하여 행동할 때 존재하는 관계 relation를 의미하는 것으로 이해된다.[1] 대리를 둘러싼 법적 개념과 이론을 정리하고 있는 『Restatement of Agency』[2]에 의하면 대리관계는 세 가지의 본질적 요소로 구성되어 있다. 첫째, '동의의 표시

[1] Gordon v. Dotry
[2] 미국법 연구소(American Law Institute)가 발간하며 각 법률 분야별 이론을 집대성하는 책이다.

manifestation of consent'가 필요하다. 다른 사람이 나를 위하여 일을 한다고 할 때는, 내가 반드시 동의를 해주어야 하는 것이 당연하다. 둘째, 대리인은 '본인을 위하여 일을 한다.' 이 부분도 이해하는데 큰 어려움이 없으리라고 본다. 마지막으로, 대리인은 '본인의 통제 subject to the principal's control'하에 일을 하게 된다. 이러한 대리관계의 성립에 있어서 특별히 계약이 필요한 것은 아니다.

지금까지 설명한 세 가지 요소가 다 충족되어야만 대리관계 agency가 성립하며, 특정한 사안에 있어서 대리관계가 존재하느냐의 여부를 판단한 많은 판례가 있었고, 지금도 그러한 판례들이 생산되고 있다. 이러한 판례들 중에서 가장 유명한 것은 미국의 유명한 곡물 회사인 '카길 Cargill' [3] 과 관련된 것이다. 이 판례는 통제의 행사 정도가 심하면 대리인의 행동에 대해 책임을 져야 한다는 아주 중요한 의미를 담고 있다.

Corporate Case

채무자의 사업에 너무 깊숙이 개입하지 마라

어느 농부가 있었다. 이 농부는 곡물을 워렌(Warren)이라는 사람한테 팔았으며, 워렌은 그 곡물을 카길에 공급하고 있었다. 워렌에게 돈을 받지 못하자, 그 농부는 카길을 상대로 소송을 제기하게 된다.

당시 카길은 워렌의 채권자(creditor)였으며, 워렌의 사업에 깊숙이 개입하고 있었다. 소송의 쟁점은 '카길이 워렌에 대해 통제와 영향을 행사한 것 때문에 카길 자신이 워렌의 계약에 대해 책임을 져야하는 본인(principal)이 되는가'하는 것

---

3 Gay Jenson Farms Co. v. Cargill Inc.

이었다. 법원의 판단은 '예스'였다. 이러한 판단의 근거는 대리관계가 존재하는 데 필요한 세 가지 요소가 모두 존재하기 때문이었다.

우선 카길은 워렌에게 카길의 다양한 권고 사항들을 이행하라고 지시해 워렌이 카길의 대리인임을 암묵적으로 인정했다. 따라서 대리관계가 존재하기 위한 첫 번째 요건인 '동의'가 성립된다. 다음으로, 워렌은 카길에서 차입한 돈으로 사업을 하면서 곡물의 일정 부분을 카길을 위해 공급했다. 그러므로 워렌은 카길을 위해 일을 했고, 두 번째 요건도 성립된다. 마지막으로, 카길은 워렌의 내부적인 사업 영역에까지 간섭함으로써 워렌을 '사실상 통제(de facto control)'하고 있었다. 그 결과 마지막 요건인 '통제'도 성립하게 된다.

카길 판례는 채권자라 할지라도 채무자의 사업에 깊숙이 개입하고 통제할 경우에는 채무자의 사업과 관련된 행동에 대해 본인으로서 책임질 수 있음을 시사하고 있다. **4**

---

4 『Restatement(Second) of Agency』

02

대리인의 행위에 대해
본인이 책임지는 경우

비즈니스 세계에서는 다양한 유형의 거래가 있고, 이러한 거래는 일반적으로 회사를 대표하는 사람에 의하여 이루어지게 된다. 그런데, 경우에 따라서는 회사를 대표한다고 하면서 계약을 체결한 사람이 실제로 회사를 대표하는 사람인지 확실하지 않은 경우가 많다. 이러한 상황을 해결하기 위해 등장한 것이 대리관계를 성립시키는 권위 authority에 대한 이론이다. 대리관계를 성립시키는 권위는 크게 다섯 가지 유형이 있다.

실제적 권위

실제적 권위 actual authority는 본인이 실제로 대리인에게 권위를 부여하는 경우를 말하며, 이러한 권위는 명시적 express으로도 또는 암시적 implied으로도 주어질 수 있다.

분명한 권위

분명한 권위 apparent authority는 제3자가 본인과 거래 관계를 함에 있어서 대리인이 권위를 가지고 있다고 합리적 reasonably으로 믿는 경우에 발생한다.

사후추인

사후추인 ratification은 다른 사람이 한 행위를 본인이 사후에 추인할 경우에 발생하게 된다.

금반언 원칙

금반언 禁反言 원칙 estoppel은 본인이 잘못을 한 경우에 적용된다. 본인이 일정한 의무를 충실히 수행하지 못하여 대리인의 행위를 방치했을 경우, 미국법은 이 원칙을 적용하여 대리관계가 존재하는 것으로 간주하고 있다.

내재된 권위

내재된 권위 inherent authority는 주로 계약 관계에 있어서 제3자를 보호하기 위해 인정되는 바, 일반적으로 본인-대리인 관계로부터 흘러나오는 권위를 의미하는 것으로 보면 된다. 가령 본인이 대리인으로 하여금 X라는 행위를 하도록 권한을 부여했는데, X라는 행위를 하기 위해 반드시 Y라는 행위가 필요하다면, 이때 대리인은 '내재된 권위'에 의해 Y 행위를 할 수 있는 것이다.

실제적 권위 actual authority의 경우는 외관상 명백하므로 그다지 법적인 쟁점이 되지 않는다. 주로 분명한 권위 또는 내재적 권위가 있었는지의 여부가 법적으로 다투어져왔다.

ⓐ 분명한 권위 | "세일즈맨은 대리인이다"

케이 Kay라는 한 세일즈맨이 있었다.[5] 케이는 엠펙스 Ampex라는 컴퓨터 하드웨어 업체를 위해 일하고 있었는데, 그는 엠펙스의 판매 서류를 조이스 Joyce라는 사람에게 건네주면서 판매를 제안하게 된다.

나중에 거래가 잘 성사되지 않자 조이스는 엠펙스를 상대로 계약 파기 소송을 제기하게 된다. 그러자 엠펙스는 계약 상대자가 아니라며, 케이가 엠펙스의 대리인이 아니라고 주장한다.

'분명한 권위'는 일반적 상식을 가진 제3자가 대리인이 본인을 위하여 행동을 하고 있다고 믿게끔 본인이 원인을 제공할 경우에 발생하게 된다. 방금 위에 든 사례에 있어서 케이는 엠펙스의 대리인인가? 판례의 대답은 '예스'였다.

판례의 논지는 이랬다. 세일즈맨으로 고용된 사람은 적어도 물건을 파는 데 있어서는 그를 세일즈맨으로 고용한 회사를 구속할 수 있는 권위가 있다는 것이었다. 더군다나, 엠펙스가 내부적으로 케이의 권한을 제약했을지라도, 그러한 권한의 제약이 제3자에게 표현되지 않는 한 본인-대리인 관계의 성립에 영향을 미치지 않는다. 결국 '분명한 권위'는 본인-대리인 관계의 형성에 있어서 제3자의 시각이 결정적으로 작용하

---

5 Three Seventy Leasing v. Ampex Corp.

고 있는 분야라고 볼 수 있다.

ⓑ 내재된 권위 | "보이는 것이 전부가 아니다"

H는 맥주집을 경영하다가 그 사업을 D에게 팔았다.[6] 그러나 이상하게도 H는 맥주집의 매니저로서 D를 위하여 일을 계속하게 된다. 더욱더 이상한 것은 맥주집의 허가서도 H의 이름으로 되어 있었고, H의 이름이 문에 새겨져 있기도 했다. P는 시가 cigar를 그 맥주집에 납품하는 사람이었다. H는 실제 주인인 D가 더 이상 시가를 사지 말라고 지시했음에도 불구하고, P로부터 시가를 계속 구매했으며 나중에 구매 대금을 지급하지 못하게 된다. 과연 P는 납품 대금을 D에게서 받을 수 있는가? 다시 말하면 H는 과연 D의 대리인인가, 아닌가?

법원은 D가 '알려지지 않은 본인 undisclosed principal'이라는 점을 부인하지 않았다. P가 오로지 입증해야 하는 것은, P가 납품하는 물건이 맥주집이라는 사업에 일반적으로 이용되는 품목이라는 점뿐이라고 법원은 보았다. 시가는 일반적으로 맥주집에 공급되고 맥주집에서 사용되는 물건이었다(적어도 당시 영국에서는). 따라서, D는 당연히 P에 대해 H가 공급받은 시가의 대가를 지불할 책임이 있게 된다.

H가 그에게 부여된 일반적 사업의 범위에서 행동을 했다면, 아무리 대리인인 H가 D의 지시를 어겼다 할지라도 문제가 될 수 없다. 시가를 파는 행위는 맥주집을 대리인으로서 경영하는 행위에 당연히 부수되는 행위라고 보기 때문이다. 겉으로는 H가 주인으로 보이는 것이 이번에는

---

[6] 이 이야기는 Watteau v. Fenwick이라는 유명한 영국 판례에 기반하고 있다.

(주인인 D의 입장에서) 아무런 소용이 없게 된 것이다.

이러한 점에서 '내재된 권위'는 위에서 설명한 '분명한 권위'와 조금 다른 것처럼 보인다. 하지만 궁극적으로 대리인과 거래하는 제3자를 보호한다는 점에서 대리에 관한 양 이론은 별반 차이가 없다.

❻ 계약 위험 회피를 위한 전략

우리나라의 많은 기업들이 대리인을 활용하여 또는 대리인으로서 미국 기업과 비즈니스 관계를 맺고 있는 경우가 많이 있을 것으로 생각된다. 그렇다면, 대리인은 어떠한 경우에 책임을 지는가?

미국의 확립된 판례[7]는 계약과 관련된 위험을 회피하기 위해 대리인에게 일정한 의무를 부과하고 있다. 즉, 대리인은 계약을 체결할 때 대리인이 본인 principal을 위해 대리인으로서 일하고 있다는 것을 알려야 하며, 본인이 누구인지도 밝혀야 한다.

대리인이 책임을 회피하기 위해서는 계약 상대방이 본인이 존재한다는 것을 실제적으로 알고[8] 있어야 한다. 단순히 계약 상대방이 대리인 뒤에 본인이 존재할 수 있다는 것을 알 수 있었던 것만으로는 대리인의 책임을 면할 수 없게 된다.

미국의 많은 현지 에이전시를 이용하는 우리 한국 기업들에게 한 가지 충고를 하고 싶다. 미국 현지 대리인이 대리인으로서의 위치와 본인인 우리나라 기업을 제대로 알리지 않고 대리행위를 했다면, 대리인이 맺은 계약에 대해 당사자로서 책임을 질 필요가 없게 된다.

---

7 Atlantic Salmon v. Curran
8 미국에서는 이를 'actual knowledge test'라고 한다.

또한 혹시라도 반드시 맺고 싶었던 계약이 있다면 대리인에게 잘 얘기할 필요가 있다. 반드시 대리인임을 밝히고, 본인인 계약의 당사자는 한국에 있다는 점을 알리라고 말이다.

Part
03

파트너십
Corporate America

생각보다 흔한 기업 형태

01

파트너십이란?

미국에서 파트너십은 일반적으로 인정되는 기업형태의 하나이고, 상당히 많은 수의 기업이 이러한 형태를 취하고 있다. 파트너십은 하나의 법적 실체 legal entity이며, '합의 agreement'에 의해 형성되어 진다.[1] 중요한 것은 이러한 합의가 반드시 명시적일 필요는 없다는 것이다. 즉, A와 B가 파트너십으로서 사업을 영위하기로 한다고 문서로 합의하고 이를 반드시 남길 필요는 없다는 것이다. 반대로, 양자가 파트너십을 형성한다고 합의한 문서가 있다고 해서, A와 B가 영위하는 사업의 형태가 반드시 파트너십으로 인정받는 것은 아니다.

그렇다면 파트너십으로 인정받기 위해서는 무엇이 필요한가? 그리고

---

[1] 파트너십의 정의는 미국의 '통합 파트너십법(UPA of 1997)' 61조에서 찾을 수 있다.

누가 파트너가 되는가? 이에 대한 답을 찾기 위해 이제 또 새로운 이야기를 시작해볼까 한다.

ⓐ 파트너와 종업원은 어떻게 구별되나

F는 C를 캐셔 및 리셉션 클럭 reception clerk으로 고용한다.[2] C의 임무는 손님을 맞이하고, 주문을 접수하며, 나중에 손님이 계산한 돈을 받는 것이었다. F와 C는 둘의 관계를 파트너십으로 묘사하는 합의 agreement를 맺는다. 나중에 F는 C를 해고하게 된다. 그러자 C는 실직수당위원회 Unemployment Compensation Commission를 통해 F에게 실직수당을 청구하게 된다. 이때, F는 그와 C가 맺은 합의에 의거하여 C가 자신이 운영하던 사업의 종업원이 아니고, 파트너였다고 주장을 하게 된다. C가 파트너로 인정될 경우, F는 실직수당을 지급하지 않아도 되기 때문이었다. 이 상황에서 과연 C는 파트너인가, 아니면 종업원인가?

법원은 C가 파트너가 아니고 종업원이라고 보았다. 우선 C는 사업을 운영하는 데 있어서 권위도 통제력도 행사하지 못했다. C는 사업에서 발생하는 손실에 대해서도 아무런 책임이 없었고, 파트너로 지칭된 것도 아니었다. 그녀가 F와의 합의에 의해 받은 것은 새로운 방식의 임금[3] 외에는 아무것도 없었다는 점도 법원은 판단의 근거로 들었다.

파트너십이 존재하느냐의 여부를 판단하는 데 있어서 법원은 여러 가지 요소를 고려하였다. 첫 번째 요소는 '당사자의 의사 intention of the parties'이

---

2 이 사례는 Fenwick v. Unemployment Compensation Commission에 기반하고 있다.
3 F는 C가 지속적인 임금 인상을 요구하자, 주급(salary) 이외에 순이익의 20%를 추가 지급하기로 합의했다.

다. 위의 사례에 있어서 F와 C는 파트너십을 형성하고자 하는 실제 의사가 없었다고 법원은 판단했다.

다음은 사업에서 발생하는 '이익을 공유할 수 있는 권리 the right to share in profits'이다. 위의 사례에서 C는 합의에 의해 F와 이익을 나눠가질 수 있는 권리를 가지고 있었다. 하지만 법원은 이러한 요소가 결정적인 요소는 아니라고 보았다.

또 하나, 파트너십의 형성을 위해 필요한 요소는 '손실을 공유해야 할 의무 the obligation to share in losses'이다. 위의 사례에서 C는 F와 맺은 합의상, 이러한 의무가 없었다.

'파트너십의 재산과 사업에 대한 소유 ownership와 통제 control'도 중요한 요소이다. F가 모든 자본을 투자했고, C는 파트너십의 해산 dissolution과 동시에 투하된 자본을 회수할 수 있는 권리도 가지지 못했다. 또한 모든 통제권은 F가 가지고 있었다.

파트너십 합의에 나오는 표현 또는 언어 language도 고려의 대상이다. 위의 사례에서 F와 C 간의 합의는 C에게 파트너로서의 일상적 권리를 부여하는 언어를 사용하지 않고 있었고, 이는 법원이 F와 C간의 관계가 파트너십이 아니라고 보는 또 하나의 근거가 되었다.

제3자에 대한 행동 the conduct of the parties toward third persons도 살펴봐야 하는 요소가 된다. 어느 누구에게도 F와 C 두 사람이 파트너라고 내세운 경우가 없었다.

결론적으로 미국의 통합 파트너십법 UPA은 파트너십을 '두 명 이상의 사람이 영리를 위해 사업을 공동소유자 co-owners로서 경영하기 위해 결성한 연합체'4라고 정의하고 있다. 상기 사례의 핵심은 결국, 공동소유 coownership라는 파트너십의 요체가 발견되지 않고 있고, 따라서 F와 C의 관계는 파트너십이 아닌 단순한 사용자와 종업원의 관계라는 것이다. 또한 동법은 '이익의 공유 sharing of profits'가 파트너십의 결정적 증거 prima facie evidence라고 서술하고 있다. 다만, 앞에서도 설명한 것처럼 이러한 요소가 있다고 해서 반드시 파트너십으로 인정되는 것은 아니다.

ⓑ 파트너와 채권자는 어떻게 구별되나

P는 K라는 회사의 채권자였다. K사가 제때 채무를 갚지 못하자 P는 K사에 투자를 한 D를 상대로 소송을 제기하게 된다. P는 D가 K와 파트너였다고 주장하면서, K사의 채무에 대해 D가 책임을 져야 한다고 주장한다.[5]

과연 이러한 P의 주장이 맞는지 판단하기 위해서는 D의 투자 행태에 대해 분석하는 것이 필요하다. 계약의 구조는 이랬다. D는 K사에 250만 달러 상당의 대출 자금을 유동 증권 liquid securities의 형태로 제공한다. 그러한 여신의 대가로 D는 수익이 생길 때 수익의 40%를 받기로 계약한다. 하지만 그러한 대가는 상한이 50만 달러를 초과할 수 없고, 하한은 10만 달러로서 그 밑으로 내려갈 수는 없게 되어 있다. D는 일정한 기일 전에 의사표시를 하면 회사 경영에 참여할 수 있는 옵션도 부여받는다. 이런 상황에서 D는 과연 파트너인가, 단순한 채권자인가?

법원은 D를 파트너가 아닌 단순한 채권자라고 판단했다. 위에서 설

---

4 an association of two or more persons to carry on as co-owners a business for profit

5 Martin v. Peyton (이 사례는 이 책이 소개하고 있는 상당히 어려운 금융 구조를 갖고 있는 첫 번째 사례이다)

명한 계약의 형태는 신중한 대출 설계 prudent lending practice로서 D의 행태를 파트너로서 볼 수 없다는 것이다. 또한, 법원은 D가 채권자로서 비즈니스와 중요한 사항에 대한 정보를 제공받는 것은 당연하다고 생각했다. 또한 회사의 장부를 점검할 수도 있고, 채권자로서 중요하다고 생각하는 정보를 회사에 요구할 수도 있음을 인정했다. 결국 D는 상업적 대출 commercial loan을 한 채권자로서 K사의 채무에 대해 책임을 지지 않게 된다.

이 사례는 앞서 제시한 카길 사례와 대비가 되며, 미국법에 있어서 주주 또는 파트너인지 여부, 또한 채권자인지 여부는 정도의 문제 a question of degree로서 개별 사례의 사실관계를 면밀히 분석해야 한다는 점을 시사하고 있다.

02

파트너는 신의를 지켜야 한다
— 신의 · 성실 의무 fiduciary obligations [6]

S와 M은 동업자였다. 다시 말해 파트너였다.[7] S는 사업을 하면서 G와 새로운 거래를 하게 된다. G는 S에게 돈벌이가 되는 여러 가지 사업 기회를 알선하게 된다. 그런데 문제는 S에게 있었다. S는 G와의 거래를 M에게 비밀로 부친다. 수익이 나는 모든 사업 기회를 M에게 얘기 하지 않고, 혼자만 챙겨 M은 무슨 일이 일어나는지 모르는 상황이었다.

과연 S의 운명은 어떻게 되었을까? 법원은 S가 파트너로서 M에 대해

---

[6] 미국 파트너십법에서 기본적인 신의 · 성실 의무는 세 가지 부분으로 구성되어 있다. 주요 내용은 다음과 같다. (1) 파트너가 다른 파트너의 이해에 반하면서 취득한 어떠한 이득도 반환해야 한다. (2) 어떠한 파트너도 다른 파트너의 동의 없이는 자기 자신을 위해 파트너십의 자산을 취득할 수 없고, 파트너십이 가질 수 있는 기회를 자신의 것으로 전용할 수 없다. (3) 파트너십의 사업 범위에 있어서 파트너는 파트너십 자체와 경쟁을 하면 안 된다. (Day v. Sidley & Austin)

[7] Meinhard v. Salmon

S가 획득하게 된 여러 가지 사업 기회들을 알릴 의무 duty of disclosure가 있다고 보았다. 특히 S가 실질적으로 파트너십을 경영하는 위치에 있었기 때문에 S는 대리인으로서 M에게 성실하게 경영과 관련된 모든 정보를 M에게 알려야 한다는 것이다. 즉 S가 회사 경영을 컨트롤하고 있었으므로, 회사 경영을 좌지우지하고 있는 사람은 신의 원칙에 입각한 의무를 진다고 본 것이다.

이 판례는 주식회사 부분에서도 심도 있게 다루어질 신의·성실의 의무 fiduciary obligations와 관련해서도 중요한 의미를 갖고 있다. 사실 이 사례에서 S와 M은 조인트 벤처를 세웠다. 주식회사만이 아니라, 여러 가지 회사 형태에 있어서 신의·성실의 원칙은 구성원 간, 이해관계자 간 적용되는 기본 원칙임을 깨닫게 하는 사례이다.

03

파트너십 재산에 얽힌 문제들

P는 S 등 여러 사람들과 파트너십의 형태로 동업을 하고 있었다.[8] 그러던 중 P는 자신이 가지고 있던 모든 지분을 양도하고 사업에서 손을 뗀다. S는 파트너십이 초래한 모든 부채에 대해서 개인적인 책임을 지기로 약속한다. 이 파트너십과 거래하던 은행은 몇 년 후 이 파트너십이 고용했던 회계원 bookkeeper의 부정으로 인해 발생한 대출 채권의 일부를 이 파트너십에 반환하게 되었다. 문제는 은행에서 받은 반환금에 대해 파트너십의 지분을 정리하고 나갔던 P가 자신의 몫을 주장할 수 있는지의 여부였다.

---

8 Putnam v. Shoaf

통합 파트너십법 UPA에 의하면, 파트너십의 재산권은 (1) 특정한 파트너십 재산에 대한 권리, (2) 파트너십 자체에 대한 이해, (3) 경영에 참여할 권리로 구성된다. 미국 법원의 판례에 따르면 어떤 파트너가 파트너십에 대해서 가지는 (경제적) 이해 利害는 나눌 수 없는 것이다. 즉 파트너십 재산의 양도는 파트너십 자체의 이름으로 이루어지는 것이며, 파트너들이 가지고 있는 개인적 이해들의 양도가 아니라는 것이다.

그렇다면 위의 사례에서 과연 P는 어떻게 되는가? P가 양도한 지분에는 파트너십의 재산에 대해서 일정한 부분을 요구할 수 있는 권리까지 포함되어 있는가? 법원의 대답은 '그렇지 않다'였다. P가 가지고 있었던 파트너십의 지분은 '이익을 나눠가질 수 있는 권리 a partner's interest in a 'share of the profits'이지 파트너십 재산(여기에서는 은행에서 돌려받은 돈)에 대한 일정 부분의 권리를 포함하는 것은 아니라는 뜻이다.

04

회사 경영과 파트너의 권리

미국의 통합 파트너십법 제18조는 모든 파트너가 경영에 있어서 동등한 권리equal rights를 가진다고 규정하고 있다. 또한 경영 의사결정 과정에서 발생하는 일상적 문제 ordinary matters에 대해 의견이 갈릴 경우에는 다수결에 의한 의사결정을 할 수 있음을 명시하고 있다. 이러한 규정은 어디까지나 파트너십의 형성을 위한 합의나 계약에 이러한 내용을 뒤집는 별도의 합의가 없는 경우에 적용되는 디폴트 규정 default rule이다.

파트너십의 경영 활동과 관련하여 각 파트너들은 실제로 어떤 권한을 행사할 수 있는가? 또 하나의 사례를 들어보자. S와 F는 식료품을 팔기 위해 일반적 파트너십 general partnership을 형성한다.[9] 빵을 구매해서 소비자들에게 파는 것은 일상적이고 정당한 파트너십의 사업 내용이었다. 그

---

[9] National Biscuit Company v. Stroud

런데 나중에 S는 이 파트너십에 빵을 공급하던 원고 P에게 'P가 추가적으로 파트너십에 파는 빵에 대해서 개인적으로 책임을 지지 않을 것'이라고 얘기하게 된다. 나중에 P는 F로부터 납품과 관련한 대금을 받지 못하자 S를 상대로 소송을 제기하게 된다. 과연 P는 '자신은 책임을 지지 않을 것'이라고 미리 얘기했던 S로부터 돈을 받을 수 있는가?

법원은 P의 손을 들어주면서 S에게 납품 대금을 지급할 것을 명령한다. 모든 파트너는 사업 목적상 파트너십의 대리인 agent이다. 따라서 모든 파트너의 행동은 파트너가 실제 권한이 없는 영업 목적 외의 행위를 하는 경우를 제외하고는 파트너십을 구속하게 된다. 법원은 S가 동업자 co-partner로서 또 다른 파트너인 F가 사업을 위해 빵을 구매하는 것을 제약할 수 없다고 보았다. 그 이유는 F의 빵 구매 행위가 파트너십 비즈니스의 당연한 한 부분이며, S가 본인의 의사를 관철할 만한 권한을 보유한 다수 majority도 아니기 때문이었다.

파트너가 두 명인 경우, 일상적인 의사결정에 대해 한 파트너가 반대를 하면 어떻게 되는가? 이에 대한 또 다른 사례가 있다. S는 D와 파트너십 계약을 맺고 동업자로서 사업을 하기 시작한다.[10] S는 종업원 한 명을 고용했는데, 이는 D의 반대를 무릅쓰고 이루어진 것이었다. D는 파트너십의 기초 자본에서 S가 고용한 새 종업원에게 급여를 지급하는 것을 거부했다. 그럼에도 불구하고 S는 문제의 새로운 종업원에게 일을 시키면서 사업을 계속 영위하게 된다. S는 D를 대상으로 새 종업원의 급여를 지급하라고 소송을 제기한다. 누가 맞는가?

---

10 Summers v. Dooley

앞에서도 잠시 얘기한 바 있지만, 미국의 통합 파트너십법[11]은 일상적인 경영 활동과 관련한 이견이 일반적으로 파트너 다수의 의사결정을 통해 해결될 수 있다고 규정하고 있다. 위의 사례에서는 파트너 둘 중 한 명(D)이 종업원의 고용을 끝까지 반대했고, 그러한 반대 의견을 표현하는데 있어서 잠시도 게으름을 피우지 않았다는 점에 법원은 주목했다. 이러한 상황에서는 S의 고용 행위는 개인적인 행위일 뿐, 파트너십을 구속하는 행위가 될 수 없다. 따라서 개인적인 행위에 대한 비용을 파트너십 자체가 부담하는 것은 말이 안 된다.

---

[11] UPA 18(h)

05

파트너십의 해산

일반적으로 파트너십의 해체 dissolution 는 사업의 정리 winding up of the business로 이어진다. 사업을 정리하는 기간 동안 만큼은 파트너십이라는 실체가 존속하는 것으로 의제된다. 파트너십의 해산 또는 해체와 관련하여 다음과 같은 몇 가지 쟁점들을 살펴보기로 한다.

ⓐ 파트너십을 해산할 권리

전통적으로 미국법은 파트너 간 불협화음이 발생하여 더 이상 정상적인 경영이 곤란할 경우, 법원이 파트너십의 해산을 결정하고 명령할 수 있도록 하고 있다. 그렇다면 어떠한 경우에 파트너십의 해산이 인정될 수 있는가?

O와 C는 동업자로서 파트너십의 형태로 사업을 벌이고 있었다.[12] 두

사람은 명시적으로 파트너십의 존속기간을 명시하지는 않았다. O는 파트너십에 대해 약 7,000달러에 해당하는 돈을 제공하면서 나중에 파트너십의 사업에서 나오는 수익으로 돌려받기로 한다. 문제는 C에게 있었다. C는 사업을 같이 시작하기로 했으나, 47년 동안 거의 아무 일도 안 했으며 심지어 O에게 막말을 하는 등 성실한 태도를 보이지 않았다. 참다 못한 O는 자신이 C와 만든 파트너십을 해산해달라고 법원에 요청하게 된다.

법원은 O의 손을 들어줬다. 파트너 간 신뢰와 협력이 무너질 정도로 다툼이나 의견의 불일치가 있을 경우나, 어느 한 파트너의 잘못된 행동이 정상적인 파트너십 비즈니스의 수행을 곤란하게 할 경우에 법원은 파트너십의 해산을 명령할 수 있다.[13] 위의 사례에서 C는 끊임없이 동업자인 O를 폄하하고 무시하면서 자신의 존재를 과시하려 했고, 그 결과 성공적인 파트너십의 존속 기반을 무너뜨렸다고 법원은 판단했다. 따라서, O가 파트너십에 빌려주었던 돈을 파트너십 재산 매각을 통해 받았더라도 아무런 문제가 될 수 없다고 보았다. 이미 C가 불성실한 행동을 통해 파트너십의 해산을 가져올 만큼 불협화음의 원인을 제공했기 때문이다.

만약 파트너십 계약에서 파트너 중 어느 하나라도 파트너십의 해산을 요구할 수 있도록 해놨다고 가정해보자.[14] 이러한 경우 미국법은 일방 파트너의 명시적 의사표시가 있으면, 파트너십의 해산이 가능하다고

---

12 Owen v. Cohen
13 UPA 32를 보면 법원이 파트너십의 해산을 명령할 수 있는 조건을 상세히 설명하고 있다.
14 미국에서는 이를 'a partnership at will'이라고 부른다.

규정하고 있다.[15] 그렇다면, 파트너의 의사표시를 통한 파트너십의 해산은 아무 때나 허용이 되는가? 미국 판례는 파트너십에 참여하고 있는 어느 파트너라도 파트너십을 해산할 수 있는 권리를 행사하기 위해서는 진실하고 솔직한 동기 good faith가 바탕이 되어야 한다고 판시하고 있다.[16] 즉, 파트너는 다른 상대방 파트너를 몰아내기 위해서나 사업 기회를 그 자신의 영달을 위한 목적으로 활용하기 위해서 파트너십을 해산할 수는 없다는 것이다. 진실성이 결여된 동기를 통해 파트너십을 해산한 경우는 해산의 효력이 인정되지 않으며, 진실성이 결여되었다는 것은 해산을 당한 상대방 파트너가 입증해야 한다. 명시적으로 파트너십의 해산을 상대방에게 통보했을지라도, 해산을 원하는 파트너는 자신의 행동이 파트너 간 '신의 · 성실 의무 fiduciary duties'에 위배되지 않도록 해야만 해산의 적법성을 인정받을 수 있게 된다.

ⓑ 파트너십 해산의 결과

파트너십이 해산될 경우, 해산에 대해 법적인 책임이 없는 파트너는 법원의 허가에 의해 해산 winding up을 집행할 권리를 가질 수 있게 된다.[17] 해산이 이루어질 경우 각각의 파트너는 파트너십의 재산을 활용하여 파트너십의 채무를 변제할 수 있으며, 변제 후 잉여는 현금의 형태로 각각의 파트너에게 돌아가게 된다.[18] 파트너 간의 불협화음 등이 발생하여

---

15 UPA 31
16 Page v. Page
17 UPA 37
18 UPA 38

파트너십이 해산될 경우, 구체적인 재산의 분배는 어떻게 이루어지는지 살펴보자.

D와 S는 빌딩 하나를 호텔로 전환시키기로 합의하고 파트너십을 형성한다.[19] D는 호텔 지분의 반을 13만 7,500달러에 사기로 하고, 재원은 호텔 운영에서 나오는 수익으로 충당하겠다는 것을 S와 합의한다. S는 당초에 빌딩이 들어서 있던 토지를 파트너십을 위해 기부했으나, 후일 D와 불화가 생기자 D가 빌딩에 들어오는 것조차 막았다. D는 파트너십의 해산을 법원에 청구하고 관리인의 선임을 요청한다. S도 비슷한 주장으로 반박을 한다. 법원은 파트너십이 해산될 경우, 재산 분배에 대해 어떤 결정을 내려야 할까?

법원은 S가 D의 지분을 사들임 buyout으로서 파트너십을 정리할 수 있다고 인정했다. 파트너십을 정리하면서 파트너십의 재산을 일괄 매각 liquidation하는 것이 반드시 좋은 것만은 아니라는 뜻이다. 사례에 있어서 파트너십 재산의 매각 비용은 전체 재산가액의 12%에 달할 정도로 그 규모가 클 것으로 예상되었고, 따라서 법원은 매각 대신 여타 파트너의 지분을 매입하는 방법이 양 당사자의 이익에 부합된다는 판단을 내렸다. 그러면서도 법원은 한 가지 단서를 달았는데 그것은 지분 매입 시 모든 파트너십 자산에 대한 정확하고 객관적인 가치 평가가 전제되어야 한다는 것이었다.

파트너십의 해산이 결정되고 파트너십의 자산에 대해 법원이 주도하는 매각 a judicially supervised dissolution sale이 이루어지는 경우가 있다. 이러한 경

---

19 Disotell v. Stiltner

우 모든 파트너가 동등하게 매각에 참여할 수 있는가? P와 S를 포함하여 쇼핑센터를 경영하는 세 명의 파트너가 있었다.[20] P는 나머지 한 명의 파트너와 함께 주도적으로 경영에 참여하면서 쇼핑센터 경영 손실에 따른 분담금을 낼 수 도 없었고 의견도 맞지 않았던 S를 경영에서 배제시킨다. S는 나중에 파트너십의 해산이 결정되고 법원 주도로 파트너십 자산의 매각이 이루어지면서 P가 동 자산의 매입 주체로 참여하자(실제 P는 가장 높은 가격을 써냈다), P가 자신을 경영에서 배제시켰다는 이유로 P는 매각에 참여할 권리가 없다는 주장을 하게 된다.

법원의 판단은 P가 파트너십 재산의 매각에 (매입자로서) 참여할 권리가 있다는 것이었다. 그 이유는 P가 의도적으로 파트너십 재산의 독점적 확보를 위해 S를 경영에서 배제시켰다고 볼 만한 근거가 없고, S가 P의 재산 매각 참여로 인해 손해를 입었다는 점을 S가 입증할 수 없기 때문이었다. 오히려 P가 매각 절차에 참여하지 않았다면 매각 가격이 훨씬 낮았을 것이라고 법원은 판단했다. P가 참여함으로써 S의 파트너십 지분(15%) 가치가 오히려 신장되었으므로, 경영상의 불협화음으로 인한 파트너 간 갈등과 반목이 있었다고 해서 어느 일방 파트너를 파트너십 해산 후 재산 매각 과정에서 (매입 주체로서) 배제시키는 것은 옳지 않다는 뜻이다.

파트너십의 해체가 반드시 파트너십의 해산을 가져오는 것은 아니다. 미국 통합 파트너십법은 파트너십 해산에 법적 책임이 없는 파트너가 파트너십 사업을 계속 영위하기를 원할 경우, 사업을 계속할 수 있도

---

20 Prentiss v. Sheffel

록 허용하고 있다.[21] 다만, 사업을 계속 영위하는 파트너는 파트너십 해체의 원인을 제공한 파트너에게도 파트너로서의 지분을 회수할 수 있는 기회를 부여해야 한다. 다만 해산의 원인을 제공한 파트너의 지분을 계산함에 있어서 무형자산의 가치 the value of the goodwill는 고려되지 않는다.[22]

Ⓒ 손실의 분담

일반적으로 파트너십 계약상 특별한 규정이 없으면 파트너는 자신들이 경영하는 기업의 이익과 손실을 '동등하게 equally' 부담하는 것이 확립된 원칙이다. 이 경우 각 파트너가 파트너십 비즈니스에 대해 출자한 금액의 다과 多寡는 문제되지 않는다. 또한 파트너 간 이익을 공유하는 비율과 동일한 비율로 손실도 공유하는 것이 일반적인 원칙이다.

그러나 파트너십이 반드시 각 파트너가 출자한 돈으로만 구성되고 운영되는 것은 아니다. 어떤 파트너는 돈 대신 서비스(더 쉽게 말하면 노동)를 제공하는 경우도 있을 수 있다. 이렇게 자본과 노동이 결합한 파트너십에 있어서 손실이 발생할 경우, 서비스만을 제공한 파트너도 손실을 부담해야 하는가?

두 사람의 동업자가 있었다.[23] 이 두 사람은 동업을 시작할 때 향후 발생할 손실을 어떤 방법에 의해 분담할지를 전혀 논의하지 않고 사업을 시작했다. 동업자 중 R은 사업의 모든 분야에서 감독관의 역할을 수행하면서 열심히 일을 했으나, 파트너십에 대해 돈을 출자하지는 않았다.

---

21 UPA 38(2)(b)
22 Pav-Saver Corporation v. Vasso Corporation
23 Kovacik v. Reed

반면, 또 다른 동업자인 K는 파트너십 사업에 필요한 자금을 대고 있었다. 이 두 사람의 사업은 그리 성공적이지 못했다. 나중에는 K가 출자한 돈을 잃을 정도로 파트너십에 손실이 발생하게 된다. 손실이 발생하자, K는 노동만을 제공해 온 R에게도 손실 부담 차원에서 일정한 금액을 자신에게 보상해줄 것을 요구한다. 그러나 R은 손실에 대해 부담할 것을 사전에 합의하지 않았다고 하면서 K에게 돈을 못 주겠다고 하고, 결국 K는 법원을 향하게 된다. 법원은 누구의 손을 들어주어야 하는가?

법원은 R의 주장이 맞다고 하면서 그의 손을 들어 주었다. 노동과 자본이 결합한 파트너십의 경우 파트너십에 손실이 발생할지라도 노동을 제공한 파트너는 그 손실을 부담하지 않는다는 것이다. 왜 그런가? 첫 번째 이유는 노동을 제공한 파트너도 파트너십에 손실이 발생할 경우 그 자신이 제공한 자본 capital을 잃는다는 것이다. 즉, 자본은 반드시 돈으로만 이루어지는 것이 아니며 서비스 또는 노동을 제공하는 파트너가 있는 경우 그러한 파트너가 제공하는 노동과 서비스도 자본의 일종으로 봐야 한다는 것이다. 따라서 서비스를 제공한 파트너도 자신이 출자한 서비스라는 자본을 잃어 손실이 발생한 것으로 보고 있다. 또 다른 근거는 이러한 파트너십의 경우에 있어서는 사업을 시작할 때 양자가 각자의 기여가 가지는 가치 the value of contributions가 동일하다고 합의를 한 것으로 봐야 한다는 것이다. 이 경우 파트너십에 손실이 발생할 경우 동일한 가치를 가지는 기여를 한 두 사람은 자신들이 기여한 가치에 대해 동등한 손실을 입었다고 볼 수 있게 된다.

d 파트너의 지분 정리

동업을 하던 파트너가 동업을 그만두고 떠난다거나, 혹은 더욱더 나쁜 일이 생겨서 사망을 하면 어떤 일이 발생하는가? 가장 먼저 생각나는 것은 떠나는(혹은 사망한) 파트너의 지분을 어떻게 정리하는가 하는 문제이다. 이러한 경우를 대비해서 미국에서는 흔히 파트너십 계약에 '바이아웃 조항 buyout provisions'을 넣는 것이 일반적인 관행이다.

바이아웃 조항은 여러 가지 사항을 규정할 수 있다. 떠나는 파트너의 지분이 반드시 사들여져야 하는지, 만약 사들이는 것이 허용된다면 어떠한 가격을 지불해야 하는지가 우선 규정될 수 있다. 또한 어떠한 자격 요건을 가진 주체가 떠나는 파트너의 지분을 살 수 있는지와 바이아웃을 촉발하는 여러 가지 사건들(사망, 해산, 자유의사 등)을 규정할 수도 있다.

실제로 파트너십의 지분을 정리함에 있어 정리되는 지분의 가치를 결정하는 것은 쉽지 않다. 따라서, 흔히 바이아웃 계약을 통해 정리되는 지분의 가치를 결정하는 방법을 미리 합의하는 것이 일반적이다.

실제로 N이라는 파트너가 있었다.[24] N과 여타 동업자들이 합의해서 만든 파트너십 계약에 의하면 회사를 떠나는(혹은 사망하는) 파트너가 생길 경우, 그러한 파트너의 지분은 '떠나는 파트너의 자본계정[25] capital account + 일반 파트너에게 직전 3년간 지급된 수익의 평균'이라는 산식에 의해 계산되도록 되어있었다. N이 사망한 후에 N과 같이 사업을 영위

---

24 G&S Investments v. Belman
25 각 파트너는 각자의 자본계정을 가지고 있으며, 자본계정은 수익 배당을 받을 수록 늘어나고, 손실 분담이 늘면 줄어드는 특성이 있다.

하던 다른 파트너가 N의 지분을 사고자 했다. 물론, 파트너십 계약에 나와 있는 공식에 의해서였다. 문제는 이러한 방식에 의해 계산한 N의 지분이 실제 N이 사망했을 당시에 실제로 가지고 있던 지분의 가치보다 훨씬 낮게 나왔다는 것이었다. 따라서 N의 후손들은 N의 지분 가치가 더 높게 평가되어야 한다며 이의를 제기하게 된다. 법원은 이러한 주장을 받아들이지 않았다. 논지는 간단했다. 파트너십 계약상 '바이아웃 조항'은 특별히 사기나 강박 強迫 fraud or duress이 있는 경우를 제외하고는 유효하며, 따라서 바이아웃 조항에 의거한 지분의 매입 가격이 정리되는 지분의 실제 가치보다 낮거나 높더라도 아무 문제가 될 수 없다는 것이다. 상사 거래 관계에 있어서 당사자 간 합의의 내용인 '계약'이 역시 중요함을 일깨워주는 또 하나의 판례라고 할 수 있다.

06

유한 파트너십

유한 파트너십은 일반 파트너십 general partnerships과 유사하나, 일반 파트너 GPs 외에 1명 또는 1명 이상의 유한 파트너 LPs가 있다는 점에서 구별이 된다. 주식회사의 주주처럼, 유한 파트너는 유한책임 limited liability을 지게 된다. 여기서, 유한책임의 의미는 회사가 지는 채무에 대해 유한 파트너가 투자한 지분 registered investment 만큼의 책임만 지고, 경영에 대해서는 권한이 없다는 뜻이다. 일반 파트너는 유한 파트너에게 유한 파트너가 투자한 지분에 대한 수익을 지불하는데, 이는 주식회사에 있어서 배당과 유사한 것이라고 보면 되겠다.

유한 파트너십은 '개정 통합 유한 파트너십법[26] RULPA'에 의해 설립이

---

26 the Revised Uniform Limited Partnership Act

가능하며, 설립하기 위해서는 주州에 등록을 해야 한다. 법에 의해 유한 파트너십이 설립된다는 의미는 파트너 간의 합의를 나타내는 파트너십 계약이 있더라도 그러한 계약이 법에 규정된 내용을 압도 override할 수 없음을 의미한다.

RULPA의 가장 큰 특징은 유한 파트너가 가지는 유한책임의 예외를 규정하고 있다는 점이다. 유한 파트너는 회사의 경영에 관여하지 않는 한, 일반 파트너처럼 무한책임을 지지는 않는다.[27] 그렇다면 유한 파트너가 회사의 경영에 참가함으로써 무한책임을 지게 되는 것은 어떤 경우인가?

E는 일반 파트너로, R과 A는 유한 파트너로 참여하여 작물 재배 사업을 하는 유한 파트너십이 조직된다.[28] 파트너십이 파산에 이르자, 파산 파트너십의 관리인 trustee은 R과 A가 회사 경영에 관여했다는 이유로 일반 파트너 E와 같은 무한책임을 진다고 주장하며 소송을 제기한다. 법원은 R과 A가 실질적으로 경영에 참여하면서, 유한 파트너로서 유한책임이라는 권리를 상실했다고 판시했다. 실례로, E는 일반 파트너임에도 불구하고 유한 파트너인 두 사람 중 한 사람의 사인이 없으면 회사 계정으로부터 돈을 인출할 수가 없었다. 더군다나 R과 A는 E가 매니저의 자리를 사퇴하도록 압력을 넣고 그의 후계자를 선택하기도 하였다. 유한 파트너인 R과 A는 E에게 어떤 작물을 재배할 것인가도 지시를 하여 경영 참여를 노골적인 수준으로 벌인 것도 법원이 R과 A가 유한 파트너로

27 "A limited partner shall not become liable as a general partner, unless ⋯ he takes part in the control of the business."

28 Holzman v. De Escamilla

서 책임의 범위를 일탈했다고 판단한 근거가 되었다.

'잘 나가는' 블랙스톤 LP

뉴욕 맨하탄의 블랙스톤 본사

뉴욕 맨하탄에 있는 블랙스톤 그룹(Blackstone Group LP)은 미국을 대표하는 세계적 금융회사이며, 사업 영역은 비공개 기업을 인수해 가치를 키우는 프라이빗 에쿼티[29](private equity)에서부터 투자은행, 자산 관리, 금융 자문, 대체 자산 투자 등 다양하다. 블랙스톤은 회사 이름에서 보는 것처럼 유한 파트너십(LP) 형태로 운영되고 있으며, 금융 위기 당시 파산한 리먼 브라더스(Lehman Brothers)에서 같이 일했던 피터 피터슨(Peter G. Peterson)과 스티븐 슈워츠맨(Stephen A. Schwarzman)에 의해 1985년 설립되었다. 블랙스톤은 2007년 뉴욕 증시에 상장된 공개 기업(public company)이다. 시장에서 거래되는 유한 파트너십의 지분은 '유닛(unit)'이라는 단위로 지칭되며, 이는 주식회사의 주식과 유사한 개념이다. 다만, 회사가 배당금을 지급할 경우 세금은 유닛 보유자만 내면 되므로, 주식회사와 같은 이중과세의 문제가 없다. 또한, 유닛이 공개시장에서 일반 주식처럼 자유롭게 거래되기 때문에, 일반 파트너십보다 투자자 입장에서는 유동성을 확보하기가 훨씬 좋다.

---

29 프라이빗 에쿼티는 우리말로 사모 투자 회사 또는 사모 투자 펀드로 지칭되며, 본서에서는 이러한 용어들을 혼용해서 쓰기로 한다.

이런 블랙스톤이 2013년 4분기에 6억 달러가 넘는 순이익을 냈다. 부동산, 헤지펀드, 프라이빗 에쿼티, 금융 자문 서비스 등 모든 사업 부문이 이익을 냈는데, 그 이유는 미국의 주식시장, 채권시장, 그리고 부동산 시장의 활황으로 블랙스톤이 보유한 자산의 가치가 많이 올라갔기 때문이다. 예를 들면, 블랙스톤은 2013년 12월 시월드(SeaWorld)와 피너클 푸드(Pinnacle Foods Inc.)의 지분을 팔아 10억 달러를 챙겼고, 힐튼 호텔(Hilton Worldwide Holdings Inc.)의 기업공개(IPO)를 통해 거액 투자 **30**에 따른 과실(果實)을 수확할 수 있는 기반을 마련했다. 주식(equities)에 대한 투자자의 수요가 꾸준할 것으로 전망돼, 앞으로도 블랙스톤은 보유 주식 매각을 통해 계속 '짭짤'한 수익을 낼 수 있을 것으로 보인다.

실적이 좋아지자 블랙스톤의 주가는 2013년 두 배 이상 뛰었으며, 12월에는 기업공개 이후 최초로 공개 당시 가격보다 주가가 더 오르기도 하였다. 연금(pensions), 기부금(endowments), 거부(巨富) 등 전통적인 프라이빗 에쿼티 투자자들도 블랙스톤이 운영하는 펀드에 더 많은 돈을 투입하였고, 이에 따라 2013년 4분기 기준으로 블랙스톤이 운영하는 자산 규모는 2,658억 달러에 이르게 되었다.

기록적인 실적 달성에 힘입어 블랙스톤은 역대 최고인 주당 58센트의 배당금을 투자자에게 지급할 계획이라고 밝혔다. 블랙스톤의 CEO이자 창업주인 스티븐 슈워츠맨은 최대 지분을 보유하고 있는 결과, 배당금이 지급될 경우 약 1억 3천만 달러 이상을 받을 수 있을 것으로 알려졌다.

---

30 블랙스톤은 2007년 260억 달러라는 거금을 들여 힐튼 호텔을 인수했으며, 인수 자금은 블랙스톤의 현금 55억 달러와 은행으로부터의 차입금 205억 달러로 구성되었다.

또 하나의 파트너십, MLP

유한 파트너십 중에 마스터 유한 파트너십(master limited partnership, 이하 MLP)이라는 것이 있다. MLP는 증권거래소에서 공개적으로 거래되는 유한 파트너십이다. 미국은 석유 및 가스 등 자원의 개발 및 수송과 관련된 비즈니스에 한해 MLP를 허용하고 있다. 세법상 MLP 자격을 얻기 위해서는 수입의 90% 이상이 에너지·자원의 개발 및 수송과 연관되어야 한다.

MLP는 유한 파트너십의 일종이므로 법인세를 낼 필요가 없고, 증권시장에서 자금을 조달할 수 있어 많은 에너지 기업들이 이를 이용해왔다. 또한, 저금리 시대의 투자 수단으로서 은퇴한 베이비부머 세대들도 MLP를 선호하는 경향이 강했다.

그런데 최근에는 전통적 에너지 기업만이 아니라, 수자원(水資源) 재활용 업체나 모래 광산을 운영하는 기업들까지 MLP 형태를 취하려는 시도가 늘고 있어 MLP 자격 요건을 심사하는 IRS가 앞으로 좀 더 타이트한 기준을 취할 전망이다. 과거에는 기업들이 MLP 자격에 해당하는지를 IRS에 질의하면 IRS가 소위 '프라이빗 레터 룰링(private letter ruling)'이라는 것을 통해 가부(可否)를 알려주는 것이 보통이었다. 그런데 에너지 사업과 관련이 없는 회사들까지 MLP를 이용해 세금을 덜 내는 게 아닌가 하는 우려가 일자 IRS는 2014년 4월 MLP 해당 여부를 알려주는 내부 심사를 잠정적으로 중단했으며, 심사를 언제부터 재개할지도 발표하지 않았다. 실제로 오클라호마와 캔자스에서 셰일 가스 개발 사업을 하고 있는 샌드리지 에너지(SandRidge Energy Inc.) 社는 수(水)처리 비즈니스를 분사(分社)해 MLP를 설립하고자 계획했으나, IRS의 심사 중단으로 타격을 입었다고 한다.

최근에는 정유 회사, 해상 석유 시추 회사, 석유 및 가스 개발 회사, 유전 개발 서비스 회사 등 다양한 에너지 기업들이 MLP를 이용하고 있다. 경우에 따라서는 사업 유형과 소득의 원천이 MLP에 해당하는지 여부가 모호한 사례가 많아 심사를 담당하는 IRS의 고민도 깊어지고 있는 것으로 보인다.

Part
04

코포레이션

Corporate America

미국식 자본주의의 화두 話頭

01

주식회사의 역할과 목적

주식회사의 목적은 무엇인가? 아마 대부분의 사람들이 주식회사의 목적은 주주를 위해 돈을 벌어들이는 것이라고 말할 것이다. 경제학에서도 기업의 목적은 이윤 극대화 profit maximization라고 가르치고 있다. 맞는 말이다. 미국 회사법에서도 기업의 목적이 돈을 많이 벌어서 주주 가치를 극대화 maximization of shareholders' value하는 것으로 이해하고 있다. 그런데 가끔씩 회사의 경영진과 주주 간 주주 가치 극대화의 방법을 둘러싸고 다툼이 벌어지는 경우가 있다. 그 대표적인 예를 몇 개 들어보기로 하겠다.

Corporate Tip

미국 기업의 여러 형태

주식회사 말고도 미국에는 여러 가지 기업 형태가 있다. 이 책의 앞에서 설명했던 파트너십도 가장 흔하게 볼 수 있는 기업 형태이다. 파트너십 이외에도 미국에는 유한 책임 파트너십(LLP), 유한 책임 회사(LLC), 유한 파트너십(LP), S코퍼레이션(S Corporation) 등이 있다.

유한 책임 파트너십(LLP)은 일반적인 파트너십과 유한 책임이 결합된 기업 형태이다. 보통 개별주의 회사법에 의거하여 설립되며, 설립 시 등록(filing)할 것이 요구된다.

유한 책임 회사(LLC)는 파트너십과 주식회사가 혼합된 형태이다. LLC의 가장 큰 장점은 파트너십과 같은 세금을 낼 수 있다는 것이다. 세금은 파트너십과 같이 지분을 가진 개개의 주주가 개인별로 내게 된다. 따라서 일반적인 법인세와 같이 이중과세(double taxation)의 문제가 발생하지 않는다. 회사가 손실을 낼 경우, 손실은 각 주주가 나누어서 낼 수 있다. LLC는 미국의 불문법인 커먼로(common law)상 존재하는 제도가 아니고, 법에 의해 창조된 기업 형태이기 때문에 설립 시 특별한 문건을 회사가 적(籍)을 두는 주에 등록하게 되어 있다. 이러한 문건은 일반적인 주식회사의 정관과 비슷한 것이다.1 LLC는 별도로 독립된 법인격으로서 존재한다. LLC의 또 다른 매력은 파트너십과 같은 세제상의 혜택을 받으면서도 주주는 주식회사의 주주와 같이 유한책임의 혜택을 누린다는 것이다. 따라서, LLC인 회사가 지는 대외 채무에 대해 회사와 공동 책임(vicarious liability)을 질 필요가 없다.

유한 파트너십(LP)은 앞서 설명한 대로 유한 책임 파트너(limited partners)와 일반 파트너(general partners)가 동시에 존재하는 파트너십으로 일반적인 파트너십에 준해서 세금을 내게 된다. 유한 책임 파트너는 회사 경영에 참여하지

---

1 LLC의 정관을 미국에서는 'articles of organization'이라고 부른다.

않는 한 유한 책임만을 진다. 일반 파트너는 무한 책임을 지는데, 개인인 일반 파트너로서는 상당한 부담이 되지 않을 수 없다. 이러한 문제를 해결할 수 있는 기발한 방법이 머리 좋은 변호사들에 의해 개발되었다. 해법은 주식회사를 일반 파트너로 임명하는 것이다. 주식회사가 일반 파트너로 참여하면, 주식회사의 주주인 개인들은 주식회사의 성격상 유한 책임을 지게 되므로 개인은 직접적인 무한 책임의 부담을 회피할 수 있다.

S코퍼레이션(S Corporation)은 미국의 세법이 만들어낸 회사의 형태이다. 미국의 세법전(Internal Revenue Code)은 제1장에서 주식회사이더라도 파트너십과 같이 세금이 부과될 수 있도록 선택하는 것을 허용하고 있다. 이렇게 파트너십처럼 세금을 내는 주식회사를 S코퍼레이션이라고 부른다. 그 결과 S코퍼레이션은 주식회사이지만, 회사라는 실체가 법인세를 내지 않고 손실이 나든 이익이 나든 개별 주주들에게 전가되어 세금이 부과되게 된다. 따라서 주주들은 개인들의 소득세를 신고할 때, 회사로부터 개인에게 전가된 회사의 이익 또는 손실을 신고해야 한다. 이렇게 특별한 과세상의 대우를 받는 S코퍼레이션은 주주의 수라든지 형태, 자본구조(capital structure) 등에 대해 일정한 제한이 부과된다.

ⓐ 회사의 기부 행위는 어느 선까지 가능한가

미국 회사법의 표준이라고 할 수 있는 델라웨어 회사법에 의하면 동법에 의해 설립된 모든 회사는 공공복리, 자선, 연구·교육 등의 목적을 위해 기부를 할 수 있는 권리를 보유하고 있다.[2] 하지만 이 규정은 회사가 보유하고 있는 여러 가지 권리 중의 하나를 규정한 것으로, 회사의

---

2 The Delaware General Corporation Law §122(9)

파트너십과 주식회사의 비교

구 분	파트너십	주식회사
형 성	비공식적, 통합파트너십법(UPA)	일정한 형식성이 요구(회사 헌장, 정관, 이사회, 경영자, 회사 기록 등)
유한책임	기본적으로 무한 책임, LLP는 유한 책임 형태로 운용 가능	유한 책임, 채권자들은 채권에 대한 보장(guarantees) 요구 가능
지분 또는 주식 양도가능성	기본적으로 양도 불가, 합의시 지분 양도 가능	양도 가능, 일정한 경우 주식 양도 제한 가능(주주 간 합의 필요)
영 속 성	언제라도 종료 가능, 합의시, 영구적으로 존속	무기한 존속, 합의시 영속성 제한 가능(exit agreement)
중앙집권화된 경영여부	공동 경영, 단 경영위원회를 통해 경영 위탁 가능	지배주주 또는 경영자가 주주를 대리해서 경영, 소액주주에 대한 횡포(freeze-out)를 방지하기 위한 협약 체결 가능
설립비용	들지 않음, 변호사 고용 필요	등록 비용 등 변호사 조력 필요
합의가 없을 경우 적용되는 규정	광범위	보다 광범위
유 연 성	유연성이 큼	유연성이 크지 않음
세 금	개인 단위로 과세, 손실은 개별 파트너에 의해 활용 가능	이익 분배 시 이중 과세, 손실은 회사에 의해서만 활용 가능

기본적인 목적(이윤극대화)에 부합하는 선에서 기부가 가능함을 규정한 것에 불과하다고 보는 것이 일반적인 견해이다.

학교 등 비영리단체에 대한 기부와 관련하여 재미있는 판례가 있다. 문제가 된 회사는 밸브를 제조·판매하는 회사였다.[3] 사건의 발단은 이 회사의 이사회가 그 유명한 프린스턴 대학에 돈을 기부하기로 결정하

---

3 A.P.Smith Mfg. Co. v. Barlow

면서부터 비롯되었다. 주주들은 이러한 이사회의 결정에 대해 의문을 제기하면서 소송을 건다. 회사의 회장은 기부행위가 건전한 투자 a sound investment라고 법정에서 증언했다. 법원은 누구의 손을 들어주었을까?

법원은 회사의 기부행위가 커먼로 common law에서 인정된 회사의 암묵적 권한 내의 행위로서 적법한 행위라는 판단을 내렸다. 더군다나 사건이 발생한 뉴저지 주 회사법의 명시적인 규정에도 위배되지 않는다고 결정했다. 현대적 상황에서는 회사가 지역공동체의 중요한 일원으로서 사적인 책임뿐만 아니라 사회적인 책임까지도 다해야 한다는 다소 혁신적인 이유를 달면서 말이다. 법원은 또한 문제가 된 기부가 무차별적으로 이루어진 것도 아니고, 이사들을 위해 설립된 가공 자선단체 pet charity가 개입되지도 않았음을 논거로 들었다. 프린스턴 대학이라는 저명한 아이비리그 대학을 위해 이루어졌고, 금액도 적정했으며, 문제가 된 기부가 회사의 이익을 위해 필요하다는 합리적 믿음에 의해 이루어졌으므로 문제가 될 것이 없다는 것이다.

사실 주주 입장에서는 회사가 남는 돈을 주주에게 배당금이라는 형태로 돌려주는 게 가장 바람직할 것이다. 반면, 기부행위가 회사의 지속가능한 발전을 위해 필요한 것이라면 이에 대한 과도한 제약은 경영진의 경영권을 지나치게 제한하는 결과를 초래할 수도 있다. 앞의 판례는 이렇게 대립되는 두 가지 이해관계의 조정이 이루어진 하나의 실례이다.

다른 얘기긴 하지만, 이러한 상황에서 주주들이 선택할 수 있는 대안은 어떤 것이 있을 수 있을까? 우선, 회사가 공개 기업 public company이라면 주주는 자신의 주식을 팔고 회사에서 손을 떼는 방법이 있다. 회사의 기부행위가 주주 가치를 훼손시켰다고 믿는 상황에서, 아예 주주의 지분을 정리하는 방법은 가장 극단적인 선택이 될 것이다. 또 하나의 방법은 적극적으로 주주가 나서서 회사의 경영진을 교체하는 것이다. 자신의 입맛에 맞는 이사를 이사회에 앉힘으로써 주주는 주주의 입장에서 잘못된 의사결정을 한 경영진의 책임을 물을 수가 있다.

ⓑ 경영자의 배당 결정은 어디까지 가능한가: 자동차왕 헨리 포드의 경우

회사가 막대한 수익을 올릴 경우, 그 수익은 회사를 위해 재투자되거나, 주주를 위해 배당을 하거나, 아니면 회사가 현금으로 그 수익을 보유할 수 있다. 미국에서 일반적으로 회사의 이윤을 배당할 것인가, 아니면 회사를 위해 재투자할 것인가의 결정은 경영진의 자율에 맡겨진다. 회사의 배당 결정에 법원이 개입한 이례적인 사례가 있다. 미국의 유명한 자동차 회사인 포드를 세운 헨리 포드와 관련된 재미있는 이야기이다.[4]

헨리 포드는 포드 사를 세우고, 절대 다수의 지분을 보유한 지배주주였다. 다지 Dodge는 이러한 포드사 지분의 10%를 보유하고 있는 소액주주였는데, 문제는 헨리 포드가 향후 특별 배당금을 지급하지 않겠다고 발표하면서부터 비롯된다. 포드는 주주에게 배당금을 지급하는 대신, 회사의 수익

1919년의 헨리 포드

---

4 Dodge v. Ford Motor Co.

을 회사를 위해 재투자하겠다고 말한 것이다. 포드는 더 나아가서 자신의 원대한 꿈을 밝힌다. 포드의 꿈은 종업원을 더 많이 고용하고, 포드의 생산 시스템을 확산시키며, 더 많은 종업원이 자신들의 삶을 개척하고 가정을 꾸리는 것이었다. 누가 보아도 타당하고 사회적 이익에 부합되는 목표가 아닌가?

하지만 법원의 판단은 냉철했다. 일반적으로 회사의 경영진(이사회)이 배당 여부 및 그 금액에 대한 결정을 내릴 수 있음을 법원은 인정했다. 그러나 영리기업은 기본적으로 주주의 이익을 위해서 조직되고 운영되는 것이라는 게 법원의 판단이었다. 이사들의 권한도 그러한 목적에 부합될 때만 의미가 있다. 다른 사회적인 목적을 위해서 주주들의 이익을 희생하는 것을 용납할 수 없다는 것이다. 법원은 주주들에게 간접적이고 부차적인 혜택만이 돌아가고, 주주가 아닌 다른 사람들에게 직접적인 특전이 부여되는 결정은 이사회 권한 밖의 행위가 된다는 결론을 내렸다. 더군다나, 당시 포드 사가 많은 현금을 축적하고 있었고 헨리 포드가 고려하고 있는 투자 결정이 즉시 이루어지는 것이 아니었다는 점도 법원이 소액주주의 편을 들어주는 원인이 되었다. 그러면서도 법원은 포드 사가 내린 사업 영역 확장 결정에 대해서는 경영 전문가가 아닌 법원이 판단할 필요가 없다고 하여 배당금 지급 결정이 기업의 경영 의사결정을 원천적으로 무효화하는 효력은 없음을 인정하였다.

만약, 포드가 자신의 포부를 밝히면서 모든 결정이 다 주주의 이익을 위한 것이었다고 말했으면 어땠을까? 아마도 결과가 달라지지 않았을까? 회사의 주인인 주주를 어떤 식으로든 고려를 하는 결정이었다고 포드가 자신의 생각을 꾸밀 줄 알았다면 그가 내린 무배당 결정이 법원의 승인을 얻을 수도 있었을 것이라는 게 미국 법학계의 중론이다.

ⓒ 경영상 의사결정과 주주의 간섭

주주는 회사의 주인으로서 회사가 어떻게 경영되어야 하는가에 대해 관심을 가질 충분한 이유가 있다. 하지만 주주의 이러한 관심이 어느 정도로 허용되느냐의 여부는 별도의 문제로 다루어져야 한다. 회사 경영진이 회사 경영에 대하여 가지고 있는 고유한 권리, 즉 경영권도 보장이 되어야하기 때문이다. 주주와 경영진이 가진 이러한 권리가 어떻게 조화되어야 하는지를 보여주는 사례가 있다.

리글리 Wrigley는 시카고 컵스라는 미국 프로 야구팀을 보유한 기업가였다.5 시카고 컵스는 연이어 적자를 기록하였는데, 소액 주주들은 이에 대해 불만이 많은 상태였다. 그중 한 명이 리글리를 상대로 소송을 제기한다. 이유는 리글리가 시카고 컵스 구장에 야간 경기를 위한 라이트를 달지 않아서 야간 경기를 할 수 없었던 결과, 관중들의 관람 저조로 구단의 수익이 떨어졌다는 것이었다. 더군다나, 구단주인 리글리가 가진 야구 경기에 대한 생각도 빌미가 되었다. 리글리는 공공연하게 야구 경기는 주간 경기이고, 경기장에 라이트를 설치하는 것은 주변 지역에 안 좋은 영향을 미친다는 얘기를 해오던 터였다. 소송을 제기한 소액주주의 입장에서는 주주의 이익보다는, 경영자인 리글리의 생각만을 반영하는 처사로 보였다. 야구장에 야간 경기를 위한 라이트를 설치하지 않음으로써, 회사를 경영하는 데 있어서 합리적인 주의 reasonable care를 기울이

---

5 Shlensky v. Wrigley

시카고 컵스의 리글리 필드 야구장

지 않았다는 것이 원고의 주요한 논지였다.

일반적으로 회사 경영에 있어서 경영진(이사회)은 광범위한 재량을 부여받는다. 사기적인 요소가 없는 한, 이사회의 결정은 신의·성실에 입각해서 회사를 위해 내려진 결정으로 의제된다. 기업에 있어서, 이사들의 권한은 그들이 법의 테두리 내에서 행동하는 한 절대적인 것으로 받아들여져야 한다. 이러한 일반적인 법 원리를 내세우면서 법원은 리글리가 내린 결정, 즉 주변 지역이 야간 경기로 인해 쇠락하는 것을 막는다는 취지가 장기적으로는 회사의 이익에도 부합될 수 있다는 판단을 내렸다. 특히 경기장의 라이트 설치 문제가 이사회에 상정이 되어 결정된 사항이고, 라이트를 설치하지 않기로 한 이사회의 결정이 어떠한 사기적인 요소나 이해관계의 충돌도 없는 까닭에 문제가 될 것이 없다는 것이다. 다른 팀이 야구장에 야간 경기 시설을 설치했다고 하더라도, 리글리를 중심으로 한 회사의 이사회가 내린 결정이 직무 태만으로 볼 수 없다고 법원은 판시했다. 그 이유는 개별 회사의 이사들은 그들 자신의 능력과 판단에 의해 선임되는 것이고, 법원은 그들에게 다른 회사의 사례를 들어 그들 자신의 판단을 포기하도록 강요할 수 없다는 것이다.

통상적으로 미국의 회사법은 회사의 경영진이 내리는 의사결정에 대해 법원의 간섭을 가급적이면 자제하고, 광범위한 재량을 부여하는 태도를 보여왔다. 그 결과, 이사회의 결정이 위법하지 않는 한 주주가 취할 수 있는 방법은 앞에서 설명한 바와 같이 두 가지 뿐이다. 우선 주주는 주식을 팔고 아예 회사와의 관계를 정리할 수 있다. 또 다른 방법은 적극적으로 회사의 지배 구조에 대해 도전하는 것이다. 즉, 이사회를 구성하는 이사들을 교체하여 주주들의 이해를 반영할 수 있는 구조를 만드는 방법이 되겠다. 물론 이 방법은 우호 주주들을 확보하거나 지배 구조의 변경을 일으킬 수 있을 정도의 지분 매수를 전제로 하고 있어 쉬운 방법은 아니라 하겠다.

Corporate Case

장기 투자자를 찾기 위한 회사의 구애 求愛

회사의 주식이 공개 시장에서 거래되는 기업의 경우에는 주주들이 회사를 어떻게 보는지가 회사의 시장 가치를 결정하는 데 아주 큰 영향을 미치곤 한다. 만약, 주주들이 회사의 장단기 전망이 어둡다고 생각하면 회사의 주식을 내다 팔것이고, 그렇게 되면 회사의 주가는 곤두박질칠 가능성이 크다. 단적인 예로, 미국의 부동산 회사인 리얼로지(Realogy Corp.)의 사례가 있다. 모기지 금리가 오르자 회사의 실적이 악화될 것을 우려한 주주들이 리얼로지의 주식을 시장에 대거 내다 팔면서, 2013년 하반기 이 회사는 회사 시가 총액의 4분의 1이 사라지는 경험을 했다. 회사는 절박해졌다. 리얼로지의 CFO는 미국 전역에 흩어진 130여 명의 주요 주주들을 직접 찾아다니면서 회사의 상황을 설명하고, 주주들에게 회사를 장기 투자 대상으로 봐 줄 것을 호소했다.

리얼로지의 사례처럼 투자자를 관리하고 보살피는 것이 요즘 미국 공개 기업(public company)의 중요한 과제가 되었다. 투자자들을 일대일로 만나거나 공장 견학을 시켜주는 것, 그리고 애널리스트를 상대로 제대로 된 홍보를 하는 것 등이 투자자 관리의 주요 수단으로 활용되고 있다. 하지만 무엇보다 회사들이 공을 들이고 있는 것은 장기 투자자(long-term investors)를 찾는 것이다. 단기적으로 등락이 있을 수 있는 회사의 실적에 구애되지 않고, 회사에 대한 신뢰를 바탕으로 주식을 오랜 기간 보유하는 장기 투자자를 확보하기 위해 많은 회사들이 투자자 미팅과 로드쇼 개최, 업종별 컨퍼런스 참석 등의 노력을 기울여왔다. 통신 장비 업체인 시에나(Ciena Corp.)가 그 예다. 이 회사는 과거 단기 수익을 추구하는 헤지펀드가 주요 주주인 회사였다. 회사는 2011년부터 장기 투자자를 찾기 위한 노력을 미국과 유럽에서 적극적으로 펼쳤다. 그 결과 이 회사는 50%를 넘던 단기 투자자 비중을 15%까지 줄이는 성과를 거두었다. 시에나는 장기 투자자 유치 활동을 하면서 클라우드 컴퓨팅(cloud computing) 시대의 도래가 네트워크 장비를 만드는 회사의 미래 성장 잠재력을 크게 높일 수 있다는 점을 중점적으로 홍보했다고 한다.

일부 회사의 CFO들은 아직도 단기 투자자가 회사에 미치는 긍정적 영향과 효과를 무시할 수 없다는 입장이다. 가령 회사의 주가가 단기적으로 급락하거나 급등할 경우, 단기 투자자는 회사의 주식을 매입하거나 매도함으로써 회사가 정상적인 주식 가격을 유지할 수 있게 하는 기능을 할 수 있다.

헤지펀드, 대형 기관 투자가를 동지로 만들다

지난 수십 년간 기업의 장기 투자자로서 투자 대상 기업의 지배 구조 변화에 대해 소극적 자세를 견지해왔던 미국의 기관 투자가들이 최근 적극적으로 사업 구조 변화와 경영진 개편을 요구하는 목소리를 내고 있다.

이렇게 기관 투자가들이 기업 지배 구조 이슈에 대해 적극적으로 나서게 된 배경은 기업 사냥꾼 또는 행동주의 헤지펀드의 활약이 두드러지면서, 실적이 부진한 기업을 대상으로 주요 주주인 기관 투자가와 헤지펀드의 협업이 늘고 있기 때문이다. 최근 블랙락(BlackRock), 티 로우 프라이스(T. Rowe Price), 뱅가드(Vanguard) 등 주요 기관 투자가들이 행동주의 헤지펀드의 지배 구조 변화 캠페인에 동조하는 것을 흔히 볼 수 있으며, 2013년 칼 아이칸(Carl Icahn)이 델(Dell)의 LBO(Leveraged Buy-Out)를 반대했을 때 티 로우 프라이스가 아이칸을 지원한 것 등이 그 예가 될 수 있다 하겠다.

일부 뮤추얼 펀드, 연기금 등 기관 투자가들은 투자 대상 기업의 실적에 대해 불만이 있을 경우 행동주의 헤지펀드를 끌어들여 지배 구조와 경영진의 변화를 시도하는 경우도 늘고 있는데, 이때 기관 투자가가 헤지펀드를 참여시키는 방법은 RFA(Request for Activist)를 통하는 것이 일반적이다.

기관투자가와 헤지펀드의 협업이 늘고 있는 배경은 여러 가지가 있으나 우선, 행동주의 헤지펀드의 투자 실적이 전통적 인덱스 펀드의 실적보다 단기적으로 우수한 결과를 가져오고 있는 것이 주요 원인이다. 또한, 행동주의 헤지펀드가 단순히 일부 지분을 취득하면서 기업 지배 구조에 대해 도전장을 던지던 과거의 행태에서 벗어나, 주요 주주인 기관 투자가를 대상으로 자신들의 입장과 공통의 이해관계를 설득력 있게 설명하면서 대화를 시작한 것도 기관 투자가와 헤지펀드의 협업이 늘고 있는 원인이다. 실례로 2013년 뉴욕의 행동주의 헤지펀드인 재너 파트너스(Jana Partners)는 캐나다계 비료 회사인 애그리엄 (Agrium)에 대한 공격(주가 부양, 유통 부문 분사 등)을 시작하기 전에 주요 주주인 기관 투자가와 상의를 한 바 있으며, 기관 투자가들이 지원하지 않았더라면 회사에 대한 공격을 감행하기가 어려운 상황이었다. 기관 투자가가 투자 대상 기업 중 실적부진 기업의 경영 개선을 위해 관련 경험이 풍부한 헤지펀드의 도움을 받고자 하는 것도 양자 간의 교류가 늘고 있는 배경이다. 캘리포니아 교원 연금 시스템(California State Teachers' Retirement System)은 2013년 헤지펀드인 릴레이셔널 인베스트먼트(Relational Investment)와 연합해 팀킨 컴퍼니(Timken Company, 베어링 및 철강 제조사)의 분사를 주창한 바 있으며, 회사는 이러한 요구를 받아들인 바 있다.

노조가 회사의 주인이 될 때: GM과 크라이슬러

미국의 자동차 빅3가 흔들리면서 GM과 크라이슬러가 파산을 신청하는 역사적 사건이 2009년 일어났다. 사실 수십 년 동안 미국 자동차 산업의 노조를 대표하는 UAW(全美 자동차 노조)는 단순한 전략을 가지고 있었다. 그 전략은 노조가 원하는 것을 얻기 위해 툭하면 파업에 돌입하는 것이었다.

그런데 GM과 크라이슬러가 파산을 신청하면서 UAW는 퇴직자 건강 펀드 (retiree health fund)를 통해 이 두 회사의 주요 주주(major shareholder)로 등장하게 된다. 노조가 회사의 주인이 되면서 UAW도 과거처럼 일방적인 주장만을 하기 어려운 상황이 됐다. 지난 시절 노동 쟁의와 파업의 결과로 등장한 UAW는 오바마 정부가 세운 갱생 계획(rescue plan)에 협조하면서 2015년까지 파업을 하지 않기로 약속한 것이다.

UAW는 건강 펀드를 통해 GM의 17.5% 지분, 크라이슬러의 55% 지분을 소유하게 된다. 노동자를 대표하는 단체가 회사의 주인까지 되는 초유의 사태가 벌어진 것이다. 일부 전문가들은 이제 노조가 경영진을 도와 회사가 수익을 올릴 수 있도록 지원할 것이라고 전망했다. 그 이유는 회사의 주가가 올라야 주주인 노조도 이득을 볼 수 있기 때문이다. 하지만 또 다른 전문가들은 노조가 전통적인 '일자리 지키기 정책'을 포기하지 않을 것으로 전망했다. 일례로 UAW는

미시간 주 디트로이트 GM의 본사

GM과 오바마 정부에 대해 GM이 소형차를 중국으로부터 수입하는 것에 대해 분명히 반대한다는 입장을 개진했다. 소형차를 중국으로부터 수입하면 미국 내 자동차 공장 수십 개는 문을 닫아야 하기 때문일 것이다.

오바마 정부는 노조가 회사 경영에 협조적으로 나올 수 있도록 노조를 여러 차례 설득한 것으로 보고되고 있다. 그 증거로 UAW가 임금 동결과 파업 중지를 약속한 것을 들 수 있다. 하지만 노조가 회사의 주인이 되었을 때, 반드시 회사 경영이 잘 된다는 보장은 없다. 미국의 유나이티드 항공은 노조가 회사의 상당수 지분을 소유하고 있는 상태에서 경영진이 노조의 임금 인상 요구에 굴복한 결과, 파산에 이르렀다는 지적이 많다. 이러한 점을 염두에 둔 오바마 정부는 GM과 크라이슬러의 갱생 계획 수립 시 노조의 경영 간섭을 줄이기 위해 고심한 것으로 알려지고 있다. 특히, 크라이슬러의 경우 노조는 이사회에서 단지 1석을 차지할 수 있는 것으로 설계됐다. 노조가 건강 펀드를 통해 회사 지분의 55%를 소유하고 있는 것에 비하면 1석의 자리는 지나치게 약소한 것이라고 생각할 수도 있다. 더군다나 오바마 정부는 GM과 크라이슬러 양사에서 노조의 건강 펀

드가 보유하고 있는 주식은 투표를 할 수 없는 무의결권주(nonvoting shares)임을 분명히 했다. 이러한 오바마 정부의 조치들은 노조가 회사를 지배할 수 없게 하는 결연한 의지의 표명으로 해석될 수 있다.

이러한 제약을 의식한 노조도 노조가 보유한 GM과 크라이슬러의 주식을 조속한 시일 내에 팔기를 희망하고 있는 것으로 알려진 바 있다. GM과 크라이슬러가 언제 정상화될지 모르는 마당에 건강 펀드의 자산을 특정 회사의 주식으로 상당 기간 고정시켜 놓는 것이 노조에서도 부담스러웠을 것이다. 하지만, 어쨌든 노조가 보유한 주식을 좋은 가격에 팔기 위해서는 팔기 전에 가격을 높여 놔야 할 유인이 노조 측에도 있음은 부인할 수 없는 사실이다. 이러한 이유로 인해 당시 많은 전문가들은 노조의 회사 주식 보유가 노조와 경영진의 밀월을 초래할 수 있는 요인으로 보았다.

주주의 적극적 경영 간섭

미국의 다든 레스토랑(Darden Restaurants Inc.)은 올리브 가든(Olive Garden), 레드 랍스터(Red Lobster), 롱혼 스테이크하우스(LongHorn Steakhouse) 등 여러 브랜드의 외식 레스토랑을 경영하는 회사다. 이 회사는 주주 운동(shareholder activism)을 하는 투자자들의 타겟이 되어왔는데, 주주 운동가들은 회사의 지분을 매입한 후, 회사에 대해 강도 높은 구조조정을 요구해왔다.

우선, 바링턴 캐피탈(Barington Capital Group)은 다든 레스토랑의 주식을 매집한 후, 레드 랍스터와 올리브 가든을 다든에서 분할해 별도의 회사를 만들고 다든 보유 부동산을 별도의 부동산 투자 트러스트(REIT: real estate investment trust)를 통해 관리할 것을 요구했다. 이러한 바링턴의 주장을 일부 받아들여, 다든은 레드 랍스터를 회사에서 분할(spin-off)해 매각할 계획을 발표했다.

다든이 레드 랍스터의 분할 및 매각 계획을 발표한지 며칠이 지나지 않아, 또 다른 주주인 스타보드 밸류(Starboard

다든 레스토랑 계열사 올리브 가든

Value LP)는 다든에 대한 지분을 5.6%까지 늘리면서 강도 높은 구조조정을 요구하고 나왔다. 스타보드는 다든의 주주 가치 극대화를 위해서는 레드 랍스터의 매각만으로는 부족하며, 다른 방식의 구조조정이 더 필요하다고 주장했다.

스타보드는 레드 랍스터, 올리브 가든, 롱혼 스테이크하우스 등 세 개의 다든 브랜드를 모두 통합해 하나의 회사로 만들어야 하며, 다든 보유 부동산도 별도의 부동산 투자 트러스트(REIT)를 만들어 관리해야 한다고 다든을 압박한 것이다.

이러한 스타보드의 주장에 대해 다든의 CEO인 클라렌스 오티스(Clarence Otis)는 별도의 부동산 투자 트러스트를 만들어 회사 부동산을 매각하고 임차하는 방식(sale-leaseback)이 현실성 없다고 반박했다.

주주 운동을 하고 있는 바링턴 캐피탈이나 스타보드는 양사가 협력하면서 다든에 대한 경영 간섭을 하고 있지는 않다. 다만, 스타보드는 향후 바링턴을 포함한 여타 주주와 상의하면서 다든의 경영 효율화를 위해 노력할 계획임을 밝혔다. 바링턴은 다든 지분의 2% 정도를 보유한 것으로 알려졌으며, 스타보드는 다든의 주가가 하락한 이후 지분 매입을 늘려왔다. 스타보드는 이전에도 대상 회사의 주식을 매집한 이후, 이사회에 진출하는 것을 주된 전략으로 삼아왔으며 향후 다든의 경우에도 유사한 전략을 실행할 가능성이 높다.

이렇게 일정 기업에 대한 투자를 통해 주주로 등장한 집단이 투자 수익을 극대화하기 위해 회사 경영에 대해 적극적인 간섭을 하는 경우를 미국에서는 많이 볼 수 있다. 긍정적인 효과는 회사의 경영진이 많은 자극을 받게 되며, 일반적인 주주들의 지지를 받기 위해 회사의 발전을 꾀하며 나름대로의 노력을 한다는 점이다. 다든의 경우도 주주 운동가들의 압박이 거세지자, 골드만 삭스 (Goldman Sachs Group Inc.)를 고용해 경영 자문을 받았으며, 그 결과 (앞서 서술한 것처럼) 레드 랍스터를 분할하기로 결정한 것이다. 아울러 다든의 경영 진은 비용 절감과 추가 합병 자제 등 경영 합리화 계획을 발표했다.

02

주식회사의 조직

ⓐ 회사의 설립을 위해 필요한 세 가지 | 사람, 종이, 행동

미국에서 주식회사를 설립하기 위해서는 세 가지가 필요하다. 그 세 가지는 사람, 종이, 그리고 실제 행동 act이다. 첫 번째 요건인 사람은 회사를 설립하는 주체를 말하며 '인코퍼레이터 incorporators'라고 불린다. 인코퍼레이터는 사람이 될 수도 있고 법인이 될 수도 있다. 그 숫자는 하나일 수도 있고 그 이상이 될 수도 있다. 인코퍼레이터는 보통 회사의 정관 articles of incorporation을 만들고 만들어진 회사의 정관을 주정부에 등록 filing하는 업무를 수행한다.

두 번째 요건인 종이는 회사의 정관 articles of incorporation을 말한다. 미국에서 정관은 회사와 주주들 간의 계약 a contract between corporation and shareholders으로

이해되고 있다. 아울러, 정관은 회사와 회사의 설립을 감독하고 승인하는 주정부와의 계약 a contract between corporation and state으로도 이해된다. 회사의 정관에는 여러 가지 다양한 정보가 담기는데, 그중 회사의 이름과 주소, 존속기간, 회사의 목적, 자본 구조 등이 중요하다.

회사의 이름은 아무렇게나 지을 수 있지만 반드시 지켜야 하는 원칙이 있다. 그것은 회사를 표현하는 어휘가 반드시 들어가야 한다는 것이다. 그러한 어휘로서 'corp', 'company', 'incorporated6', 'limited' 등이 쓰인다. 미국의 많은 회사를 보면 회사의 정식 명칭이 이러한 접미사로 끝나는 것을 볼 수 있다. 등록 정관에는 인코퍼레이터와 이사들의 이름 및 주소도 담기며, 소송 제기 시 관련 서류의 전달을 위한 에이전트 registered agent의 이름과 주소도 기록하게 된다.

정관에 담기는 회사의 목적은 아주 일반적인 내용으로 규정되어도 무방하다. 가령, '회사의 목적은 주정부의 승인을 얻은 후 적법한 모든 행위를 하는 것'이라고 규정해도 아무런 문제가 없다. 그런데 회사가 정관에 특별한 목적을 규정해 놓고, 그러한 목적에 부합되지 않는 행위를 하는 경우가 있다. A라는 회사가 있다고 해보자. A는 그 등록 정관에 그 회사의 목적을 '남부 스타일의 소시지 비스킷을 판매하는 것'이라고 규정했다. 나중에 이 회사는 비스킷만이 아니라, 티셔츠도 팔았다. 티셔츠 판매는 등록 정관에 규정되지 않은 행위이다. 이러한 행위7는 회사의 설립 목적을 벗어나는 행위로 미국의 불문법인 커먼로 common law에 의하면 취소될 수 있었다. 그러나 오늘날 미국법은 이러한 행위도 유효하며 실

---

6 흔히 'Inc.'로 줄여서 표기된다.
7 이러한 행위를 'ultra vires act'라고 한다.

행될 수 있다 enforceable고 본다. 다만, 이러한 행위에 가담한 경영진이나 이사가 회사에 손해를 미친 경우에는 주주나 회사에 대해 책임을 지게 될 수 있다.

자본 구조 capital structure도 정관에 담기는 중요한 내용이다. 회사의 정관은 보통 '승인된 주식 authorized stock[8]', 클래스별 주식의 수, 액면가격, 투표권, 각 클래스의 우선순위 등을 표시하고 있다.

마지막으로 회사 설립을 위해 필요한 것은 '행동'이다. 회사의 정관은 인코퍼레이터가 주정부에 수수료를 내고 등록을 하는데, 주정부에 의한 정관 등록 수령은 회사가 적법하게 조직되었다는 것을 증명하는 결정적 증거 conclusive proof로 작용한다. 이렇게 주정부가 정관 등록을 승인하면, 회사의 이사회는 회사를 조직하기 위한 '최초의 조직 미팅'을 갖게 된다. 이 미팅에서는 회사를 경영해 나갈 임원진을 선임하고 정관에 부수되는 규정들 bylaws을 만들기도 한다.

Corporate Tip

정관의 개정

회사의 정관(articles of incorporation)을 개정하기 위해서는 이사회의 의결과 주주로부터의 동의가 필요하다. 투표할 자격이 있는 주주의 과반수가 승인하면 개정된 정관은 주정부에 등록된다.

이렇게 정관이 개정될 경우, M&A 등과는 달리 반대하는 주주는 소위 주식 매수

---

[8] 승인된 주식은 회사가 판매할 수 있는 주식의 최대량을 의미한다. 이외에도 '발행된 주식(issued stock)'은 회사가 실제로 파는 주식의 수를 말하고, '유통되는 주식(outstanding stock)'은 발행되었으나 회사에 의해 다시 취득되지 않은 주식을 의미한다.

청구권(right of appraisal)을 행사할 수는 없다. 다만, 정관의 개정으로 특정 클래스의 주식이 손해를 입는다면 그 특정 클래스를 소유한 주주들의 동의도 별도로 받아야 한다. 이렇게 특정 클래스를 보유한 주주들이 하는 투표를 클래스 보팅(class voting)이라고 부른다.

회사의 내부 규정

회사의 내부 규정(bylaws)은 최초로 열리는 이사회에서 채택되며, 회사의 운영을 위해 내부적으로만 효력을 미치는 규정을 말한다. 대부분의 주에서는 내부 규정의 채택이 회사 설립을 위한 선행 조건으로 기능하지 않는다. 따라서 내부 규정을 만들어 놓지 않더라도 회사 설립이 가능하다. 내부 규정은 주로 이사와 경영진 등의 구체적 책임 범위, 정기 이사회의 시기와 장소, 통지(notice)의 방법 등을 규정하는 내용으로 이루어져 있다. 회사의 내부 규정은 일반적으로 주주들에 의해 변경될 수 있고, 이사회가 단독으로 바꿀 수 없는 경우가 많다. 회사의 내부 규정 내용이 등록 정관과 충돌할 경우, 정관이 내부 규정을 압도하는데 그 이유는 내부 규정은 회사의 내부 문서로서 주정부에 등록되지 않은 문서이기 때문이다.

ⓑ 회사 설립의 법적인 의미

일단 회사가 설립되면 회사의 내부적 사항들 internal affairs은 회사가 설립된 주의 법을 따르게 된다. 회사는 법적으로 독립된 실체 a separate legal person 이다. 그 의미는 회사가 독립적으로 소송을 제기할 수 있고, 또 소송을 당할 수 있다는 것이다. 아울러 회사는 재산을 보유할 수도 있고, 파트너십의 파트너가 될 수도 있으며, 회사 이름으로 기부를 할 수도 있고,

법적인 실체로서 소득세 corporate income tax도 내야 한다.

회사는 독립된 법적 실체이기 때문에 회사가 취하는 행동에 대해 책임을 지게 된다. 만약 회사를 설립하는 사람[9]이 실수로 회사 설립에 필요한 절차를 다 마치지 못해 회사가 법적으로 설립되지 않았다면, 이러한 설립 과정에 참여한 사람이 회사의 행동에 대해 책임을 지게 될 수 있다.

예를 들어 회사의 설립자가 회사의 정관을 만들어 주정부에 제출했다고 하자. 그런데 주정부에 제출된 정관은 우편물 운송 중에 분실되고, 그걸 모르는 설립자는 회사의 이름으로 다른 상대방과 계약을 맺는다. 이렇게 법적으로 설립되지 않은 회사가 맺은 계약에 대해서는 누가 책임을 지는가? 앞에서 설명한 것처럼 원칙적으로는 회사의 설립 과정에 참여한 사람들이 책임을 지게 된다. 하지만, 계약의 상대방이 회사가 실제로 존재하는 줄로 믿고 계약에 참여해서 거래를 수행했을 때는 나중에 회사가 설립하지 않았음을 이유로 계약의 효력을 부정할 수 없다는 법리도 있다.[10]

ⓒ 주식의 발행

(1) '발행'은 회사만이 할 수 있다

주식의 발행 issuance of stock은 회사가 그 회사의 주식을 팔거나 교환할 때 일어난다. 주식의 발행은 회사가 운영을 위해 필요한 자금을 조달하는 가장 대표적 방법이다. 예를 들어 '메이베리 부동산 회사 Mayberry Realty Corp.'

---

9 이를 프로모터(promoter)라고 하며, 인코퍼레이터와 큰 구분 없이 쓰이기도 한다.
10 이러한 법리를 'corporation by estoppel'이라고 한다.

가 메이베리 주식 1만 주를 판다고 가정해보자. 이것이 바로 '발행 issuance' 인데, 회사가 그 회사의 주식을 파는 것을 말한다. 만약 개인이 이 회사의 주식을 판다면 이러한 행위는 '발행'에 해당되지 않는다. 그 이유는 회사가 회사의 주식을 팔 때만 '발행'으로 보기 때문이다.

(2) 주식 매입 오퍼 Subscriptions

주식 매입 오퍼는 회사로부터 주식을 사겠다는 뜻을 문서로 표시한 것이다. 일반적으로 회사가 설립되기 전에 주식 매입 오퍼를 한 경우 다른 매입자가 동의하거나 특별한 약정을 한 경우를 제외하고는 약 6개월 간은 주식 매입 오퍼를 취소할 수 없다. 회사 설립 후에 한 주식 매입 오퍼는 회사의 이사회가 그 오퍼를 수락하기 전까지는 취소할 수 있다.

(3) 주식 발행의 대가 Consideration

회사가 주식을 발행하면 그 대가로 무엇을 받을 수 있는지가 문제된다. 전통적인 이론에 따르면 회사가 주식 발행의 대가로 금전(현금 또는 수표), 유·무형의 자산, 이미 회사를 위해 제공된 서비스 services already performed for the corporation 등을 받을 수 있다고 한다. 이러한 이론에 의하면 당장 회사에 반대 급부가 제공되지 않는 약속 어음 promissory notes이나 미래에 제공될 서비스 future services는 주식 발행의 대가로 회사가 취득할 수 없다.

현재는 많은 주에서 주식 발행의 대가로 '회사에 이득을 주는 모든 유·무형의 자산'을 받을 수 있음을 인정하는 추세이다. 따라서 이러한 추세에 따를 경우 전통적 이론에서 제외되었던 약속 어음이나 미래 서비스도 주식 발행의 대가로서 회사가 받을 수 있게 된다.

(4) 주식 발행의 대가로 얼마나 받을 수 있나?

미국에서 회사가 주식을 발행할 때는 최소 가격이라는 것이 적용된다. 이러한 최소 가격을 '파 par'라고 하며, 이는 우리나라의 액면가격과 비슷한 개념이라고 할 수 있다. 예를 들어 A사에서 파가 3달러인 주식 1만 주를 판다면, A사는 최소한 3만 달러는 받아야 하는 것이다. 물론 A사는 이때 3만 달러 이상을 받아도 무방하다. 다만, '파'라는 것은 A사가 받아야 할 최소한의 금액만을 제시하는 것이다.

물론 회사가 발행하는 모든 주식에 '파'가 있는 것은 아니다. 파가 없는 주식도 있고, 이 경우 회사의 이사회가 어떤 가격으로든 주식의 발행가격을 책정할 수 있다.

이사회가 내린 주식 발행 가격에 대한 결정은 특별히 사기성이 없고 신의·성실의 원칙에 맞게 이루어진 경우 결정적인 conclusive 것으로 취급된다. 따라서 가격을 결정하기 위한 별도의 절차가 필요 없게 된다.

(5) 금고주 Treasury Stock

이미 발행된 주식을 회사가 자사주로 재취득한 경우를 '금고주 treasury stock'라고 한다. 이러한 금고주는 회사가 다시 팔 수 있다. 이렇게 금고주를 다시 팔 때는 파가 없는 주식으로 취급되는 것이 일반적이다.

(6) 물 탄 주식 Watered Stock

파가 있는 주식을 팔면서 액면가격 이하를 받았을 때는 누가 책임을 지는가? 회사의 이사가 파 이하의 가격에 주식이 발행되는 것을 알고도 용인했다면 해당 이사는 당연히 책임을 져야 한다. 파 주식을 액면 이하로 산 사람도 회사에 대해 손해를 배상할 책임을 진다. 만약 이렇게 파가격 이하의 주식을 산 사람이 제3자에게 주식을 다시 팔았다면, 그 제3자는 어떻게 될까? 이러한 상황에서는 제3자가 사정(즉, 파가 있는 주식이 파에 못 미치게 발행되었다는 사실)을 몰랐을 경우에만 면책이 인정된다. 제3자가 이러한 사정을 알았든지 몰랐는지에 관계없이 회사의 이사와 1차 구매자는 책임을 져야 한다.

(7) 금전 Money과 선제적 권리 | Preemptive Rights

회사가 주식을 발행할 때 기존 주주는 특별한 이해를 가질 수 있다. 회사가 주식을 더 발행해 다른 사람에게 팔 경우 기존 주주는 자신의 지분 비율이 감소되는 효과를 갖게 되기 때문이다.

예를 들어 S는 C사의 주식을 1,000주 보유하고 있는 주주이고, C사에는 총 5,000주의 발행 주식 shares outstanding이 있다고 하자. 그렇다면 C는 총 20%의 지분을 가지고 있는 셈이 된다. 만약 C사가 3,000주의 추가적인 주식을 발행할 계획이 있고, S가 선제적 권리가 있다면 S는 신규 발행 주식의 20%(S의 원래 지분율)에 해당하는 600주를 매입할 권리를 보유하게 된다. 이렇게 선제적 권리는 기존 주주에게 인정되는 권리로서 기존 주주의 지분율을 유지시켜 지배 구조의 변화에 따른 충격을 줄이고자 하는 제도라고 할 수 있다. 이러한 선제적 권리는 회사의 정관 articles of incorporation이 이러한 권리를 규정하고 있는 경우에만 인정되는 것이 일반적이다.

한 가지 중요한 것은 선제적 권리는 회사가 주식을 발행하면서 발행의 대가로 현금을 받을 때만 a new issuance of stock for money 인정된다는 것이다.

가령 위의 예에서 C사가 G라는 사람으로부터 G가 보유하고 있는 토지를 취득하기 위해 주식을 발행한다면, S는 선제적 권리를 행사할 수 없다. 그 이유는 회사가 주식 발행의 대가로 현금이 아닌 토지를 받기 때문이다.

03

주식회사의 본질: '유한책임'이라는 특권

ⓐ 설립 전의 회사

회사는 설립되기 이전에라도 설비나 상품 등의 구매를 위해 계약을 맺을 수 있다. 이렇게 설립 전의 회사가 계약을 맺을 경우, 계약의 당사자로서 회사를 대표할 사람이 필요하게 된다. 미국법에서는 설립 전의 회사를 대표하는 사람을 프로모터 promoter 라고 부른다. 프로모터는 설립될 회사 그 자체일 수도 있고, 설립될 회사를 대표하는 대리인이 될 수도 있다.

(1) 회사 설립 전의 계약 pre-incorporation contracts

미국에서는 계약의 상대방이 설립 전의 회사를 대표하여 계약을 체결한 프로모터가 계약 당시 계약 당사자로서의 실체가 없었다는 이유로 사후에 계약을 파기하고자 하는 사례가 가끔 있었다. 미국법이 내린 결론은 프로모터는 설립 전의 회사를 대표하여 계약을 맺을 수 있다는 것이다. 사례를 들어 보자.

설립 전 상태인 회사 P는 프로모터를 통해 D라는 회사로부터 선박을 구매하는 계약을 체결했다.[11] 계약상 P는 텍사스 주법에 의해 설립될 '서던걸프머린'이라는 회사였다. 훗날 D가 계약 이행을 위한 선박 건조를 중단하게 되자 '서던걸프머린'은 계약 불이행을 이유로 소송을 제기하게 된다. D는 계약 당시 '서던걸프머린'이 아직 등록이 되지 않은 실체가 없는 회사였다는 이유로 계약을 이행할 의무가 없다는 주장을 한다. D는 프로모터와 계약을 맺은 것이지 원고인 '서던걸프머린'이라는 회사와 계약을 맺은 것이 아니라는 논리를 전개한 것이다. 법원의 판단은 어땠을까? 법원은 D의 주장을 일축하는 판결을 내렸다. 즉, 계약 당시 D는 이미 계약의 상대방이 아직 설립이 안 된 회사라는 것을 알고 있었고, 프로모터를 회사로 간주하고 계약을 체결했다는 것이다. 때문에 계약을 이행해야 하는 시점에서 자신의 과거 입장과 상반되는 태도의 돌변은 용납되지 않는다는 판결이다. 더군다나 D의 어떠한 권리도 프로모터의 실체에 의해서 부정적인 영향을 받지 않았다는 것도 고려 요인이 되었다. 결국 설립 전의 회사를 대표하여 프로모터가 체결한 계약도 계약 상대방의 실질적인 권리를 제약하지 않는 한 지켜져야 한다는 것이이 판례의 교훈이다.

---

11 Southern–Gulf Marine Co. No. 9, Inc. v. Camcraft, Inc.

(2) 프로모터와 비밀 이득 Secret Profit Rule

프로모터는 회사와 거래를 하면서 회사가 알지 못하는 이득을 얻을 수 없다. 미국법에서는 이러한 룰을 '비밀 이득 법리'라고 하는데, 이는 일반적으로 프로모터가 회사를 위한 프로모터가 되고 난 이후 취득한 자산을 회사에 다시 팔아 이득을 취할 경우 적용된다.

이때 프로모터가 회사에 자산을 팔아 이득을 취한다고 해서 그 이득 모두가 불법적인 것은 아니다. 프로모터는 자신이 이러한 거래를 통하여 이득을 취했다는 것을 회사에 알리지 않았을 경우에만 책임을 지게 된다.

🅑 회사의 실체와 유한 책임

(1) 유한 책임은 특권 特權이다

일반적으로 주식회사의 주주는 회사의 행동이나 부채에 대하여 책임을 지지 않는다. 주주는 자기가 출자한 범위 내에서만 책임(원본의 손실)을 진다는 유한 책임 limited liability은 미국 회사법의 확립된 법리이다. 이러한 유한 책임의 원리는 주주가 되면 오로지 주주가 보유하고 있는 주식의 가격 등락에 대해서만 책임을 진다는 것으로 압축될 수 있다.

하지만 미국법에 따르면 일정한 경우에 주주로 하여금 회사가 취한 행동에 대해 개인적인 책임을 지게 하는 경우가 있다. 이는 회사라는 유한 책임의 도구를 뚫고 주주 개인의 책임을 묻는다고 해서 '회사 베일 뚫기 piercing the corporate veil 12'라고 불리워지고 있다.

주주가 회사의 행동에 대해 개인적으로 책임을 지는 경우는 주주가 주식회사 설립이라는 특권을 남용했거나, 공평 fairness의 개념상 주주에게 책임을 묻는 것이 바람직한 경우이다. 사실, 유한 책임은 회사의 주주에게 주어지는 엄청난 특권이고 자본주의 사회에서 주식회사 제도가 꽃을 피우는 데 크게 기여를 해왔다.

그럼 구체적으로 어떠한 경우에 주주 유한책임의 원리가 적용되는가? 뉴욕시에서 발생한 사건을 소재로 예를 들어 보자.[13] P는 뉴욕시에서 C라는 사람이 운영하는 택시 회사의 차에 치어 중상을 입는다. 당연히 P는 택시 회사를 상대로 손해배상 청구 소송을 제기하려고 했다. 문제는 그 택시 회사 소유의 택시는 단지 2대 밖에 없고, 그나마 그 2대의 택시가 든 보험도 법률상 최소 요건만 충족하는 최소 한도의 책임 보험만을 들어놓은 데 있었다. 이러한 상황에서 P가 자신을 친 택시의 회사를 상대로 소송을 제기하는 것은 경제적인 측면에서 큰 의미가 없는 선택이었다. 따라서, P는 택시 회사의 주주인 C에게 주목을 하게 된다. C는 문제의 택시 회사를 포함하여 총 10개의 택시 회사를 소유하고 있었으며, 각각의 택시 회사에 문제의 택시 회사처럼 택시 2대에다 역시 최소 한도의 책임 보험만을 들어놓은 상태였다. C가 이렇게 하나의 택시 회사 형태로 20대의 택시를 굴려도 될 것을 10개의 택시 회사로 나눠 운영한 것은 분명히 리스크를 줄이기 위한 선택이었다.

1개의 주식회사로 운영하기 보다는 10개의 주식회사를 운영함으로써 각각의 소규모 회사가 가지는 적은 자본금의 범위 내에서만 외부의 채권자에게 책임을 지고자 하는 의도였던 것이다. 원고인 P가 보기에는 C

---

12 이하 PCV라고 줄여서 부르기로 한다.

13 Walkovszky v. Carlton

가 주식회사의 유한 책임 제도를 악용하고 있는 것으로 보였고, 따라서 P는 자신에게 상해를 입힌 택시 회사의 주주인 C에게 책임을 물어줄 것을 법원을 통해 요청한다.

법원은 C의 손을 들어 준다. 왜 그랬을까? C가 의도적으로 여러 개의 회사를 설립해서 대주주로서의 책임을 분산시키고자 했더라도, 그리고 개별 회사의 자산이 P의 손해를 배상하기에 불충분하더라도 주식회사의 유한 책임 제도를 무시하고 개인 주주의 책임을 물을 정도는 아니라는 것이 그 이유였다. 특히 C라는 주주가 회사의 형태 formality를 무시하고 회사의 자금을 개인 용도로 유용했다거나 하는 등의 정황 증거를 P가 제시하지 못했다는 점이 원고인 P에게 결정적 패소 요인이 되었다. 또한 P의 손을 들어주는 결정을 내릴 경우 뉴욕시에서 택시 1대로 주식회사 형태의 사업을 하고 있는 수많은 택시 운전자에게 부담이 될 수 있는 상황도 고려되었다.

⑵ 유한 책임의 예외 : 회사 베일 뚫기

이렇게 주주가 지는 유한 책임의 원리는 주식회사 제도의 근간으로서 예외적인 상황이 벌어지지 않는 한 주주를 회사의 외부 이해관계자에 대한 무한 책임으로부터 보호하게 된다. 또한 유한 책임 제도는 리스크를 회피하고자 하는 수많은 투자자들을 주식회사의 주주로서 참여할 수 있게 하는 원동력이 되었다. 그러면 어떠한 경우에 주주 유한 책임의 원리가 적용되지 않고 주주가 개인적 책임까지 지게 되는지 살펴보자.

S라는 회사는 후추를 PS라는 회사에 팔았다.[14] PS가 S에게 판매대금을 지급하지 않자, S는 소송을 제기하여 궐석 판결 default judgment(소송의 상

대방이 재판에 출석하지 않아 원고의 손을 들어주는 판결)을 얻어 낸다. 문제는 PS라는 회사를 찾을 수 없다는 것이었다. PS는 이미 청산이 되고 난 후였다. 더군다나 PS는 아무런 자산도 없는 회사였다. PS는 M이 소유하고 있는 회사로서, M은 PS이외에도 5개의 회사를 소유하고 있었다. PS에게 기대할 것이 없자, S는 M의 개인적 책임을 묻기 위해 소송을 제기했다.

이 사건에서 법원은 회사라는 실체를 무시하고 뒤에 숨어 있는 주주의 책임을 묻기 위한 두 가지 요건을 제시했다. 첫째, 회사와 개인의 구분이 없을 정도로 이해관계와 소유가 일치 unity of interest and ownership해야 한다. 둘째, 독립적인 회사의 실체를 인정하고 주주의 유한 책임을 허용하는 것이 사기를 방치하거나 정의를 훼손할 경우, 회사라는 장막을 뚫고 주주의 책임을 묻게 된다. 법원은 회사의 독립적 실체를 인정하지 않기 위해서 보통 4가지 요소가 있는지 살펴본다. 이 네 가지 요소는 (1) 회사 공식적 기록의 유지 등 요식성 formality의 충족 여부, (2) 회사와 개인의 자금 또는 자산의 구분이 불분명한지 여부, (3) 자본이 지나치게 적은지 여부, (4) 하나의 회사가 다른 회사의 자산을 당해 회사의 자산처럼 취급하는지 여부 등이다.

위 사례에서 M은 PS와 다른 세 개 회사의 유일한 주주였다. M이 소유한 어떤 회사도 이사회 등 단 한 차례의 회의를 개최하지 않았다. M은 모든 회사를 하나의 사무실에서, 하나의 전화를 이용해서, 그리고 하나의 비용 계정을 통해 경영하고 있었다. 아울러 M은 상당한 금액을 이

---

14 Sea-Land Services, Inc. v. Pepper Source

들 회사로부터 무이자로 빌려 쓰기도 했다. 사실, PS라는 회사가 무일푼이 된 것도 M이 경영하는 다른 회사가 PS로부터 돈을 차입하고 갚지 않은 것이 원인이 되었다. 더욱더 가관인 것은 M이 이들 회사의 은행 계좌를 이용해서 개인적인 비용을 충당하는 데 사용했다는 것이었다. 따라서 이 사례에서는 회사와 개인의 구분이 없이 개인의 영리를 위해 회사라는 실체를 이용했다는 점에서 첫 번째 요건이 충족된다.

문제가 된 것은 두 번째 요건이었다. 법원은 정의가 충족되지 않는 경우를 몇 가지 예를 들어 설명했다. 정의가 충족되지 않으려면 단순히 채권자가 자신의 채권을 행사하지 못하는 것 이상이 요구된다. 즉 주주가 법적인 책임을 회피하거나, 어느 한 당사자가 부당하게 이득을 보거나, 모회사가 자회사의 채무 불이행을 유도하고 책임을 지지 않는 경우거나, 의도적으로 주주가 자신의 자산을 유한 책임을 지는 회사로 이전하는 경우 등이 예로 들어졌다. 그런데 이 사건에서는 원고인 S가 두 번째 요건을 충족시킬만한 증거를 제시하지 못했다고 법원은 판단했다.

어쨌든 회사라는 실체를 뚫고 주주에게 책임을 묻게 하기 위해서는 위와 같은 요건들이 충족되어야 한다. 핵심은 주주가 회사라는 제도의 유한 책임이라는 특권 privilege을 남용했을 경우, 주주는 유한 책임을 넘어 회사의 행위에 대해 책임을 져야 한다는 것이다. 이러한 법리는 모회사가 여러 자회사를 거느리고 있는 경우에도 적용된다. 모회사는 모회사가 통제하고 있는 여러 자회사의 행위에 대해서 PCV의 요건이 충족되는 한 자회사의 행위에 대해 책임을 지게 된다. 그렇다고 해서 하나의 자회사가 다른 자회사의 행위에 대해 책임을 져야 한다는 것은 아니다.[15]

앞에서도 얘기한 것처럼, PCV가 성립하기 위해서는 회사와 주주의 일체성 외에도, PCV를 인정하지 않을 경우 심각한 부정의와 불공평을 초래해야만 한다. 주주의 유한 책임을 부정하고 PCV를 인정함에 있어서 사건의 성질에 따라 PCV의 성립 요건이 다를 수 있다. 델라웨어 주에서는 계약법 사건과 손해배상 사건에 있어서 PCV의 성립 요건을 구별하고 있다. 즉, 손해배상 사건에 있어서는 회사가 주주의 도구로 이용되었다는 것을 보이기만 하면 잠재적인 피해자(원고)가 사기 fraud나 부정의를 증명할 필요가 없다는 것이다. 왜 그럴까?

B라는 회사가 있었다.[16] B는 MEC라는 자회사를 거느리고 있었다. MEC는 여성을 위한 유방 확대 수술용 실리콘 젤을 생산하는 업체였다. MEC를 자회사로 거느리고 있긴 했지만, B 자체는 실리콘 젤을 만들거나 유통시키지는 않았다. MEC가 생산한 실리콘 젤이 문제를 일으키자, 소비자인 여성들은 MEC의 모회사인 B를 상대로 손해배상 청구 소송 tort actions을 제기했다. 사건을 심리함에 있어서 법원은 전통적인 PCV의 성립 요건이 충족되는지 여부부터 우선 심사했다. 첫째, 과연 MEC가 독립적인 실체가 아니라 모회사 B의 단순한 도구 mere instrumentality였는지 여부를 가려야 했다. 이 사건에서 법원은 자회사가 모회사의 단순한 도구인지를 판별하기 위해 여러 가지 요소를 고려할 수 있다고 설명했다. 그 요소는 (1) 동일한 이사와 경영진을 보유하고 있는지 여부, (2) 동일한 사업부를 보유하고 있는지 여부, (3) 결합 재무제표 consolidated financial statements를 작성했는지 여부, (4) 모회사가 자회사에게 재정적 지원을 제

15 Roman Catholic Archbishop of San Francisco v. Sheffield
16 In Re Silicone Gel Breast Implants Products Liability Litigation

공하는지 여부, (5) 모회사가 자회사를 등록 incorporation했는지 여부, (6) 자회사의 자본금이 극히 부족한지 여부, (7) 모회사가 자회사의 급료와 비용을 지급하는지 여부, (8) 모회사가 자회사의 자산을 자신의 것처럼 사용하는지 여부, (9) 일상적 운영이 분리되지 않았는지 여부, (10) 자회사가 기본적인 회사의 공식성 formalities을 준수했는지 여부 등이다. 법원은 이러한 여러 가지 요소가 성립된다고 인정했다. 그 다음 관건은 과연 원고가 사기 fraud의 존재를 입증해야 하는가의 문제였다.

이 대목에서 법원은 이 사건이 계약에 기초한 사건이 아니라 손해배상 사건임에 주목했다. 일반적으로 계약 사건에 있어서는, 계약자(원고)가 자회사와 계약을 함에 있어서 모회사가 연대 책임을 질 것을 조건으로 계약을 체결할 수 있다. 하지만, 손해배상 사건에 있어서는 피해자가 그러한 선택을 할 수가 없다. 즉, 이 경우에 있어서 회사의 유한 책임은 피해자 입장에서 보면 우연의 일치이고 합의에 기초하지 않은 것 non-consensual이다. 따라서, 손해배상 사건에서는 원고에게 사기의 존재를 입증할 것을 반드시 요구할 필요가 없다는 것이다. 사기가 있었다고 입증해야 하는 것 자체가 유한 책임을 본인의 의지와 관계없이 받아들여야 하는 원고에게 불공평하기 때문이다.

이 사건에서는 MEC가 거의 자산이 없었고, B가 MEC의 광고에서 B의 이름이 나타나게 허용한 것도 모회사인 B가 책임을 피할 수 없게 된 또 하나의 이유가 되었다. 이러한 상황에서 B가 책임을 면하게 하는 것은 정의의 관념에 반한다고 법원은 보았다.

04

경영진의 의무: 신의 · 성실과 충성

ⓐ 이사 및 이사회에 대한 기본적 규정들

(1) 이사 directors의 선출과 해임

　미국 개별주의 회사법은 이사의 수, 선출, 이사회의 운영 등에 대한 기본적 사항들을 규정하고 있다. 예를 들어 이사의 수는 '한 사람 또는 한 사람 이상의 자연인'으로 규정하고 있고, 주주가 연례 주주총회에서 이사를 선출한다고 하는 것이 일반적이다.

　주주는 회사의 주인으로서 이사들의 임기가 종료되기 전이라도 이사를 해임할 수 있다. 이사의 해임을 위해서는 일반적으로 투표권을 가진 다수의 주식이 이사의 해임을 위한 투표를 실시하여야 한다. 이러한 주주들의 이사 해임권은 상당히 넓은 범위에 걸쳐 인정되고 있다. 특별한 이유가 없어도 이사 해임을 의결할 수 있기 때문이다.

이사회에 결원이 생기면 그 결원은 이사회 또는 주주총회에서 결정하는 사람이 채우게 된다. 만약, 주주들이 주주총회를 통해 특정한 이사를 해임하였다면 이 빈 자리를 채우기 위한 이사 선임도 해야 한다.

Corporate Case

하이브리드 이사회

하이브리드 이사회(hybrid boards)는 회사 정책에 대해 반기를 든 소액주주가 임명하는 이사가 이사회의 구성원으로서 포함되어 있는 이사회를 말한다. 금융 위기 이후 미국의 증권 거래 위원회(SEC)는 회사를 직접적으로 경영하고 있지 않은 주주들이 이사를 조금 더 쉽게 임명할 수 있도록 관련 규정을 개정한 바 있다. 새로운 규정에 따르면 최소한 1퍼센트 이상의 지분을 소유한 주주는 자신이 임명하고자 하는 이사를 위임장(proxy)에 기재하고 이를 주총에서 투표에 부칠 수 있도록 되어 있다. 이렇게 자신이 원하는 이사를 이사회에 앉히고자하는 주주는 회사를 인수하거나 자신이 보유한 지분 이상으로 이사를 임명하여 이사회를 장악하려 하지 않는다는 것을 서약해야 한다.

이렇게 일반 투자자들이 회사의 이사를 쉽게 임명할 수 있도록 하는 조치는 미국의 금융 위기가 직접적 원인이 됐다고 봐야 한다. 모기지(주택 담보 대출)와 연계된 증권에 대한 과도한 투자를 벌여 온 월 스트리트 금융 기관들과 이들 기관을 경영해 온 이사회의 무책임성이 전 세계를 경제 위기로 몰고 간 금융 위기의 도화선이 됐다는 지적이 많았다. 주주 전체의 이익보다는 경영진의 이익만을 위해 처신한 결과, 크레딧 디폴트 스왑(credit default swap)이라는 파생 상품에 대한 과도하고 무모한 투자가 이루어졌다. 경영진을 효과적으로 감독하기 위해서는 주주가 주주의 뜻을 대변하는 이사를 이사회에 심는 것이 가장 효과적인 방법이 될 수 있다. 이런 맥락에서 하이브리드 이사회의 순기능이 있다 하겠다. 실제 실증 연구 결과에 의하면 하이브리드 이사회를 보유한 회사가 그렇지 않은 동종 업계의 회사보다 장·단기를 막론하고 성과가 더 좋았다고 한다. 그리고, 경영진과 뜻을 달리하는 주주들(dissident shareholders)이 임명한 이사의 비율이 높은 회사일수록, 회사의 전반적인 성과가 높다는 보고도 있다. 미국 프락시 거버넌스(Proxy Governance)의 스캇 휀(Scott A. Fenn)은 이러한 실증 연구 결과가 반대 주주들이 단기적인 이익에만 급급해한다는 일반적인 인식을 불식시키는 계기가 될 수 있다고 주장한 바 있다.

다양한 회사에 투자하고 있는 헤지펀드들이 이사회에 자신들의 의사를 대변할 수 있는 이사를 임명할 수 있는 경우, 이것이 어쨌든 회사를 위해 무언가 가치를 창출하는 일을 해왔고 앞으로도 그럴 것이라고 기대하는 사람들도 많다.

New GM의 새로운 이사들

2009년 7월 GM 도산 사건을 담당하는 뉴욕 도산 법원의 거버(Robert E. Gerber) 판사는 GM이 자산을 새 GM으로 파는 것을 승인했다. 이러한 조치는 GM이 구조 조정을 통해 새롭게 태어나는 데 가장 중요한 역할을 할 것으로 평가되었다. 거버 판사는 GM의 자산 판매를 승인하면서 다음과 같이 밝혔다. "(올드) GM이 막대한 손실을 입고 있고 정부지원이 조만간 끊어질 상황에서 그나마 우량한 자산을 새로운 GM으로 팔아 이전하는 것은 불가피했다. 도산 법원(bankruptcy courts)은 도산 기업의 자산이 아직 잔여 가치를 갖고 있을 때 그 자산을 팔 것을 허락할 권한을 갖고 있다. 이는 수술대 위에 뉘어져 있는 환자가 죽는 것을 막기 위한 조치이다."

지금은 주인이 바뀐 뉴욕 맨하탄의 GM 빌딩

거버 판사의 자산 판매 승인은 미국 오바마 정부에게 주어진 또 하나의 성공 사례로 평가되었다. 오바마 정부는 단기간 내에 미국 자동차 산업의 어마어마한 재편을 위해 노력해왔기 때문이다. 2009년 6월에는 도산 신청을 한지 42일 만에 새로운 크라이슬러가 도산 절차를 졸업하고 출범한 바 있다.

당시 많은 사람들은 예정된 대로 GM의 도산 절차가 순조롭게 진행된다면, GM이 곧 소수의 핵심 브랜드를 보유하고 고연비 자동차를 생산하는 효율적 기업으로 재탄생할 수 있을 것으로 기대했다.

당시 GM의 CEO였던 프리츠 헨더슨(Fritz Henderson)은 새로운 GM에서도 그 자리를 계속 유지할 것으로 관측되었으나, 2009년 12월 사임을 하게 된다. 후임 CEO는 오바마 정부가 임명했던 새 GM 이사 중의 한 명인 에드워드 휘태커(Edward Whitacre)가 맡게 되었다. 당시 우량 자산을 새 GM으로 팔아 넘긴 올드 GM은 도산 보호 절차(bankruptcy protection) 속에서 채권 회수를 위해 사력을 다하고 있는 채권자들과 힘겨운 상대를 벌였다.

(2) 이사회 개최의 형식 요건

회사의 의사결정은 기본적으로 이사회를 통해 이루어진다. 이러한 이사회가 유효한 행위를 하기 위해서는 일정한 요건이 요구된다. 이사회가 효력 있는 의사결정을 하는 방법은 크게 두 가지가 있다. 첫 번째 방법은 특별히 회의를 개최하지 않고 모든 이사가 서면으로 동의 unanimous written consent하는 방법이다. 두 번째는 의사정족수 quorum와 투표 요건 voting requirements을 충족하는 회의를 개최하는 방법이다. 이러한 회의는 언제, 어디서라도 개최될 수 있다. 이러한 두 가지 방법과 그에 따른 요건이 충족되지 못하면, 이사회의 행위는 회사의 사후 추인 ratification이 없는 한 무효로 간주된다.

모든 회의 참석자가 컨퍼런스 콜(전화 회담)을 통해 동시에 다른 사람이 하는 얘기를 듣고 토론할 수 있다면, 컨퍼런스 콜도 정당한 효력을 갖는 이사회의 개최 방법으로 인정된다는 것이 미국 회사 제도의 기본 입장이다.

(3) 이사회 개최 사실의 통지

정기적으로 개최되는 이사회는 특별한 통지 절차가 필요하지 않다. 그 이유는 정기 이사회의 시간과 장소는 일반적으로 회사의 내부 규정 bylaws으로 정하고 있기 때문이다. 하지만 특별한 이유로 개최되는 수시 이사회의 경우는 모든 이사들에게 그 사실이 통지되어야 한다. 만약, 모든 이사들에게 개최 사실이 제대로 통지되지 않고 이사회가 열렸다면 이렇게 열린 이사회의 효력은 인정되지 않는다. 다만, 통지를 받지 않은 이사가 이러한 결함을 용인하는 경우는 통지를 제대로 하지 않고 열린 이사회의 효력이 인정될 수도 있다.

이사회에 참석하지 않고 대리인을 보내거나, 이사들끼리 일정한 방향으로 투표하기로 하는 계약을 맺을 수 없다는 것이 미국 법의 기본 입장이다. 그 이유는 이사는 주주의 위임을 받아 회사의 중요한 의사결정을 내리는 사람들이고, 그러한 관점에서 대리나 투표 관련 계약이 주주의 이해에 반한다고 보기 때문이다.

⑷ 이사는 자리를 뜨면 안 된다

이사회가 제대로 열리려면 성원이 되어야 한다. 회사의 내부 규정에 특별히 다른 규정이 없는 한 등록된 이사의 과반수 majority가 참석하여야 한다. 이렇게 과반수 이상의 이사가 참석하면 의사정족수 quorum가 충족된다.

그렇다면 의결정족수는 어떻게 되는가? 의결정족수는 참석한 이사의 다수 a majority vote of those present이다. 예를 들어, A사의 이사가 총 9명이라면 9명의 과반수인 5명 이상이 참석해야 의사정족수가 충족되고, 이렇게 참석한 5명중에서 다수인 3인 이상이 찬성하면 의안이 통과되는 것이다.

만약 위의 사례에서 참석한 5명의 이사 중 한 명이 자리를 뜨면 어떻게 될까? 이렇게 되면 5명이라는 의사정족수가 무너져 이사회는 더 이상 아무것도 할 수 없는 상황이 된다. 이사회가 본연의 기능을 지속적으로 수행하기 위해서는 의사정족수에 해당하는 인원이 계속 자리를 지키고 있어야 한다는 뜻이다. [17]

🅑 이사와 이사회의 역할

이사들로 구성되는 이사회는 회사를 경영하는 주체이다. 즉, 이사회는 회사의 경영 전략과 방침을 세우고, 경영진 officers을 선임하고 감독하

---

[17] 나중에 다시 설명하겠지만, 주주총회에서는 또 다른 규칙이 적용된다.

며, 배당을 선언하고, 회사 조직의 근본적 변경 등을 권고할 수 있다.

미국식 회사법에 의하면 회사의 주주 shareholders는 회사를 직접 경영하지 않는다. 주주는 단지 회사를 경영하는 이사를 선임할 뿐이다.

주주들이 뽑은 이사로 구성되는 이사회는 회사의 경영과 관련된 상당 부분의 권한을 이사회 내에 따로 설치하는 위원회 committee에 이양 delegation할 수 있다. 하지만, 이러한 위원회는 내부 규정을 개정하거나 배당을 선언할 수 있는 권한을 가지지 못하며, 회사의 조직 변경에 대한 권고도 할 수 없는 것이 일반적이다.

Corporate Case

청천 벼락 뉴스에 해외 출장 중 소환된 시티그룹의 CEO

대형 은행 시티그룹의 CEO인 마이클 코뱃(Michael Corbat)은 2014년 3월 지구의 반대편인 한국으로 출장 중 청천 벼락 같은 소식을 듣는다. 코뱃이 접한 소식은 시티가 미(美) 연준이 실시한 스트레스 테스트 통과에 실패했다는 것이었다. 스트레스 테스트는 금융 위기 이후 미(美) 규제 당국이 은행들의 위기 대응 능력을 심사하기 위해 매년 실시해왔으며, 경제 상황이 심각히 나빠지는 경우를 가상해 은행의 자기 자본 능력이 자산 대비 얼마나 되는지 등을 보는 것이다.

시티가 스트레스 테스트에 실패했다는 소식은 투자자들을 격분시켰고, 긴급 이사회가 소집되는 계기가 되었다. 투자자와 주

뉴욕 맨하탄의 시티 뱅크 센터

주들이 화난 이유는 스트레스 테스트 통과 실패로 배당과 자사주 매입이 어려워졌기 때문이다. 긴급 이사회는 해외 출장 중인 코뱃을 불러 규제 당국의 스트레스 테스트 통과 실패를 왜 예견하지 못했는지를 따졌다고 한다. 미(美) 당국의 위험 상황 시 최소 자본 기준은 5%인데, 시티의 경우는 6.5% 수준으로 측정되었기 때문에 이사와 주주들은 어안이 벙벙할 수밖에 없었다. 코뱃 자신도 그 간 미(美) 연준과 뉴욕 연준 등 규제 당국의 주요 인사들과 수시로 접촉해 시티의 위기 대비 능력이 충분하다는 점을 설득하고 다녔던지라 테스트 결과는 정말 예상치 못한 충격이었다.

그러나 시티그룹 내외에서는 테스트 결과가 예상된 재앙이었다는 평가도 나왔다. 그 이유는 미(美) 연준이 스트레스 테스트 결과를 발표하기 수 개월 전부터 시티 내부의 위기 대응 시스템에 문제가 있다는 내용을 경고해 왔기 때문이다. 아울러, 규제 당국은 숫자로 나오는 자기 자본 수준보다도 은행들이 과거의 실패와 쓰라린 경험을 어떻게 반영하고 있는지를 평가 요소로 중시하고 있다는 점을 지속적으로 밝혀왔다고 한다.

이러한 경고와 힌트를 받고도 적절히 대응하지 못해 최악의 결과를 가져온 데 대해 CEO인 코뱃은 해명을 해야 할 상황에 처했다. 테스트 결과를 분석하고 문제를 치유해야 다음해에 있을 스트레스 테스트를 통과할 수 있을 뿐 아니라, 주주들에 대한 배당도 가능해진다는 점에서 코뱃이 어떻게 이 위기를 극복해나갈 것인지 시장의 관심이 집중되었다.

토요타 이사회의 캘리포니아 공장 폐쇄 결정

일본의 토요타 이사회는 토요타가 미국의 GM과 합작으로 설립했던 캘리포니아의 공장을 2009년 폐쇄하기로 결정했다. 이 캘리포니아의 공장은 미국에 있

폐쇄 이전의 캘리포니아 토요타 공장

는 토요타 공장 중 유일하게 노조가 있는 공장이었다는 점에서 세간의 관심을 끌었다. 이 공장은 캘리포니아 프레몬(Fremont)에 소재하고 있으며, 4,700여 명을 고용하는 미국 서부에 위치한 거의 유일한 자동차 생산 공장이었다.

토요타는 이 공장을 2010년 3월까지만 운영하기로 하였는데, 이는 토요타가 미국에서 최초로 공장을 폐쇄한 사례로 기록되게 된다. 당시 토요타의 북미 담당 부사장이었던 아쯔시 니미는 공장 폐쇄가 가슴 아프지만 중장기적으로 독자 생존할 수 없다는 점에서 폐쇄가 불가피하다고 설명했다. 폐쇄된 공장의 노동자를 대변하는 UAW는 공장 폐쇄가 비논리적이고 아주 참담한 결정이라고 강력하게 비난했다. UAW회장인 게틀핑거(Gettelfinger)는 디트로이트 소재 미국 자동차 회사들이 시행한 공장 폐쇄보다 토요타의 공장 폐쇄가 더 문제가 크다며 목소리를 높인 것으로 알려졌다. 특히 게틀핑거는 미국 정부의 신차 구매 혜택인 '중고차 매각 후 고연비 신차 구매(cash for clunkers)' 프로그램으로 엄청난 이익을 본 토요타가 미국 내 공장 중 일부를 폐쇄하는 것은 불행한 일이라고 밝혔다. 이 공장에서 토요타는 컴팩트 세단인 코롤라와 픽업 트럭인 타코마를 생산했다. 특히, 코롤라는 신차 구매 혜택 프로그램에서 가장 인기가 높은 차종이었다.

토요타의 공장 폐쇄에는 동업을 하던 GM이 이 공장을 더 이상 뉴 GM의 일부로 생각하지 않았던 것도 결정적 원인으로 작용했다. GM이 먼저 공장을 버렸기 때문에 토요타도 노조가 있는 공장이지만 버릴 수 있는 선택을 할 수 있었다고 보는 시각이 많다. 당시 캘리포니아의 정치인들은 공장이 계속 운영될 수 있도록 지속적으로 노력하겠다고 밝혔지만, 결국 이 공장은 2010년 상반기에 문을 닫게 된다. (하지만, 토요타가 미국의 전기자동차 제조업체인 테슬라(Tesla)와 제휴를 맺고 테슬라가 공장을 다시 가동하게 되면서 이 공장은 운 좋게도 몇 달 후 기사회생하게 된다.)

미국 클라크 대학의 개리 체이슨(Gary N. Chaison) 교수는 토요타가 내린 결정이 글로벌 경제 위기 속에서 비용 절감을 위해 노조가 있는 공장을 타겟으로 삼은 것이라는 분석을 내놨다. 이 폐쇄된 공장의 노동자들은 노조 활동을 통해 토요타의 다른 미국 내 공장에 비해 약간 더 높은 임금을 받아 온 것으로 알려져 있다.

마이크로소프트가 신임 CEO를 뽑기 어려운 이유

마이크로소프트(Microsoft)의 CEO인 스티브 발머(Steve Ballmer)는 2013년 여름 은퇴계획을 밝혔다. 하지만 스티브 발머의 뒤를 이을 차기 CEO 후보는 2014년 새해가 되어도 발표되지 못했다. 이렇게 마이크로소프트가 신임 CEO를 뽑기 힘든 이유는 새로운 CEO가 등장하더라도 창업자이자 회장인 빌 게이츠(Bill Gates)와 은퇴할 CEO인 스티브 발머가 이사회의 이사로서 남아 있을 것이기 때문이다. 마이크로소프트가 접촉한 CEO 후보자들은 하나 같이 최고 경영자가 되더라도 이사회를 장악하고 있는 '상왕(上王)'들 때문에 자신의 역량을 마음대로 펼치지 못할 것을 우려했다고 한다.

워싱턴 주 마이크로소프트 본사

이렇게 신임 CEO를 뽑기 힘들 정도로 마이크로소프트의 이사회 구성은 독특하다. 우선 창업주이자 CEO를 역임했던 빌 게이츠가 32년 동안 회사의 이사로 재직하고 있다. 또한 2000년부터 마이크로소프트의 CEO로 재직해온 스티브 발머도 14년째 이사 자격을 가지고 있다. 더군다나 주주 운동 전문 헤지펀드인 밸류 액트 캐피탈(ValueAct Capital Management)은 2013년 20억 달러 이상의 마이크로소프트 주식을 산 후, 파트너인 메이슨 모핏(Mason Morfit)을 마이크로소프트의 이사회에 앉혔다.

이렇게 시어머니가 한둘이 아닌 상황에서 CEO 자리를 맡기가 쉽지 않은 것은 다른 기업의 사례에서도 찾을 수 있다. 제약 메이저인 화이자(Pfizer)의 CEO를 역임했던 헨리 맥키넬(Henry McKinnell)은 전임 CEO가 이사회에 남아 있는 상태로 5년을 보냈으며, 이사회와 갈등을 겪은 끝에 예정보다 18개월 먼저 퇴임하는 불명예를 안았다. 자동차 빅3 중의 하나인 포드의 CEO 앨런 멀레리(Alan Mulally)도 전직 CEO이자 대주주이며 창업자의 자손인 빌 포드(Bill Ford)와 '불편하게' 권력을 분점하면서 오랜 기간 동안 봉직해 왔다.

마이크로소프트가 접촉했던 많은 후보자들은 특히 스티브 발머가 퇴임 후에도 이사회에 남아 영향력을 행사하는 것에 대해 우려를 표시했다고 한다. 발머는 2013년 8월 퇴임 의사를 발표하고 나서도, 노키아의 휴대폰 부문을 74억 달러에 인수해 회사를 불확실성이 큰 새로운 사업 영역에 노출되게 만들면서 투자자들 사이에서 논란거리가 된 바 있다. 발머의 성격상 후임 CEO가 본인이 추진했던 경영 전략과 다른 노선을 취할 경우, 이사회의 권한을 십분 활용해 신임 최고경영자의 발목을 잡을 것으로 우려하는 사람들이 많았다고 한다.

CEO가 될 사람의 입장에서는 주주 운동가들이 회사의 이사회에 진입하는 것도 걱정거리다. 회사에 대해 비판적이던 사람들이 이사회에 들어와 경영진과 심각한 긴장 관계를 만들 수 있기 때문이다. 일례로, 주주 운동으로 유명한 윌리엄 애크맨(William Ackman)은 제이씨 페니(J.C. Penny)의 이사 자리를 얻은 후, 회사의 경영 전략에 대해 이사회의 다른 구성원들과 충돌과 갈등을 빚은 끝에 2013년 8월 이사 자리를 박차고 나온 바 있다.

ⓒ 신의 · 성실의 의무 | 배당, 인수 · 합병, 임원의 보수, 종업원의 감독

일반적으로 이사회 등 회사의 경영진은 그 의사결정이 경영상 합목적적인 필요에 의해서 이루어진 것인 한, 의사결정의 결과에 대해 책임을 지지 않는다.[18] 그렇다면 어떠한 경우에 경영진이 책임을 지게 되는가?

미국 법에서는 경영진이 신의 · 성실 의무 duty of care[19]를 충족하지 못한 경우는 '경영 판단의 원칙 business judgment rule'의 예외로서 경영 의사결정에 대해 책임을 물을 수 있도록 하고 있다. 여기서 신의 · 성실 의무는 이사가 회사에 대해 지는 책임으로서 '신중한 사람이 자기 자신의 사업에 관하여 일을 처리하는 것처럼 이사 director는 회사에 대해서도 동일한 주의와 성실성을 가지고 일을 처리해야 한다'는 원칙이다. 신의 · 성실 의무는 기업 지배 구조와 관련된 회사법 이론 발전의 중심이 되어왔다. 그 이유는 신의 · 성실 의무가 주식회사의 주인인 주주가 회사 경영을 대리해서 하고 있는 경영진의 책임을 물을 수 있는 가장 효과적인 수단으로

---

18 '경영판단의 원칙(Business Judgment Rule)'이라 널리 알려져 있는 사항이다.
19 'duty of care'를 좁게 '주의 의무'로 해석할 수도 있으나, 이 의무가 단순한 주의 이상의 여러 함의를 가지고 있다는 점에서 'fiduciary duties'와 같이 '신의 · 성실 의무'로 해석하기로 한다. 엄밀히 말하면 'fiduciary duties'는 'duty of care'와 'duty of loyalty'라는 두 가지 의무를 다 포함한다.

서 기능해왔기 때문이다. 그렇다면 구체적으로 어떤 경우에 이러한 의무가 적용되어 왔는지 살펴보자.

(1) 배당에 관한 결정

A라는 회사에 두 명의 소액주주가 있었다.[20] A사에는 회사가 2,990만 달러를 주고 산 보통주가 있었다. 이 주식의 시장가치가 4백만 달러로 떨어지자 소액주주는 이 주식을 팔아 생기는 2,590만 달러 규모의 손실 capital loss로 세금을 절약할 것을 제안한다(실제 8백만 달러의 세금을 절약할 수 있었다). 하지만 A사의 이사회는 이 주식을 소액주주를 포함한 주주들에게 특별 배당의 형태로 돌려줄 것을 결정한다. 이 소액주주는 회사가 현물 배당 dividend in kind을 결정하자, 현물 배당이 회사 자산의 낭비라면서 법원에 소송을 제기했다. 소송을 제기하면서 원고는 회사가 현물 배당을 중지할 것과 그렇지 않을 경우는 회사가 현금의 손해배상을 원고인 소액주주에게 할 것을 법원에 요청했다.

법원은 배당을 어떤 형태로 할지 여부는 순수하게 경영 판단의 문제로서 경영진에 맡겨져야 한다고 결정했다. 의사결정이 부정직한 목적이나 악감정 bad faith에 의해서 이루어지지 않는 한, 경영진의 재량 discretion은 최대한 존중되어야 한다는 것이다.

A의 이사회는 원고인 소액주주가 소송을 제기하기 전에 회사 측에 제기한 불만을 충분히 검토했다. 주식을 배당이라는 형태로 나누어주는 것보다, 원고가 주장한 것처럼 주식을 파는 것이 회사의 법인세를 줄이

---

20 Kamin v. American Express Company

는 길이라는 것을 이사회도 알고 있었다. 하지만 이사회는 주식을 판매하는 것이 회사의 순이익에 미치는 부정적인 영향을 고려하지 않을 수 없었고, 이러한 판단 끝에 주식을 현물 배당하는 결정을 내린 것이었다. 이사회는 여러 가지 상황들에 대한 충분한 고려를 했고, 회사 이익에 부합하는 결정을 내리기 위해 노력했다고 법원은 인정했다. 따라서 A의 경영진은 신의·성실의 의무를 위반하지 않았고, 이사회가 내린 현물 배당 결정도 적법한 것으로 결론이 났다.

삼성전자의 주가 하락과 외국인 투자자의 현금 배당 요구

뉴욕 월 스트리트의 투자자 및 분석가들은 2014년 초 삼성전자가 겪은 주가 하락과 2년만의 영업 이익 감소를 계기로 삼성전자가 '소비자와 투자자를 감동시킬 수 있는 새로운 길을 빨리 찾아야 한다'고 평가했다. 2013년 하반기부터 해외 주주들은 삼성전자의 성장 속도가 둔화되자, 삼성에 대해 투자자들에게 좀 더 많은 배당을 해줄 것을 요구해온 바 있다. 이러한 주주들의 요구에 대해 삼성은 향후 6년간 회사의 매출을 두 배 이상 늘리겠다는 야심찬 계획을 밝히면서, 주주들에 대한 현금 배당 대신 연구 개발(R&D) 및 인수·합병에 대한 투자를 늘리겠다고 밝혀왔다.

하지만 해외 투자자들은 곡면형 TV, 갤럭시 기어 스마트 워치 등 삼성전자가 내놓은 신제품이 시장에서 큰 반향을 불러일으키지 못했다고 평가하고 있으며, 앞으로 회사가 어떤 방향으로 가는 것이 좋은지에 대해 궁금해하는 분위기가 강했다. 당시 삼성전자는 전통적으로 강세를 보여왔던 스마트 폰 분야에서도 중국 등 후발국의 추격 속도가 빨라지면서 매출 성장 속도가 둔화되고, 가격 경쟁으로 마진까지 줄어드는 등 어려움이 가중되고 있었다. 그간 그나마 삼성전자가 실적을 유지할 수 있었던 것은 신제품의 실적 부진에도 불구하고, 반도체 부문의 매출 확대가 크게 기여했기 때문으로 분석된다.

주가 하락을 계기로 투자자들은 삼성전자에 대해 '성장 속도의 둔화(slowing growth)'와 '미래 수익 창출원의 부재(a lack of credible boosters of profit growth)'라는 두 가지 문제에 대한 답을 요구했다. 특히 월 스트리트에서는 삼성전자의 미래가 전통적으로 삼성의 취약 분야인 소프트웨어 분야의 경쟁력을 어떻게 키울 것인가에 크게 좌우될 것으로 보고 있었다. 곡면형 TV · 태블릿 컴퓨터 · 스마트 홈 등 신제품과 기술을 선보였지만, 앞으로 삼성전자가 실리콘 밸리의 라이벌과 경쟁하기 위해서는 소프트웨어 · 컨텐츠 · 서비스 분야의 경쟁력을 강화해야 한다는 것이다.

(2) 매각 또는 인수 · 합병에 관한 결정

앞에서도 얘기한 것처럼 이사회의 경영에 관한 의사결정은 신의 · 성실의 원칙에 위배되지 않는 한, 경영 판단의 원칙 BJR: Business Judgment Rule에 의한 보호를 받는다. 하지만 BJR은 아무 때나 적용되지 않는다. 특히, 기업의 합병과 관련한 의사결정에 있어서는 이사회의 의사결정 과정이 법원에 의해 철저한 검증을 받는다. 합병에 얽힌 이사회의 신의 · 성실 의무를 상세히 설명하는 유명한 델라웨어 주의 판례가 있다.[21]

트랜스 유니온 Trans Union이라는 공개 회사 a publicly held corporation가 있었다.

---

21 Smith v. Van Gorkom

VG는 이 회사의 CEO였으며, 이 회사의 발행 주식 2천만 주 중 7만 5천 주를 소유하고 있었다. 이 회사에서는 회사의 미래 전략을 검토하다가, 회사를 매각하는 방안이 논의되었다.

은퇴할 나이에 가까워진 VG는 개인적으로는 자신이 보유하고 있는 주식을 주당 55달러에 팔 용의가 있음을 밝혔다. 같은 시기에 트랜스 유니온의 주식은 시장에서 24달러를 저점으로 39달러대까지 거래되고 있었다.[22] VG가 얘기한 55달러라는 가격은 회사를 장기간 경영해온 그의 개인적 경험과 지식에 기반하고 있었다. 회사 내부에서도 55달러라는 가격이 LBO방식[23]에 의한 인수가 이루어졌을 때 적정한 가격인지 연구가 되었다. 회사가 내린 결론은 주당 55달러라는 인수 가격이 현금 흐름을 고려할 때 적정하다는 것이었다.

회사의 가치에 대한 좀 더 철저한 분석 없이, 그리고 다른 구매자와의 접촉도 없이 VG는 회사 매각을 위해 프리츠커라는 사람과 접촉했다. 프리츠커는 잘 알려진 기업 인수·합병 전문가였고 VG와는 이미 안면이 있는 사이였다. 프리츠커는 VG가 제시한 가격(주당 55달러)을 받아들이되, 3일 안에 결정을 내릴 것을 요구했다. 트랜스 유니온의 이사회는 주당 55달러의 매각 제안을 3일 안에 결정해야 하는 상황이 되었다. VG는 이사회가 프리츠커의 제안을 승인할 것을 요구했다. 5명의 사외이사가 포함된 이사회는 아무런 토론도 없이, 단 하나의 질문을 제기함이 없이

---

22 보통 합병 시 주주에게 제시되는 매수 가격은 통제 프리미엄(control premium)을 고려하여 시장에서 거래되고 있는 가격보다 높은 수준으로 제시된다.

23 LBO는 Leveraged Buyout의 준말이다. 적은 자기 자본(a small amount of equity)과 많은 양의 부채(a large amount of debt) 동원을 통해 회사를 매입하는 방식을 의미한다.

프리츠커와 VG가 제시한 거래를 승인했다. VG는 이사회의 승인이 있고 난 후, 매각 조건에 대한 주주총회의 승인을 얻고자 노력했다. 하지만, 주주총회의 승인을 얻기 위해서 프리츠커 이외의 다른 대안을 검토한 것은 아니었다. 결국, 계약은 주당 55달러로 최종 성사되었다. 거래가 이루어지기 전, 제3자가 주당 60달러의 가격을 제시하기도 하였다. 물론 이렇게 유리한 조건은 중간에 아무 이유 없이 무시되었다. VG는 오페라를 참관하고 있는 중에 회사의 매각을 위한 계약서에 최종 서명을 했다. 최종 서명을 하면서도 VG는 계약서를 들춰보지도 않았다.

법원의 판단은 어땠을까? 법원은 트랜스 유니온의 이사회가 중대한 직무 태만 gross negligence을 범했다고 판단했다. 이사회가 회사의 가치와 제시된 매각 조건에 대한 충분한 검토도 없이 성급한 결정을 내렸기 때문에 경영 판단의 원칙이 적용되지 않는다고 판시했다. 이사회가 매각 조건을 결정함에 있어서 외부 전문가의 의견을 구했다거나, 회사 가치를 결정하기 위한 선행 연구를 정확히 했더라면 결론은 달라졌을 것이다.

이 판례는 회사의 매각을 결정함에 있어서 이사회가 수행해야 하는 역할이 일상적인 경영 의사결정의 경우와는 달라야 함을 시사하고 있다. 이 사례에 있어서 한 가지 특징적인 것은 설사, 이사회가 내린 무책임한 결정이 주주총회의 승인을 받더라도 이사회의 책임이 면탈되는 것은 아니라는 것이다.

결국, 인수·합병 등과 같이 회사의 존속을 끝내는 결정을 함에 있어서는 이사회가 주주의 대리인으로서 거래의 모든 사항을 엄밀하게 검토할 것이 요구된다고 할 수 있다. 이 사건을 계기로 미국에서는 M&A거래 시 거래 당사자에게 (1) 인수 의향서 letter of intent, (2) 외부 전문가의 의견 outside opinion, (3) 여러 다양한 인수 의향자에 대한 고려 등을 요구하는 것이 보편화되었다.

가족 기업 '산체스 에너지'에 대한 주주들의 봉기

산체스 에너지(Sanchez Energy)는 텍사스 남부의 이글포드 셰일(Eagle Ford Shale) 지대에서 석유와 셰일 가스를 채굴하는 에너지 기업이다. 이 회사는 셰일 붐이 일어나자 급속도로 사업을 확장해나갔는데, 2013년 한 해만 산체스의 석유 및 가스 생산량은 열 배 이상 증가했다고 한다. 산체스 에너지는 급격한 사업 확장과 석유 채굴에 소요되는 자금을 조달하기 위해 2011년 뉴욕 증시에 상장하면서 공개 기업으로 전환했다. 이러한 산체스 에너지가 주주들로부터 소송을 당했다.

주주들이 들고 일어선 이유는 2013년 8월 산체스 에너지가 미시시피에 소재한 땅의 석유 채굴권을 취득하면서 비정상적으로 많은 돈을 지불했기 때문이다. 당시 산체스는 1억 달러를 지급했는데, 이는 다른 경쟁 기업들이 인근 지역의 채굴권 획득을 위해 지불한 대가보다 훨씬 큰 것이었다. 이렇게 산체스가 많은 돈을 지급한 이유는 채굴권을 판매한 회사가 산체스와 특수 관계에 있었기 때문이다. 채굴권을 판매한 측은 산체스 리소스(Sanchez Resources LLC)라는 회사였는데, 이 회사의 사장인 에두아르도 산체스(Eduardo Sanchez)는 산체스 에너지의 CEO인 산체스 3세(Sanchez Ⅲ)와 형제였다고 한다.

소송이 제기되면서 산체스 에너지의 어두운 실체가 드러나기 시작했는데, 산체스 에너지는 비공개 기업인 산체스 석유 가스(Sanchez Oil & Gas

Corp.)에 의해 지배되고 있었으며, 이 회사의 CEO는 산체스 3세(산체스 에너지의 CEO)의 아버지인 토니 산체스 주니어(Tony Sanchez Jr.)였다고 한다. 산체스 에너지의 모든 비즈니스가 산체스 패밀리의 부(富)를 늘리는 데 가장 큰 주안점을 두고 이루어져왔다는 점에서 주주들은 분노했다. 델라웨어 법원에 제기된 소송에서 주주들을 대표해 스튜어트 그랜트(Stuart Grant) 변호사는 채굴권 거래가 공정하지 않았으며, 거래가 취소되거나 아니면 다시 계약을 체결해야 한다고 주장했다. 아울러 주주들은 소송을 통해 이사들의 책임을 제약하는 산체스 에너지의 정관도 개정해 줄 것을 요구했다.

이사회를 바보로 만든 M&A 자문 금융기관의 몰염치

2014년 3월 델라웨어 주 법원은 인수·합병과 관련된 자금 중개 및 자문 기능을 하는 월 스트리트의 금융기관들에게 경종을 울리는 결정을 내렸다. 법원은 구급차 운영 회사인 루럴메트로(Rural/Metro Corp.)를 프라이빗 에쿼티인 워버그 핑커스(Warburg Pincus)가 인수하는 과정에서 캐나다계 투자은행인 RBC 캐피탈 마켓(RBC Capital Markets, 이하 RBC)이 취한 부적절한 처신에 주목하였는데, 사정은 이렇다.

RBC는 워버그 핑커스의 루럴메트로 인수에 필요한 자금 조달을 지원하고 수수료를 받기 위해 워버그 핑커스와 2011년 3월부터 접촉을 개시하였다. 한편 같은 시기에 RBC의 또 다른 팀인 매각 자문팀은 인수 대상인 루럴메트로의 이사회와 접촉해 회사의 매각에 필요한 자문을 하고 있었다. 하나의 회사를 두고 이를 팔려는 사람과 사려는 사람을 대상으로 동시에 자문하는 것은 이해 상충(conflicts of interests)의 여지가 아주 크다. 실제로 RBC의 매각 자문팀은 루럴메트로 측에 회사의 적정 주당 가치가 8.19~16.71달러라고 밝혀, 워버그 핑커스의 인수 제안 가격인 주당 17.25달러가 아주 매력적인 제안으로 보이게 만들었다. 실제로 루럴메트로에게 적정 매각 가격을 공개하기 전 RBC의 내부 결론은 주당 19달러 이상이었다고 하며, 석연치 않은 이유로 적정 가격이 하향 조정된 것이다.

델라웨어 법원은 RBC가 매수 주체인 워버그 핑커스의 자금 조달을 중개함으로써 받는 거액의 수수료에 눈이 멀어 타겟 회사인 루럴메트로에 회사가 워버그 핑커스의 파이낸싱 자문을 하고 있다는 중대한 사실을 알리지 않았다고 밝혔다. 법원의 판단은 M&A 자문을 하는 금융 기관(RBC)이 매수의 대상이 된 회사의 이사회를 속여, 이사회가 제대로 된 가격을 받고 회사를 팔지 못하게 했다는 것이었다. 이는 결국 투자자인 주주들의 피해로 이어지게 된다. 실제로 루럴메트로의 주주들은 회사의 적정 가치와 실제 매각 가격의 차이가 1억 7천만 달러에 이른다며 이를 배상해 줄 것을 법원에 요청했다.

RBC 말고도 월 스트리트의 유명 금융 기관이 비슷한 추문에 휩싸인 사례가 있어왔다. 예를 들면, 2012년 골드만 삭스(Goldman Sachs Group Inc.)는 천연가스 회사인 엘파소(El Paso)를 또 다른 에너지 회사인 킨더 모건(Kinder Morgan Inc.)이 인수하는 과정에서 자문을 수행했는데, 나중에 킨더 모건 주식의 19%를 골드만 삭스가 보유하고 있는 것이 알려지면서 2,000만 달러에 이르는 자문 수수료를 토해낸 바 있다.

(3) 임원의 보수에 대한 결정

이사회는 회사가 고용할 임원의 보수에 대한 결정을 내릴 수도 있다. 그런데 이사회가 내린 임원의 보수가 지나치게 높다든지, 성과와 관계없이 결정되어 회사에 손실을 미치는 경우에는 주주가 신의 · 성실의 원칙에 기반하여 이의를 제기할 수 있다. 그러나 일반적으로 이사회가 내리는 임원의 보수에 대한 결정은 배당에 관한 결정과 마찬가지로 경영판단의 원칙에 의거하여 광범위한 보호를 받는다.

임원이 회사를 떠날 때 받는 이직 보수 severance packages[24]와 관련된 판례를 하나 살펴보자. P는 회사가 고용한 오비츠 Ovitz라는 임원의 고용 조건에 불만이 많았다.[25] 특히 P는 이사회가 오비츠에게 준 이직 보수에 문제가 있다고 판단했다. P의 주장에 의하면 고용 계약상 이직 보수의 내용이 오비츠가 이직을 빨리하면 빨리 할수록 더 많은 돈을 벌 수 있는 구조로 되어있다는 것이었다. 그 결과, 이사회가 신의 · 성실의무를 위반하여 주주와 회사에게 피해를 입혔다는 것이 P가 내린 결론이었다.

법원은 임원 보수의 크기와 구조는 기본적으로 회사의 경영진 또는 이사회가 판단할 사항이라고 보았다. 물론 이러한 이사회의 권한에도 한계는 있다. 이사 또는 이사회가 비합리적으로 irrationally 임원에게 보수를 주기 위해 회사의 자산을 탕진하거나 소비하는 경우[26]는 신의 · 성실의 원칙에 위반하는 것으로 본다. 또한 임원의 보수를 결정함에 있어서 이사회가 회사를 위해 충분한 주의를 기울이는 대신, 부정직한 방법으로 보수를 결정했다면 이 또한 경영판단의 원칙에 의해 보호를 받을 수

---

24 이직 보수는 회사의 임직원이 회사를 떠날 때 받는 보수를 말한다. 추가적인 보수, 주식 옵션, 퇴직 수당, 휴가 수당, 의료보험 및 생명보험 관련 수당 등을 포함할 수 있다.

25 Brehm v. Eisner

26 미국법에서는 이러한 판단을 위해 '낭비 테스트(waste test)'를 적용한다. 임원의 보수가 회사에 대해 지나치게 불리할 정도로 일방적으로 이루어져서, 회사가 정당한 대가를 받지 못하는 경우에는 이사회가 내린 임원의 보수에 대한 결정이 무효가 된다.

없는 사안이 된다.

법원은 오비츠에 대한 이직 보수가 문제가 없다고 판단했다. 그 이유는 오비츠가 받을 수 있는 이직 보수를 결정할 때 이사회가 특별한 이해관계가 없이 사심 없는 결정을 내렸기 때문이었다. 단순히 주주가 임원이 받는 보수 크기의 적정성에 대해 이사회와 의견이 대립된다는 이유만으로는 이사회의 책임을 묻기가 어렵다는 것이다.

Corporate Case

골드만 삭스와 제이피 모건 CEO의 보수 인상

골드만 삭스의 CEO인 로이드 블랭크페인(Lloyd Blankfein)은 오래간만에 봉급이 크게 오르는 기쁨을 누렸다. 2013년 업무 수행에 대해 그가 받는 보수는 봉급(salary)과 보너스(bonus)를 합쳐 총 2,300만 달러(우리 돈으로 약 247억 원)인데, 이는 2012년보다 9.5%가 인상된 것으로서 금융 위기 이후 최고치였다. 골드만 삭스의 공시 자료에 의하면 보너스는 1,470만 달러 규모(88,422주)의

뉴욕 맨하탄의 골드만 삭스 본사

제한 주식(restricted stock)과 6백만 달러 규모의 현금으로 구성되어 있으며, 봉급은 2백만 달러 규모였다. 물론 금융 위기 전인 2007년에 블랭크페인이 받은 보수 7,000만 달러에 비하면 아무것도 아니지만 말이다.

골드만 삭스의 2013년도 매출은 총 342억 달러로 전년도와 비슷한 실적이었으나, (금융 위기 이후 많은 규제를 받게 된) 채권 · 통화 · 원자재 거래 부문의 매

출은 13%가 줄어든 상황인지라 블랭크페인에 대한 큰 폭의 보수 인상은 예측을 뛰어넘는 것이었다. 블랭크페인에 대한 보수 인상을 결정한 골드만 삭스의 이사회는 월 스트리트에 대한 미국 정부의 규제가 갈수록 강화되는 불확실한 상황 속에서 그가 회사를 비교적 잘 이끌어왔다는 평가를 내린 것으로 보인다. 월스트리트저널도 블랭크페인이 금융 위기 이후 골드만 삭스의 위기를 훌륭히 극복해왔으며, 정부 및 규제 당국과의 관계도 원만하게 관리해왔다고 후한 점수를 주었다. 금융 위기 직후 골드만 삭스가 대중으로부터의 거센 비난을 받은 것이 엊그제 같은데 말이다.

여러 가지 사건 · 사고로 편할 날이 없었던 제이피 모건(J.P. Morgan)의 이사회도 CEO인 제임스 다이먼(James Dimon)의 2013년 보수를 한 해 전보다 70% 이상 인상한 2,000만 달러로 결정했다. 회사가 입은 60억 달러의 투자 손실에 대한 책임을 물어 다이먼의 보수를 대폭 삭감했던 2012년에 비하면 이 역시 큰 변화라고 볼 수 있다. 다이먼은 2,000만 달러의 보수 중 90% 이상인 1,850만 달러를 제한 주식(restricted stock)으로 받게 되었는데, 이는 회사가 일정한 성과를 내는 경우에만 현금화할 수 있다는 점에서 주주의 이익에 반하지 않는다고 전문가들은 분석했다.

임원의 보수와 주주의 권리

회사를 경영하는 CEO 또는 임원들은 본질적으로 회사의 주인인 주주를 대신해서 회사를 경영하는 에이전트(agent)이다. 미국에서는 금융 위기가 발발하면서 금융기관들을 부도 직전 상태로까지 몰고 가, 정부로부터 구제 금융을 받게 한 임직원들이 막대한 보수나 보너스를 받는 것에 대해 부정적인 시각이 많았다. 미국에서는 주주들이 임원들의 보수플랜에 대해 주총에서 투표하고 이를 승인할 수 있게 하는 운동이 벌어진 바 있다. 이 운동은 '세이 온 페이(say on pay)'라고 불리는데, 주주가 임원의 보수(pay)에 대해 발언권을 가져야 한다는 입장을 대변하고 있다.

미국 스트레이어 대학교의 로고

'세이 온 페이' 운동의 가장 좋은 사례는 미국 스트레이어 대학교(Strayer University)를 경영하는 스트레이어 에듀케이션(Strayer Education) 社이다. 이 회사의 CEO인 실버맨(Robert Silberman)은 2년간 8백만 달러에 육박하는 보수를 받았다. 그가 받은 보수내역을 살펴 보면 66만 5천 달러의 봉급, 49만 5천 달러의 보너스, 47만 7천 달러 규모의 주식 배당금, 1백만 달러 규모의 옵션 수당 등이 주요 항목을 차지했다. 그런데 문제가 된 것은 실버맨이 받은 미행사 스톡옵션에 대한 47만 5천 달러 규모의 현금이었다. 아직 행사되지 않은 옵션에 대해 돈을 받았다는 것이 문제가 될 소지가 있었던 것이다.

주식회사의 내부자 거래 등 주주의 이익에 반하는 경영진의 행동을 감시하는 단체가 이러한 문제를 제기하면서 들고 일어났다. 3D Advisers, ISS(Institutional Shareholder Service) 등 주주 운동을 하는 단체가 스트레이어 에듀케이션사의 관행에 문제가 있다는 리포트를 하기 시작한 것이다.

실버맨은 용감했다. 그는 정공법을 택하기로 했다. 실버맨은 스트레이어 사 주식의 50% 이상을 보유하고 있는 20명의 주주를 소집하고 의견을 물어보기로 한 것이다. 실버맨에 의하면 20명 중 18명은 그가 받는 미행사 스톡옵션에 대한 보수에 불만이 전혀 없었다고 한다. 2명의 주주가 보상의 전반적 수준에는 문제가 없으나 배당금 지급을 없었으면 좋겠다고 하자 실버맨은 이러한 주주의 제안을 실천에 옮겼다. 오직 한 명의 주주만이 실버맨이 받는 보수에 대해 불만이 있었는데, 이는 배런 캐피털의 CEO인 론 배런(Ron Baron)이었다. 배런은 스톡옵션에 대해 배당금을 지급하는 것이 적절하지 않다고 본 것이다. 배런과의 대화와 배런의 지적 등에 대해 실버맨은 좋은 경험이었다는 생각을 했으며, 실버맨은 자신의 보수 플랜이 주주들로부터 교정과 최종 승인을 받을 수 있게 돼 차라리 잘 됐다는 입장을 보인 것으로 알려졌다. 이처럼 보수 문제뿐만 아니라 여러 가지 중요 이슈를 가지고 CEO가 주주들과 직접 대화하는 것은 CEO의 지지 기반을 넓히고 현실을 직시할 수 있게 하는 장점이 있다.

금융 위기에도 불구하고 아직도 정신 못 차린 보수 플랜

금융 위기를 겪으며 미국 정부로부터 구제 금융의 지원을 받은 많은 회사들은 임원들에게 보수를 주는 데 있어서도 국민과 여론의 눈치를 보지 않을 수 없는 처지가 됐다. 특히 단기적인 성과에만 기초해서 임원들에게 보너스를 지급하는 관행이 파생 금융 상품 등 위험 상품에 대한 금융 기관의 무차별적인 투자를 가져왔다고 믿는 많은 사람들은 금융 위기가 이런 관행에 쐐기를 박을 것을 어느 정도 기대했다. 하지만 이러한 기대에 찬물을 끼얹는 연구 결과가 나와 세간의 관심을 끈 바 있다.

미국 뉴욕에서 보수 관련 컨설팅을 하는 레다사(James F. Reda & Associates)가 2009년 상반기에 등록된 위임장을 조사한 결과, 많은 수의 회사들이 아직도 단기적 성과에 대한 인센티브가 전체 보수 플랜에서 가장 큰 비중을 차지하게 해 놓은 것으로 밝혀졌다. 레다 리포트(Reda report)는 이러한 단기적 성과에 대한 강조가 미국의 재무성, 학계, 여타 전문가 등이 수차례 주장해 온 위험을 감소시키기 위한 관행의 정착과 정반대의 결과를 가져올 것으로 우려했다.

또 하나, 레다 리포트가 발견한 보수 플랜의 문제점은 성과에 연동되지 않는 제한 주식 보상(restricted stock awards)을 사용하는 회사의 수가 점점 증가한다는 것이었다. 이러한 주식 보상은 시간이 지나면 자동적으로 행사할 수 있게 되어 있다.

마지막으로 레다 리포트는 문제가 많은 것으로 지적된 소위 '택스 그로스업 딜(tax gross up deals)'도 크게 감소하지 않은 것을 발견했다. 이는 임원들의 보수에 대해 부과되는 세금을 회사가 부담하는 것으로 주주들에게 암묵적인 손해를 입힌다고 이해되어 왔다.

물론 보수 플랜의 변화가 하나도 없는 것은 아니다. 보수 플랜을 고친 것으로 알려진 회사 중의 15%는 퇴직 급여(retirement benefits) 등을 축소하고, 보험 또는 회사 전용기 사용과 같은 부가적 급부에 대한 회사의 세금 납부 등을 없앤 것으로 나타났다. 또한 13%는 기본 급여(base salaries)를 동결하거나 축소했으며, 4%는 CEO가 관리 · 감독하는 자회사의 주인이 바뀌었을 때 받는 수당을 줄인 것으로 보고되었다.

또 한 가지 긍정적 변화는 몇몇 회사들이 인센티브 급여를 지급하기 전에 실시되는 성과에 대한 평가를 강화했다는 것이다. 단기 보수 플랜을 바꾼 10여 개 회사는 성과급 지급의 조건으로 수익 또는 현금 흐름(profit or cash flow requirements)을 추가한 것으로 나타났다. 그리고 몇몇 회사는 장기 성과 프로그램에 있어 자본 효율성 지표(capital efficiency measures)를 신규로 고려하겠다고 밝혔다. 자본 효율성 지표는 자기 자본에 대한 수익률(return on equity)과 투자된 자본에 대한 수익률(return on invested capital) 등을 포함하고 있다.

이러한 변화에도 불구하고 레다 리포트의 결론은 임원 보수의 진정한 변화가 아직도 요원하다는 것이었다. 그리고 성과에 대한 보상(pay for performance)이 실제로 정착되지 못하고 구호에 그치는 감이 있다고 지적하고 있다. 단기적인 인센티브에 대한 회사들의 집착은 회사의 주가가 크게 떨어진 데 기인하고 있다고 보인다. 실제로 회사의 주가가 많이 떨어질수록, 그 회사의 보수 플랜도 변화한 것으로 나타났다.

20여 년 동안 임직원 보수를 연구해온 레다사에 의하면 임원의 보수가 단기적 성과에 크게 의존하면 할수록, 임원들의 위험 추구 성향도 높아진다고 한다. 이 회사의 회장인 제임스 레다(James Reda)에 의하면 본인이 보수 컨설팅 사업을 시작했던 20년 전만 해도 임원이 받는 총 보수 중에서 기본 급여가 약 30%의 비중을 차지했다고 한다. 최근에는 기본 급여의 비중이 전체 보수의 10% 정도로 떨어졌다고 한다. 총 보수에서 인센티브의 비중이 지나치게 늘어나는 것은 회사 또는 임원들이 주주의 장기적 이익에 반하는 단기적 행위를 추구할 가능성을 높인다는 점에서 미국인들은 이를 그렇게 달갑게 보는 것 같지 않다. 우리나라에서도 공기업 개혁을 논의하면서 임직원들의 보수 체계를 성과급 위주로 개편해야 한다는 논의가 있었다. 하지만 미국 기업들의 사례는 이와 반대되는 교훈을 던지고 있다.

최고 경영진 보수에 대한 주주들의 불만

세계 최대의 구리 및 금 생산 업체인 미국의 프리포트 맥모란(Freeport-McMoRan, 이하 프리포트)은 CEO인 리차드 에드커슨(Richard Adkerson)에게 2013년 말 3,600만 달러에 상당하는 회사의 주식을 주기로 결정했다. 프리포트가 에드커슨에게 준 주식은 그가 퇴직금(severance pay)을 포기하는 대가로 주어진 것이다. 당초 에드커슨이 회사와 맺은 고용 계약(employment contract)에 의하면, 그는 해고될 경우 4,900만 달러, 회사의 대주주 변경으로 이직할 경우 6,000만 달러의 퇴직금을 받게 되어 있었다.

이렇게 프리포트의 CEO가 퇴직금 대신 주식을 받게 된 것은 최고 경영진이 지나치게 많은 보수를 받고 있다는 주주들의 지적에 따른 것이다. 주주들의 경영진 보수에 대한 불만은 결국 회사가 보수 체계를 재검토하게 하는 계기가 되었다. 실제로 에드커슨은 2012년 총보수로 1,400만 달러를 받았는데, 이는 그가 2011년에 받은 3,000만 달러에 비하면 반 이상 깎인 것이다.

일부 전문가들은 프리포트가 에드커슨에게 퇴직금 대신 주식을 주기로 한 결정이 주주들에게 이득이 될지는 지켜봐야 한다는 입장이다. 그 이유는 에드커슨이 받은 주식은 그가 퇴직할 경우 회사 주식 100만 주로 교환될 수 있고, 이는 실질적으로 '미리 주는 퇴직금(upfront severance payment)'과 같은 효과가 발생하기 때문이다.

아리조나 주 프리포트 맥모란 본사

경영진의 보수에 대한 주주들의 불만은 최고 경영진을 사퇴하게 만드는 경우까지 있었다. 석유 회사인 옥시덴탈(Occidental Petroleum Corp.)의 CEO를 역임한 레이 이라니(Ray Irani)는 주주들과 보수 수준에 대한 갈등을 겪은 끝에 2013년 5월 주주총회에서 불신임을 받고, 그 결과 2011년 5월 CEO 퇴임 이후 그나마 유지하고 있던 회장(executive chairman)자리에서까지 물러나게 된다. 이라니는 퇴직하면서 1,400만 달러의 퇴직금과 매년 1백만 달러 상당의 신변 안전 · 여행 · 재정 설계 관련 비용을 지원받는 것으로 알려졌다.

(4) 이사 director의 기본적 의무

주식회사를 경영하는 주체는 이사회와 이사회가 고용한 임원진이라고 할 수 있다. 회사에 대해 이사 또는 이사회가 신의 · 성실의 의무를 지는 것은 이미 앞에서도 설명한 바 있다. 이사회의 구성원인 이사들은 기본적으로 회사를 위해 일정한 역할을 해야 할 의무가 있다. 그렇다면, 이러한 의무의 최저선은 어디인가?

가족 기업으로 경영되는 재再보험회사가 있었다.[27] 이 회사의 창업자는 부인을 이사로 앉혔다. 문제는 이 창업자의 아들에게 있었다. 문제의 아들은 자신의 신분을 이용하여 회사로부터 막대한 규모의 무담보 대출을 받고 제대로 갚지 않아 회사에 심각한 손실을 입혔다. 회사가 파산을 신청하자 채권자를 위해 일하는 트러스티 trustee가 문제된 대출이 회사에 큰 피해를 줬다는 사실을 발견했다. 트러스티의 화살은 문제의 대출이 이루어졌을 때 회사의 이사로 재직했던 창업자의 부인에게 겨누어졌다. 그녀는 나이가 많았으며, 창업자인 남편을 잃고 매일 술로 외로움을 달래고 있었다. 이런 그녀에게 회사를 경영하는 것은 관심거리가 될 수 없었다. 더군다나 아들이 돈을 빌려달라고 하는데 매정하게 거절할 수도 없는 노릇이었다.

법원은 그녀의 이러한 행동을 용납하지 않았다. 회사의 이사로서 기

---

27 Francis v. United Jersey Bank

본적인 책무를 다하지 못했다고 판단했다. 이사가 회사에 피해를 미치는 부적절한 거래나 행동을 발견했다면, 잘못을 저지른 사람에게 경고를 하거나 관계 당국에 고발해야 할 의무[28]가 있다고 보았다. 이러한 경우 이사는 변호사와 상의하거나, 소송 제기 등의 위협을 통해 회사에 미치는 피해를 막아야 한다고 법원은 설명했다. 아들에 대한 대출이 회사에 미치는 피해가 명백함에도 이를 막지 못했으므로 신의 · 성실의 원칙을 위반했고, 그 결과 회사가 입은 피해에 대해 문제의 미망인은 개인적인 책임을 져야 했다.

일반적으로 미국 회사법에서는 어느 누구나 이사로서 취임하는 것과 동시에 이사로서 일정한 책임과 의무를 자동적으로 부담하는 것으로 이해하고 있다. 이러한 책임과 의무가 너무나 부담스럽다면, 이사직에서 물러나는 것이 적절한 방법이다. 이사직에 있으면서 기본적인 책무를 다하지 않는 것은 법이 허용하는 한계를 벗어나는 행위가 된다.

거수기에서 적극적 리더로 변해가는 미국의 이사회

지금은 MCI로 이름을 바꾼 미국의 장거리 전화 회사 월드컴(WorldCom)의 전직 이사 10명은 월드컴 경영진의 회계 부정(accounting fraud)을 제대로 감독하지 못한 대가로 1,800만 달러에 달하는 돈을 회사의 투자자들에게 지급하기로 2005년 초 합의했다. 물론 이 돈은 이사들의 개인 호주머니에서 나왔다.

단지 회사 경영진의 거수기 역할만을 하던 미국 이사회도 월드컴 및 엔론 사태,

---

28 이러한 의무를 '조사 의무(duty to investigate)'라고도 한다.

사베인스 악슬리 법(Sarbanes-Oxley Act) 시행, 도드 프랭크 법(Dodd Frank Act) 도입 등을 계기로 달라지고 있다. 제도는 이사회가 좀 더 적극적인 경영 감독의 역할을 할 것을 요구하는 쪽으로 변화하고 있으며, 여러 차례에 걸친 법원의 판결을 볼 때 이사회가 제대로 역할을 못할 경우 이사회를 구성하는 이사 개개인이 큰 경제적·사회적 타격을 받을 수 있게 되었다. 과거 경영진의 결정을 소극적으로 사후 추인하던 이사회에서 회사의 중요한 의사결정 과정에 직접 개입하는 적극적 이사회로 미국의 이사회가 바뀌어가고 있는 징후는 여러 곳에서 나타나고 있다.

 우선 2013년 기준으로 S&P 500 기업 중 90%가 회사에 대해 독립적인 이사들을 이끄는 수석 이사(lead director) 제도를 운영하고 있으며, 43%의 회사에서 CEO와 이사회의 의장(chairman)을 각각 다른 사람이 맡고 있다고 한다. 회사의 경영 관리와 M&A와 같은 주요 의사결정 과정에서 이사회의 목소리가 점점 높아지고 있으며, 필요할 경우 이사회가 경영진의 교체를 직접적으로 요구하는 경우도 많아지고 있다. 한때 적대적 M&A에 대한 방어 장치이자 기존 경영진을 보호하기 위해 도입되었던 포이즌 필(poison pill)제도가 최근에는 단지 8% 정도의 기업에서만 채택(과거에는 59%에 가까운 기업들이 포이즌 필을 도입)되고 있는 점도 달라진 세태를 보여주고 있다.

 이사회가 적극적 역할을 해 회사의 운명까지 바꾸는 경우가 있다. 1997년 애플(Apple)의 이사회가 스티브 잡스(Steve Jobs)를 다시 CEO로 데려오기로 한 결정이 그 예다. 이러한 결정은 듀폰(DuPont)의 CEO였던 에드 울러드(Ed Woolard)가 애플 이사회에 참여하면서, 애플을 살리기 위해 여러 고민을 한 끝에 내린 것이다. 울러드는 한때 애플을 매각할 생각까지 했으나, 스티브 잡스를 개인적으로 만나 애플을 다시 이끌어 줄 것을 요청했고, 이에 잡스가 화답을 했

오하이오 주 프락터 앤 갬블의 본사

다고 한다. 잡스의 복귀 이후, 잡스와 울러드는 긴밀한 파트너십 관계를 맺으면서 애플과 애플의 이사회를 개혁했다는 평가를 받고 있다.

2005년 프락터 앤 갬블(Procter & Gamble)의 질레트(Gillette) 인수도 이사회와 경영진 간의 대표적 협력 사례이다. 당시 질레트의 CEO였던 제임스 킬트(James Kilt)가 프락터 앤 갬블의 CEO인 래플리(A.G. Lafley)에게 전화로 M&A를 제의하자, 래플리는 이사회를 M&A 전략 실행의 파트너로서 적극적으로 참여시키면서 성공적인 질레트 인수를 이끌어냈다. 래플리와 긴밀히 협의를 진행한 프락터 앤 갬블의 이사회는 락히드 마틴(Lockheed Martin), 이베이(eBay), 버라이즌(Verizon), 쓰리엠(3M) 등 쟁쟁한 기업의 전·현직 CEO로 구성된 스타 군단이었다. 이러한 사례는 페이스북(Facebook)의 CEO인 마크 저커버그(Mark Zuckerberg)가 온라인 소셜네트워킹 업체인 인스타그램(Instagram)을 2012년 10억 달러에 인수하면서 이사회에는 오직 사후 통보만 했던 것과 대비된다.

(5) 종업원 employees에 대한 감독

미국법에서는 이사가 종업원의 일탈 행위도 감독해야 한다고 본다.[29]

---

29 이러한 의무는 '감독 의무(duty of oversight)'로 불린다.

종업원이 불법 행위를 통해 회사에 손해를 입히지 않도록 이사가 종업원을 관리하고 감독할 의무가 있다는 것이다. 이사회는 종업원의 위법 행위를 감시할 수 있는 정보 수집 및 보고 체계를 마련해야 하고, 이러한 의무를 게을리한 경우는 신의·성실 의무 위반으로 책임을 지게 된다.[30]

이사가 지는 이러한 감독 의무와 관련하여 미국에서는 많은 논란이 있었다. 그 이유는 이사가 종업원의 불법 행위를 막기 위해 종업원을 감독하는 것은 당연한 것이지만 그러한 감독 의무가 과연 어디까지 미치는지가 불명확하기 때문이다. 특히, 대규모의 회사에서는 이사가 종업원을 일일이 감독하기가 쉽지 않다. 일반적으로 감독 의무는 이사회가 일정한 형태의 종업원 모니터링 시스템을 설치하는 것으로도 기본 요건은 충족되었다고 본다.

d 충성의 의무 | 회사의 이익에 부합하라

이사는 회사에 대해 신의·성실의 의무 이외에도 충성의 의무를 진다. 충성의 의무는 이사가 회사의 이익에 부합하는 행동을 취할 것을 요구한다. 보통은 이사 자신과 회사와의 이해관계가 상충될 경우, 회사의 이익을 먼저 생각할 것을 요구하는 것으로 이해된다. 충성의 의무가 문제되었던 몇 가지 사례를 들어보기로 하겠다.

(1) 이사 및 경영자의 충성 의무

어느 회사의 이사가 있었다.[31] 이 이사는 회사의 상품을 광고해야 하

---

30 In Re Caremark International Inc. Derivative Litigation
31 Bayer v. Beran

는 업무를 맡고 있었다. 광고를 위해 그가 생각한 아이디어는 콘서트를 개최하는 것이었다. 여기까지는 좋았다. 그런데 문제는 다음에 일어났다. 그 이사의 부인은 유명한 성악가였다. 문제의 이사는 자신의 부인인 성악가를 회사 콘서트에 출연시키기로 마음을 먹는다. 실제 그 이사가 어떤 생각으로 자신의 부인을 회사 제품의 판촉을 위한 콘서트에 출연시켰는지는 모르지만, 여하튼 콘서트는 대성공이었고 그 콘서트에 출연했던 이사의 부인도 많은 수입을 올렸다. 이를 마음에 들어 하지 않은 주주가 그 이사를 상대로 소송을 제기했다. 회사 제품을 광고하기 위한 콘서트를 개최함에 있어 회사보다는 개인의 이익을 앞세워 자신의 부인을 출연시켰다는 것이 그 이유였다.

법원은 다음의 사실들을 발견했다. 우선 문제의 이사가 주도적으로 기획한 콘서트가 이사 부인인 성악가의 커리어 관리를 위한 도구로 활용된 흔적은 보이지 않았다. 그리고 무엇보다도 중요한 것은, 광고 목적으로 열린 콘서트가 회사의 이익을 위해 충분한 기능을 했다는 것이었다. 따라서 법원은 이사가 정직하게 경영상의 판단에 의거해 행동을 했고, 그러한 행동이 직무 태만이나 회사 자금의 낭비로 볼 수 없다고 결정내렸다.

충성의 의무와 관련된 미국의 소송에 있어서는 이사가 충성의 의무를 게을리 했다는 것을 과연 누가 입증해야 하는지가 많은 쟁점이 되어 왔다.[32] 충성 의무와 관련된 입증 책임의 분배와 관련하여 미국 회사법 교과서에 자주 등장하는 판례가 있다.[33] 이 판례에서 LGT는 타이어 딜러

---

[32] 미국법에서는 입증 책임을 누가 지는가에 관한 문제를 'burden of proof'라는 주제로 다루고 있다.
[33] Lewis vs. S.L.& E., Inc

십으로서 SLE라는 회사로부터 땅을 임대하여 사용하고 있었다. 임대 기간은 10년이었는데, 임대 기간이 지난 후에도 LGT는 SLE의 땅을 여전히 점유하면서 예전과 동일한 임대료를 내고 있었다. 이렇게 LGT가 SLE로부터 유리한 조건으로 땅을 계속 임대할 수 있었던 이유는 SLE의 이사진이 LGT를 운영하고 있기 때문이었다. SLE의 주주 입장에서는 LGT에 대한 SLE의 저가 임대 용지 공급이 마음에 들 리 없었다. 시세에 맞는 임대료를 받거나, 아니면 계약을 종료하고 더 높은 임대료를 지불할 수 있는 대상을 찾는 것이 회사와 주주의 이익을 위해 유리하기 때문이었다. 이런 까닭에, SLE의 주주는 SLE의 이사진이 충성의 의무를 위반했다고 소송을 제기하였다.

이 소송에서 첫 번째로 쟁점이 되었던 것은 과연 누가 입증 책임을 지는가였다. 이사진이 충성 의무를 위반했다는 것을 원고가 입증할 것인지, 아니면 이사진이 자신들이 충성 의무를 위반하지 않았음을 스스로 입증해야 하는지가 문제된 것이다. 법원은 피고인 이사진이 입증 책임을 진다고 보았다. 피고인 이사진은 SLE와 LGT간의 임대 거래가 공평하고 합리적 fair and reasonable이라는 것을 입증해야만 했다. 이 사건을 심리한 법원은 특히 뉴욕 주 회사법[34] 713조를 그 판단의 근거로 삼았다. 동 조항에 의하면 A라는 회사 a corporation와 A회사의 이사진이 이해를 가지고 있는 B라는 실체 an entity 간에 거래가 있을 경우, 당해 거래를 주도적으로 추진한 당사자가 '거래 자체가 A사에 대해 공평하고 합리적인 것이었다'는 것을 입증하지 못한다면 계약 자체를 무효로 할 수 있다고 한다. 이

---

[34] 뉴욕주의 회사법은 'New York Business Corporation Law'이며 흔히 'BCL'로 약칭된다.

조항은 A사의 이사진이 입증 책임을 져야함을 명시적으로 규정하고 있는 것으로 볼 수 있다.

SLE의 이사들은 자신들이 승인한 LGT와의 토지 임대 계약이 회사의 이익에 부합한다는 것을 입증하는 데 결국 실패했다. 소송을 제기한 SLE의 주주들은 승리를 했고, 자신들이 보유하고 있는 주식을 적정한 임대료가 반영된 높은 가격에 팔 수 있게 되었다.

AIG 전직 CEO 그린버그와 충성의 의무

AIG의 전직 CEO인 모리스 그린버그(Maurice R. Greenberg)는 2008년 회사의 퇴직자 플랜(retirement plan)을 유용했다는 혐의를 받았다. 법정에서 소송이 진행되자 그는 자신의 결백을 주장했다. AIG는 그린버그가 2005년 CEO로 재직하면서 그가 회장으로 있던 스타 인터내셔널(Starr International)이라는 회사를 위해, 회사의 퇴직자 플랜에서 43억 달러 규모에 해당하는 주식을 빼내 투자한 혐의를 받았다. 소송을 제기한 AIG는 투자 금액의 일부가 AIG와 경쟁하고 있는 다른 보험 회사에 투자되었다고 밝혔다.

AIG 소송을 대리하고 있는 변호사 웰즈(Theodore Wells)는 법정에서 배심원들에게 그린버그의 행위로 회사의 퇴직자 플랜이 빚만 잔뜩 짊어진 상태로 전락했다고 밝혔다. 더불어 변호사 웰즈는 그린버그의 이러한 행위가 그린버그 자신의 개인적 양심에서 비롯됐다고 주장했다. 그린버그가 2005년 AIG의 CEO에서 쫓겨난 바 있기 때문이다.

이 사건에서 법원은 두 가지 쟁점에 대해 심사했다. 첫째는 과연 그린버그가 회사 자산을 유용했느냐 하는 것이다. 미국에서는 다른 사람의 재산을 본인의 사익을 위해 사용하는 행위를 '컨버전(conversion)'이라는 죄목으로 처벌하고 있다. 이 사건에서 배심원들은 그린버그가 컨버전을 저질렀는지 심사를 하게 되었다. 두 번째 이슈는 그린버그가 회사에 진 이사로서의 의무를 위반했는지에 대한 것이다. 그 의무는 신의·성실과 충성의 의무라고 할 수 있다. 이러한 의무를 과연 그가 위반했는지 여부는 법률적 판단으로서 사건을 맡은 판사에 의해 결정되게 된다. (이 사건은 2009년 7월 배심원이 그린버그의 손을 들어주며 끝났다.)

(2) 회사의 기회 Corporate Opportunity

회사의 이사는 회사가 향유할 수 있는 기회 corporate opportunity를 본인의 이익을 위해서 유용해서는 안 된다. 회사에게 이익이 될 수 있는 기회가 발견되면 이사는 일단 이사회에 그 사실을 알려야 하고, 이사회가 그 기회를 회사를 위해 활용할지 여부를 결정하게 하여야 한다. 물론 이사회가 문제가 된 기회를 포기한다면 기회를 최초로 발견한 이사는 자신의 이익을 위해 그 기회를 활용할 수 있다.

그렇다면 회사의 기회란 구체적으로 무엇을 말하는가? 어떤 판례는 회사의 기회를 '회사를 위해 필요한 모든 것'으로 넓게 정의하기도 하고, 또 다른 판례는 '회사의 사업 기회 business line와 관련된 것'으로 비교적 좁게 정의하기도 한다. 어쨌든 회사에 이해관계 an interest가 있을 수 있거나 기대 expectancy할 수 있는 사업상의 기회라면 일단 회사에게 그 기회를 이용할지 여부를 검토할 수 있게 해야 한다는 것이 이사가 지게 되는 충성의무의 또 다른 내용이다. 구체적으로 회사의 기회와 관련된 사례를 다루었던 판례를 소개하기로 한다.

- ## 충성 의무와 융통성

B는 RFBC라는 회사의 회장이자 유일한 주주였다.[35] RFBC 사에는 CIS라는 경쟁 회사가 있었다. 문제는 B가 자신 회사의 경쟁사인 CIS에도 이사로 등재되어 있었다는 것이었다. 양사는 통신 사업을 경영하고 있었으며, B는 새로운 통신 라이센스를 획득하는 데 관심이 있었다. B는 새로운 라이센스를 취득하기 전에 CIS의 다른 이사들에게 그의 의사를 밝히고 충분한 협의를 거쳤다. 그 당시 CIS 사는 재정적으로 새로운 통신 라이센스를 구입할 여력이 없었으며, 기존에 가지고 있던 라이센스도 매각하는 절차를 진행하고 있던 중이었다. 따라서 B가 밝힌 라이센스 구매 계획에 대해 CIS의 이사회는 반대 의사를 제기하지 않았다. 결국 B는 '미시간2'라는 통신 라이센스를 자신이 주인인 RFBC라는 회사를 위해 구매하게 되었다. 나중에 이러한 사실을 알게 된 CIS의 주주는 B가 회사법상 충성의 의무를 다하지 않았다면서 소송을 제기했다.

이 사건을 심리한 법원은 B가 라이센스를 구매하기 전에 자기 회사 RFBC의 경쟁사인 CIS의 이사들과 충분한 사전 협의를 했다는 점에 주목했다. 사전에 자신의 계획을 밝힘으로써 B는 CIS 이사로서의 의무를 다했다고 판단했다. 또한 이사가 충성 의무를 다하기 위해서 언제나 해당 사안을 이사회에 제시해야 하는 것은 아니다. 이사회에 공식적인 설명을 하지 않더라도 이사는 사전에 자신이 고려하고 있는 기회가 회사에 속하는 기회인지를 우선 엄밀히 따져봐야 하고, 그러한 기회가 회사에 속하지 않는다고 판단이 되었을 때는 자신이 그 기회를 활용할 수 있

---

35 Broz v. Cellular Information Systems, Inc.

다는 것이다. 회사가 가질 수 있는 기회를 이사가 자신을 위해서 유용하지 못하도록 회사에 대해 충성의무를 부담하고 있기는 하지만, 이사가 신의 · 성실 의무를 특별히 위반하지 않을 경우에는 일정한 사업 행위를 추구할 권리가 인정이 된다.

· 특별 대우는 회사가 받아야

온라인 거래의 플랫폼인 이베이와 투자은행의 선두인 골드만 삭스는 세계적인 미국 기업이다. 이 두 회사가 얽힌 재미있는 판례가 있다.[36] 이 소송의 피고인 O와 S는 1995년 이베이를 창립했다. O는 최대 주주로서 23% 이상의 지분을 가지고 있었고 회사의 CEO와 CFO를 역임하고 있었다. 이베이는 온라인 거래의 대명사로서 눈부신 발전을 거듭한 끝에 1998년에 기업 공개 IPO를 하기로 결정하고 세계적 투자은행인 골드만 삭스를 기업 공개의 주간사 underwriter로 선정했다. 이 당시는 닷컴 버블이 한창일 때라 잘 나가는 IT관련 기업의 기업 공개는 황금알을 낳는 거위였다. 기업 공개를 성공적으로 마치자 이베이의 주가는 천정부지로 치솟고, 이에 자극받은 이베이는 추가적인 주식 발행을 계획하고 골드만 삭스를 다시금 찾게 된다. 이러한 과정에서 이베이는 8백만 달러 이상의 서비스 수수료를 골드만 삭스에게 지불하였다. 같은 시기에 골드만 삭스는 이베이의 지배 주주인 O와 S에게 골드만 삭스가 관리하고 있던 수천 개의 IPO주식을 답례로서 제공했다.[37] IPO시장의 붐이 정점을

36 In Re eBay, Inc. Shareholders Litigation
37 미국에서는 이렇게 투자은행이 거래 관계가 있는 기업 경영진에 대해 저평가된 다른 회사의 IPO 주식으로 보상하는 것을 '스피닝(spinning)'이라고 부른다. 기업 경영진만이 특별히 주식을 받고, 회사의 일반 주주들은 이러한 보상을 못 받는 점에서 이사에게 부과되는 충성 의무 위반의 소지가 농후하다.

치닫고 있던 때라 O와 S는 골드만 삭스에게서 받은 IPO주식으로 막대한 이득을 얻게 되었다. 이때 주주들이 들고 일어났다. O와 S가 받은 주식은 회사가 챙겨야할 몫이라는 것이 주된 이유였다.

법원은 O가 '회사에 대한 충성 의무'를 위반했다고 결정했다. 그 이유는 여러 가지였다. 첫째, 이베이는 문제가 된 IPO 주식을 회사로서 직접 골드만 삭스로부터 받을 수 있었다. 둘째, 이베이라는 회사는 증권에 투자하는 일도 하고 있었다. 즉 증권 투자가 이베이의 사업 영역 line of business 의 하나라는 것이다. 셋째, 투자는 이베이의 중요한 현금 관리 전략의 일환이었으며, 회사의 사업 내용 중에서도 상당한 부분을 차지했다. 마지막으로 이베이는 내부자인 O와 S나 또는 골드만 삭스로부터 IPO 주식에 대한 제안을 받지 못했다. 결국 이런 상황에서는 골드만 삭스가 회사의 지배주주에게 제시한 IPO 주식은 지배주주가 아닌 회사에게 제공되었어야 마땅하다는 게 법원이 내린 결론이었다.

이 사례의 특징은 충성 의무의 위반을 판단함에 있어서 문제가 된 기회가 회사의 사업 영역 line of business 에 얼마나 관련이 있는가를 중요한 기준으로 삼았다는 데 그 의미가 있다.

Corporate Case

뉴욕 주의 IPO 스피닝 케이스

한때 뉴욕 주지사로 있었던 엘리엇 스핏쳐(Eliot Spitzer)는 주지사로 당선되기 전 뉴욕 주의 검찰총장을 지냈던 인물이다. 그는 검찰총장으로 재직 중 IPO 스피닝과 관련된 사건을 처리하기도 했다. 사실 IPO는 기업 주식의 공개 또는 상장과 관련된 문제이기 때문에 일반적으로 연방 증권거래법(securities law)의 적용을 받는다. 하지만 증권 회사 또는 투자은행이 IPO 관련 주식을 거래 기업의 경영진에게 제공하는 IPO 스피닝은 이사의 신의 · 성실 의무 및 충성 의무와 관련되므로 회사법을 관장하는 각 주의 관할권 하에 놓인다.

54대 뉴욕 주지사 엘리엇 스핏처

스핏처는 맥레오드사의 CEO인 클라크 맥레오드(Clark McLeod)가 과거 유력한 투자은행이었던 살로먼 스미스 바니 (Salomon Smith Barney)로부터 살로먼에 비즈니스를 제공하는 대가로 IPO 주식을 제공받은 사건을 수사했다. 수사에 의하면, 살로먼은 맥레오드사의 증권 관련 업무를 대행하는 조건으로 클라크 맥레오드에게 소위 잘 나가는 IPO주식을 34회에 걸쳐 제공을 했고, 그 결과 클라크 맥레오드는 5백만 달러에 가까운 시세 차익을 얻었다. 스핏처는 2002년 맥레오드를 상대로 소송을 제기했다. 소송을 끌어 봤자 유리할 것이 없다고 생각한 클라크 맥레오드는 자신이 얻은 수익을 토해내기로 하면서 2006년도에 스핏처와 합의(settlement)에 이른다. 당시 맥레오드가 납부하기로 한 440만 달러는 뉴욕 주에 소재하고 있는 로스쿨의 증권법 관련 클리닉 개설에 사용되는 것으로 결정되었다.

맥레오드와 합의 사실을 발표하면서, 스핏처는 IPO 스피닝에 대한 자신의 입장을 밝혔다. 그는 IPO 스피닝이 '주주의 이익을 희생하면서 일부 최고 경영자의 배를 채우기 위한 기만적이고 탐욕적인 게임'이라고 격렬한 비난을 퍼부었다.

(3) 지배적 주주 dominant shareholders

이사의 충성 의무와 관련된 논쟁은 간혹 모회사와 자회사 간의 관계 및 지배주주와 소액주주 간의 관계에 있어서도 발생할 수 있다. 흔히 모회사는 자회사를 활용해 자금을 조달하거나 사업 기회를 확보할 수 있다. 간혹 자회사의 주주들이 자회사의 행위가 모회사를 지원하기 위한 수단이며 자회사 주주의 이익을 훼손한다는 주장을 할 수가 있다. 또한, 소액주주는 지배주주의 행위가 소액주주의 이익에 반할 경우 충성 의무의 도움을 받을 수 있는지가 문제된다.

• 모회사와 자회사

싱클레어 Sinclair라는 석유 개발 회사가 있었다.[38] 싱클레어는 홀딩 컴퍼니로서 베네수엘라에서 석유 개발을 하기 위해 자회사를 설립했다. 이 자회사의 이름은 신벤 Sinven이었다. 싱클레어는 신벤 이사회의 모든 구성원을 임명했다. 이렇게 싱클레어에 의해 임명된 신벤의 이사들은 싱클레어의 경영진, 이사 또는 종업원들이었다. 결국, 신벤은 싱클레어와 떼려야 뗄 수 없는 관계이며 싱클레어의 입김이 절대적으로 작용하는 상황이었다. 소송은 신벤의 소액주주가 신벤의 배당금 지급을 문제 삼아 제기하면서 시작되었다. 원고 주장의 핵심은 신벤이 배당금을 주주에게 지급했으나 그 이유는 모회사인 싱클레어의 현금 수요를 충족하기 위한 것이었다는 것이다.

하급법원에서는 과연 신벤의 이사회가 배당금 지급을 통해 회사에 대

---

[38] Sinclair Oil Corp. v. Levien

한 충성 의무를 위반했는지가 쟁점이 되었다. 위반 여부를 판단하기 위해 하급법원이 사용한 기준은 '내재적 공평성 intrinsic fairness'이었다. 이 기준은 미국의 판례상 이사회의 행위가 주주를 배반하는 '자기 이득 거래 self-dealing'일 경우에만 일반적으로 적용되었다. 따라서 문제는 과연 신벤 이사회의 배당금 지급 행위가 자기 이득 거래에 해당하는지 여부에 있었다.

모회사와 자회사 관계에 있어서 자기 이득 거래는 모회사가 모회사의 지위를 이용하여 자회사로부터 일정한 금전적 이득을 취득하고, 이러한 이득의 취득 행위가 자회사의 소액주주에게 손해를 입힐 경우에 발생한다. 문제가 된 배당에 있어서 신벤의 소액주주가 과연 손해를 입었을까? 법원의 판단은 아니었다. 그 이유는 신벤이 지급한 배당금이 모회사인 싱클레어에만 흘러간 것이 아니고, 상당 부분이 신벤의 다른 소액주주들에게도 돌아갔기 때문이었다. 따라서 신벤의 소액주주가 피해를 본 것이 아니었기 때문에 자기 이득 거래가 성립할 수 없었고, 내재적 공평성의 기준이 적용될 여지도 없었다. 따라서 일반적인 '경영 판단의 원칙 business judgment rule'이 적용되어야 한다는 것이 법원의 결정이었다. 앞에서도 살펴본 바 있지만, 배당금 지급 결정에 있어서 미국 판례는 경영 판단의 원칙을 근거로 이사회에 광범위한 재량권을 부여하고 있다. 결국, 신벤 이사회의 배당금 지급 결정은 회사 또는 회사의 소액주주에게 피해를 주지 않아 충성 의무에 위반하지 않았다는 결론이 도출되었다.

• 지배주주와 소액주주

Z는 켄터키 주에 있는 AF라는 담배 회사의 주주였다.[39] Z는 AF의 보통주 중 클래스A에 속하는 주식을 보유하고 있었다. AF는 이사회의 결

정을 통해 Z 등이 보유하고 있는 클래스A 보통주를 매입 redemption 하기로 결정하고 주당 80달러를 지불했다. 이듬해 AF사는 청산 절차에 들어가면서 회사 자산을 매각하게 된다. Z가 제기한 문제는 청산 시점과 관련된 것으로서 자신을 포함한 클래스A 주식 보유자가 자산 청산 절차에 참여할 수 있었더라면 주당 240달러는 충분히 받을 수 있었다는 것이었다. AF사의 지배주주는 트랜스아메리카라는 회사였다. 이 회사는 AF사 클래스B 주식의 대부분을 소유하고 있었다. Z는 트랜스아메리카가 AF의 이사진을 통해 Z 등이 보유하고 있는 클래스A 주식을 자산의 청산 전에 싼 가격에 사서 지배주주인 트랜스아메리카의 이득을 챙기려 했다고 생각했다. 자산 청산에 참여하는 주주가 줄어들수록 지배주주인 트랜스아메리카에 돌아가는 몫이 커지기 때문이었다.

법원은 Z의 문제 제기가 옳았다고 인정했다. 지배주주로서 트랜스아메리카가 회사의 경영권을 행사하는 것은 문제가 없었다. 하지만 지배주주인 트랜스아메리카가 회사의 꼭두각시인 이사회를 시켜 의사결정을 하면서 소액주주인 클래스A 주식 보유자들의 이익을 무시한 것이 문제였다. 이사회는 주주의 위임을 받은 위탁자 trustee 로서 모든 주주를 위해 의사결정을 해야 한다고 판단한 것이다. 이사회가 지배주주인 클래스B 주식 소유자의 이익만을 고려한 채 소액주주였던 클래스A 주식 보유자들을 희생시켰다고 인정한 것이다.

결국 지배주주는 회사나 이사회가 소액주주에 대해 신의·성실의 의무를 지는 것처럼 마찬가지의 의무를 소액주주에게 진다. 이 판례의 교

---

39 Zahn v. Transamerica Corporation

훈은 이사회는 의사결정을 할 때 지배주주의 이익만을 고려해서는 안 된다는 것이다. 이 사례는 소액주주의 권리는 이사회가 소액주주에게 지는 충성 의무에 의해서도 보장된다는 중요한 의미를 담고 있다.

(4) 사후추인 ratification

때로는 이사회가 충성의 의무를 위반하여 의사결정을 한 듯 보이더라도 사후에 주주가 추인을 하는 경우에는 문제가 되지 않는 경우가 있다. 델라웨어 주 회사법은 144조에서 A라는 회사와 A사의 이사와 이해관계가 있는 또 다른 회사 B가 거래를 하면서 이해관계가 있는 이사가 당해 의사결정에 참여했을지라도 A사의 주주에게 중요한 사실을 알렸거나 A사의 주주가 투표를 통해 문제가 된 거래를 승인했을 경우에는 거래가 무효화될 수 없음을 선언하고 있다.[40] 즉, 이사들이 주식 보유 등을 통해 이해관계가 있는 제3의 회사 또는 조직과 거래를 하더라도 주주들이 상황을 알고 있고, 승인하는 한 이해관계가 있는 이사가 책임을 지는 것은 아니다.

- 투표 승인 과정에 모든 주주가 참여하지 않는다면?

앞서 설명한 델라웨어 주 회사법은 이해관계가 있는 거래에 대한 주주 승인을 규정하고 있다. 그렇다면 모든 주주가 다 참여해서 투표를 하지 않은 경우는 어떻게 되는가?

L은 금·은 등 귀금속을 탐사·개발하는 A사의 회장이었으며 그는 개

---

40 Fliegler v. Lawrence

인 자격으로 아직은 미개발 상태인 금속 광물 광산을 취득했다. L은 동 자산을 A사에게 판매하려했으나, A사 이사회 멤버들과 협의 결과 A사의 재무 상태로는 회사가 광산을 인수할지라도 개발할 여력이 없다는 결론을 내린다. 이사회의 다른 멤버들과 협의를 마친 후, L은 그 자산을 USAC라는 회사에 넘기기로 결정했다. 이 USAC라는 회사는 L을 포함해서 이 소송의 피고들이 주요 주주로 있는 회사였다. A사는 이러한 거래의 조건으로 나중에 USAC를 인수할 수 있는 옵션을 부여받았다. 이 판례에서 중요한 것은 이 옵션이었다. 후일 A사의 이사회(L 포함)는 옵션을 행사하기로 결정하고, 주주총회에 참여한 다수 주주의 승인을 받았다. 그러자 A사의 다른 주주들은 이사회의 옵션 행사 결정이 L을 포함한 이사들의 사리사욕을 채우기 위한 것이었다며 소송을 제기했다. L을 포함한 피고들은 자신들의 행위가 델라웨어 주 회사법 제144조에 의거하여 주주들의 승인을 받았으므로 문제가 될 수 없다고 주장했다. 따라서 피고들은 문제가 된 거래가 회사와 주주의 이익에 부합한다는 입증을 할 필요가 없다는 논리를 폈다. 법원의 판단은 어땠을까?

법원은 일단 옵션을 취득하도록 승인한 A사 주주들의 면면을 살펴보았다. 문제는 거기에 있었다. 옵션 행사를 승인한 다수의 주주들이 바로 피고들이었기 때문이었다. 이해관계가 없는 주주들은 3분의 1 정도밖에 그 투표에 참여하지 않았다. 이런 상황에서는 투표에 참여하지 않은 주주들이 옵션 행사를 승인했는지 안 했는지를 판단할 수 없다는 것이 법원의 입장이었다.

하지만 주주 승인 요건이 충족되지 않았다고 해서 거래 자체가 반드시 문제가 되는 것은 아니었다. 법원은 주주 승인 요건을 갖추지 못했지만 옵션 행사를 통해 A사가 알짜배기인 USAC사를 인수했으므로 A사 이사들의 결정이 충성 의무에 위반되지 않았다고 보았다.

- 실질적 지배주주의 투표 참여 여부

실제 미국의 회사법 소송에서는 입증 책임을 누가 지는가도 상당히 중요한 문제로 대두된다. 입증 책임을 상대방에게 떠넘길 수만 있다면, 반은 이긴 것이나 다름없기 때문이다. 충성 의무 위반과 관련된 사안에서 주주총회 승인의 적법성을 판단하는 데 있어 지배주주가 참여하여 실질적인 영향력을 행사했는지도 중요한 고려 요소가 된다. 왜냐하면 실질적인 지배주주는 주주총회에 참석했다는 것 자체만으로도 다른 주주들의 의사결정에 영향을 미칠 우려가 있고 의사결정을 배후 조종 manipulation할 수도 있기 때문이다. 델라웨어 주의 한 판례는 충성 의무에 위반될 소지가 있는 거래가 주주총회에 의해 승인이 되었다 할 지라도 실질적 영향력을 행사하는 지배주주 a de facto controlling shareholder가 주주총회에 참여해서 영향력을 행사했다면, 피고인 이사 또는 이사진이 충성 의무를 위반하지 않았다는 것을 입증하도록 요구하고 있다.[41]

또 다른 사례에서는 모회사와 자회사 간의 합병이 문제가 되었다. 웨이스트 Waste는 WTI라는 회사의 주식을 22% 보유하고 있는 지배주주였다. WTI의 이사진 중 웨이스트와 인연이 없는 7명의 이사들이 만장일치로 양사의 합병을 의결했다. 그러자 합병에 반대했던 주주들은 이사들이 지배주주인 웨이스트를 위해서 WTI와 소액주주의 이해를 희생하면

---

41 In Re Wheelabrator Technologies, Inc. Shareholders Litigation

서 합병을 진행시켰다고 주장하며 소송을 제기했다. 원고인 소액주주들은 지배주주인 웨이스트가 WTI 주주총회에서 실질적인 영향력을 행사했으므로, 주주 승인은 무효이고 입증 책임도 피고인 WTI의 이사들에게 있다고 주장했다. 하지만 법원은 웨이스트가 주주총회의 승인 과정에서 WTI에 직접적인 영향력을 행사한 증거가 없다고 판단했고, 그 결과 입증 책임도 소송을 제기한 원고(즉 소액주주들)가 져야 한다고 결정했다. 더군다나 주주총회의 승인을 거쳤으므로 이사회 결정의 위법성 판단 기준은 '경영 판단의 원칙'이 되어야 한다고 법원은 판시했다. 앞서 설명한 대로 경영 판단의 원칙은 이사회의 경영 의사결정에 관한 자율성을 최대한으로 고려하는 법 원칙이다. 결론적으로 이 소송을 제기한 소액주주는 입증 책임도 떠안아야 했고, 위법성 판단 기준인 법 원리도 피고인 이사들에게 유리한 기준을 가지고 소송에 임해야 하는 불운을 맞게 되었다.

ⓔ 이사가 책임을 져야 하는 그 밖의 경우

(1) 이사에 대한 회사의 금전 대여

A라는 회사가 있다고 하자. 이 회사에는 C, M, L이라는 세 명의 이사가 있다. 이 회사의 이사회는 회사 자금 중에서 10만 달러를 C에게 대여하기로 결정했다. 이처럼 이사회가 이사에 대해 자금을 빌려줘도 괜찮은 것인가? 미국의 많은 주에서는 이 자금 대부가 회사에 유리한 것이라고 이사회에서 합리적으로 판단했다면 문제가 없다고 보고 있다.

그러나 엔론 사태 이후 제정된 미국의 사베인스 악슬리 법 Sarbanes-Oxley Act[42]은 주식시장에 등록된 공개 기업 registered publicly traded corporations의 경우 이사에 대한 회사의 금전 대여를 원칙적으로 금지하고 있다.

인기가 시들해진 기업 공개, 다시 살아날 수 있을까?

미국의 실리콘 밸리에서는 IPO의 인기가 예전만 못하다. 오랜 기간 동안 IPO는 유망한 벤처기업을 시장에 공개함으로써 투자 수익을 확보하는 중요한 원천이 었다. 보통 유망 기업의 창업자는 회사를 다른 큰 기업에 팔거나, 아니면 주식을 일반 대중에 매각하는 IPO를 통해 초기 회사 설립과 운영에 도움을 준 투자자 들에게 보상을 하게 된다. 이중에서도 기업 공개(IPO)는 회사 매각보다 더 바람 직한 옵션으로 여겨져왔다. 그 이유는 기업 공개로 창업자나 투자자가 더 많은 수익을 얻을 수 있고, 회사를 계속 확장하는데도 기업 공개를 통해 경영권을 유 지하고 있는 것이 유리하기 때문이다.

하지만 2010년 DCM이라는 벤처 캐피탈의 조사에 의하면 조사 대상 기업의 19%만이 기업 공개를 계획하고 있는 것으로 나와, IPO의 인기가 예전만 못하다 는 것을 보여주었다. 이렇게 IPO의 인기가 시들시들해진 것은 사베인스 악슬리 법(Sarbanes-Oxley Act)에 많은 원인이 있다. 사베인스 악슬리 법이 공개 기 업에 대해 규정하고 있는 다양한 규제들이 IPO를 통해 공개 기업이 되는 것을 꺼리게 하고 있는 것이다. 특히 임원진의 보수에 대한 제한 등은 기업가들이 기 업 공개를 매력적인 수단으로 볼 수 없게 만들었다.

사베인스 악슬리 법 말고도 신생 기업들이 최근 기업 공개를 꺼리는 이유는 또 있다. 회사의 창업자는 IPO보다 회사를 다른 주체에게 매각함으로써 더욱 큰 수

---

42 이 법은 주법이 아니고 연방법(federal law)이다.

익을 올릴 수 있기 때문이다. 미국의 실리콘 밸리 창업자는 보통 회사 지분의 10~20% 사이를 보유하고 있으며, 회사를 적정한 가격 이상으로 팔 수만 있다면 창업자는 자신의 지분에 상당하는 막대한 수익을 얻을 수 있다. 반면, 벤처 캐피탈 회사들은 지분 규모가 크지 않은 한, 회사 매각으로 창업자만큼의 수익을 얻을 수는 없게 돼 있다.

이렇게 벤처 창업자들이 IPO를 마다하고 회사를 매각해 버리는 풍토를 비판적으로 보는 시각도 있다. 미국의 유명한 여행 정보 사이트 '익스피디아(Expedia)'의 창업자인 바튼(Barton)은 이렇게 이야기한 바 있다. "젊은 창업자들은 자신이 가꾸어온 회사를 팔고 돈을 거머쥐면서 이 사실을 깨닫지 못하고 있다. 그 방법이 후손들로 하여금 회사를 기억할 수 있게 만드는 최선의 방법이 아니라는 것을 말이다."

이런 상황 속에서 2013년은 미국에서 IPO가 혹시 부활하고 있지 않나 하는 기대감을 주기에 충분한 해였다. 닷컴 버블(dotcom bubble)이 한창이던 2000년의 기록(406건)에 비할 바는 아니지만, 2013년 IPO를 통해 공개된 기업은 총 222개사에 이르러 2008년에 비해 7배 증가한 숫자를 보여주었다. 물론 이러한 증가세가 지속 가능할지 여부는 지켜봐야 할 것이다. 앞서 설명한 것처럼 IPO에 부수되는 높은 규제 순응 비용은 여전한 부담이다. 또한, IPO의 대안인 M&A도 부활 조짐을 보이고 있고, M&A의 주도자인 사모 투자 펀드(private equity)가 막대한 투자 자금을 모집해놓고 있어 IPO 대상 유망 기업들이 공개되기 전 그들에 의해 인수될 가능성도 크다.

하지만, IPO에 대해 점차 우호적인 분위기가 조성되고 있는 조짐이 나타나고 있다. 2013년 11월 트위터가 13%의 주식을 공개했을 때, IPO 주간사인 골드만 삭스는 투자자의 관심을 반영해 인수 제안 가격(offer price)을 계속 올린 바 있다.

IPO 첫날 트위터의 주가는 인수 제안 가격인 26달러보다 20달러 가까이 오른 44.9달러에 거래를 마쳤으며, 2013년 12월 말에는 시가 총액이 400억 달러를 넘기도 하였다.

샌프란시스코 트위터 본사

트위터 말고도 44개의 기술 기업들이 2013년 기업 공개를 통해 기업별로 평균 1억 5,000만 달러 정도를 조달했으며, 그간 IPO시장에서 인기가 없었던 생명기술 관련 회사들도 37개 회사가 회사당 평균 7,300만 달러를 IPO를 통해 파이낸싱했다고 한다.

 IPO시장이 계속 활기를 띨 경우 대기업들도 구조 조정을 위해 IPO를 활용할 가능성이 크다. GE는 소비자 금융 부문을 IPO를 통해 스핀 오프(spin off)할 것으로 예상되며, RBS(Royal Bank of Scotland)도 미국 자회사인 시티즌스 파이낸셜(Citizens Financial)을 기업 공개해 분리할 것으로 전망되고 있다. 금융 위기 이후 미국 정부로부터 구제 금융을 받았던 과거 GM 계열사 앨라이 파이낸셜(Ally Financial)도 IPO를 통해 정부 지분이 시장에 매각된 바 있다.

중국 기업들이 미국 증시 證市로 몰려드는 이유

2014년 초반 중국의 대표적 인터넷 기업 알리바바(Alibaba)가 기업 공개(IPO)할 곳으로 홍콩과 뉴욕을 저울질하다 결국 뉴욕을 택한 일이 있다. 왜 그랬을까? 그 이유는 뉴욕 증권 거래소(NYSE) 및 나스닥(NASDAQ) 등 미국 증시의 상장 관련 규정이 기존 지배주주에게 유리하기 때문이다. 미국 규정은 회사의 대주주가 50% 미만의 지분을 보유하더라도 특별 주식(special shares)을 사용하는 이중 주식 구조(dual-share structure)를 통해 회사에 대한 통제권을 유지할 수

중국 항저우 알리바바 그룹의 본사

있도록 허용하고 있다. 즉 특별 주식을 보유할 경우 자신이 보유한 주식 수보다 많은 투표권을 행사할 수 있으며, 그 결과 이사회도 자신의 구미에 맞는 인사로 임명할 수 있는 가능성이 높아지게 된다.

기업 공개는 주식을 일반 대중에 공개 매각함으로써 외부인을 회사의 주주로 맞는 행위다. 회사의 기존 주인 입장에서는 기업 공개를 통해 회사에 대한 지배 권을 잃을지도 모른다는 우려가 클 수 있다. 이런 사람들에게 외부인을 회사의 주주로 받아들이면서도 기존 대주주의 통제권을 유지할 수 있는 지배 구조를 허락하는 미국 제도는 매력적으로 보일 것이다. 실제로 알리바바의 기업 공개 후보지였던 홍콩은 이러한 지배 구조의 선택을 인정하지 않고 있다.

기존 대주주의 통제권을 유지하는 지배 구조를 허용하는 것 외에도, 미국 증시 가 외국 기업에게 매력적인 이유는 몇 가지가 더 있다. 우선, 미국 증시는 아시 아의 증시와는 달리 기업 공개를 하는 회사가 반드시 이익을 낼 것을 요구하지 않는다.[43] 아울러, 외국 기업이 미국 증시에 상장된 경우 미국 기업에게 요구하

---

43 이는 미국과 아시아 지역 증시 투자자의 성격에 차이가 있기 때문이다. 미국 증권 시장의 주요 투자자는 월 스트리트의 금융 기관을 포함한 프로들인 반면, 아시아 증시의 주요 투자자는 주로 정보력이 취약한 개인들이다.

는 공시 의무보다 다소 완화된 의무가 적용된다. 예를 들면 미국 기업이 분기별로 내는 이익 관련 보고서도 '외국 발행인(foreign private issuer)'으로 인정된 외국 기업들은 1년에 두 번만 내면 된다고 한다. 미국 증시가 세계적으로 가장 큰 투자자 풀을 보유하고 있는 선진 금융 시장이라는 점도 외국 기업의 미국 내 상장이 늘고 있는 배경이다.

아이러니한 것은 미국의 대형 투자자들이 특별 주식이라는 개념에 대해 거부감이 강하다는 것이다. 이들 입장에서는 투자자인 주주가 동등한 투표권 행사를 통해 회사를 견제하는 것이 중요하기 때문이다. 실제로 2,850억 달러 규모의 자산을 운용하고 있는 캘리포니아 공무원 연금(California Public Employees' Retirement System)은 주주에게 동등한 투표권을 부여하지 않는 기업 공개를 보이코트(boycott)할 수도 있다고 밝혔다.

(2) 이사의 구체적 책임 범위: 기록을 남겨야 한다!

이사회가 결정을 내리면 기본적으로 의사결정 과정에 참여한 이사들은 모두 이사회의 결정에 동의한 것으로 간주된다. 만약 반대를 하고 싶으면 반드시 기록을 남겨야 한다. 이러한 반대의 기록은 이사회의 회의록 minutes에 남길수도 있고 회사 서기 secretary에게 서신을 보내거나 회의 직후 등기우편을 보내 남길 수도 있다. 기록이 남지 않은 구두 반대는 결국 유효하지 않게 된다.

이러한 규칙에도 예외는 있다. 가령 이사회에 참석하지 않은 이사는 이사회가 내린 결정에 대해 책임을 지지 않는다. 회사 자산의 장부가액에 대해 합리적인 믿음을 갖고 내린 결정도 일정 부분 예외가 인정된다.

이사회 멤버는 아니지만 일정한 자격과 능력을 갖춘 종업원, 경영자, 기타 전문가의 의견에 근거한 결정도 이사가 책임을 지지 않게 하는 요소가 될 수 있다. 외부 감사 기관이 만든 재무제표 financial statements 등에 기초하여 내린 결정도 일정 부분 면책이 인정되고 있다. 다만 이러한 예외들은 해당 정보를 제공하는 사람의 능력 competence에 대해 해당 이사가 합리적인 믿음 reasonable belief을 가졌을 경우에만 인정되는 것이 보통이다.

🅕 주주 파생소송

주주 파생소송은 주주가 제기하는 소송이다. 그런데 이 소송은 주주가 자신이 아닌 회사를 위해 제기하는 소송이다. 흔히 회사의 경영진이나 이사가 신의·성실 의무를 위반하여 회사에 손해를 가져왔을 경우 주주가 회사를 대신하여 이러한 의무를 위반한 경영진의 책임을 묻는 소송인 것이다. 회사가 수행하여야 할 소송을 주주가 대신하여 진행하는 것이니만큼, 성공적인 소송이 되면 그 결과물은 회사에게 돌아가게 된다. 파생소송을 제기한 주주는 승소하면 회사로부터 변호사 비용을 포함한 관련 비용을 되돌려 받을 수 있다. 만일 주주가 패소하면 어떻게 될까? 패소한 주주는 단 한 푼도 받을 수 없다. 그리고 주주가 합리적인 이유 reasonable cause 없이 경영진을 대상으로 파생소송을 제기하고 패소했다면, 소송의 상대방인 피고가 지불한 비용에 대해서도 책임을 져야 한다. 나중에 다른 주주가 동일한 거래 내용에 대해 승소한 피고에게 동일

한 이유로 소송을 제기할 수 없음은 물론이다.**44**

미국에서는 주주 파생소송이 가져오는 여러 가지 폐해**45**를 막기 위해 파생소송을 제기할 수 있는 주주의 기준을 강화하고 있다. 우선 파생소송을 제기하는 주주는 문제가 된 사건이 발생했을 때 회사의 주식을 소유하고 있거나, 당해 주식을 소유했던 사람으로부터 상속 등을 통해 주식을 보유하고 있을 것이 요구된다. 소송이 진행되는 전 과정에 걸쳐서 원고인 주주는 주식을 보유하고 있어야 한다. 뿐만 아니라 소송을 제기한 주주가 회사의 이익을 적정하게 대변할 수 있다는 것도 별도로 보여주어야 원고로서의 자격이 인정된다.

이해관계가 없는 이사 disinterested directors는 파생소송의 성공 가능성이 낮거나 소송 비용이 소송으로 인해 얻는 이득보다 클 경우처럼 소송 자체가 회사의 이익에 부합하지 않는다고 판단되는 상황에서는 파생소송을 각하하도록 법원에 요청할 수 있다.

실무적으로는 파생소송을 제기할 때 피고로 회사도 포함되어야 한다. 회사를 위해 제기하는 소송인데 회사가 피고로 참여해야 한다는 것이 약간 이상하기는 하지만 소송 관례가 그렇게 되어 있다. 아울러 법원의 허락이 없이는 원고와 피고 사이에 합의 settlement가 이루어질 수 없다. 법원은 합의로 인해 영향을 받을 사람에게 원고와 피고 간 합의 노력이 있다는 사실을 알리고, 그들의 견해를 참고하여 합의해줄지 말지를 결정하게 된다.

---

44 미국에서 'res judicata'라고 불리는 법 원칙이다. 우리나라의 '일사부재리' 원칙과 비슷하다.
45 파생소송에 대응하기 위해 경영진은 막대한 시간과 비용을 지불해야 한다.

월마트의 뇌물 제공 혐의와 주주 파생소송

월마트 경영진과 전·현직 이사회 멤버들을 대상으로 2012년 5월 주주 파생소송(shareholder derivative action)이 제기되었다. 월마트 회사를 대신해 경영진을 대상으로 파생소송을 제기한 주주는 미국에서 두 번째로 큰 연금 펀드인 캘리포니아 교원 퇴직 펀드(Calstrs: California State Teachers' Retirement System)였다. 그들이 소송을 제기한 이유는 월마트가 멕시코 사업을 위해 점포를 오픈하는 과정에서 멕시코 관료들에게 뇌물을 주었으며, 뇌물 공여 사실이 들통 나자 이를 은폐하기 위한 경영진의 조직적 노력이 있었다는 뉴욕타임스의 보도 때문이었다. 캘리포니아 교원 퇴직 펀드는 소송 제기 당시 월마트 주식 530만 주를 보유하고 있었으며, 이는 전체 월마트 유통 주식의 0.2%도 안 되는 규모였다.

캘리포니아 교원 퇴직 펀드의 CEO인 잭 에인스(Jack Ehnes)는 월마트 경영진의 파렴치한 행위로 해외 뇌물 제공 행위를 엄격히 금지하고 있는 미국의 해외 뇌물 방지법(the Foreign Corrupt Practices Act)에 의해 월마트가 조사를 받게 되었으며, 그 결과 회사 이미지가 막대한 타격을 받았다고 밝혔다. 아울러 펀드는 재발 방지를 위해 월마트의 지배 구조 개혁이 필요하며, 이를 위해서는 최고 경영진의 압박에 굴하지 않는 '진정으로 독립적인 이사들(truly independent directors)'로 이사회가 구성되어야 한다고 주장했다.

(1) 원고가 지는 파생소송 비용에 대한 부담

미국의 일부 주에서는 주주 파생소송을 제기한 원고가 자신의 주장을 적절히 입증하지 못하거나, 충분한 소송상 이해관계를 입증하지 못할 경우 피고가 지는 변호사 비용 등 소송 비용을 부담하도록 법제화하고 있다.[46] 뉴저지 주 같은 경우가 그 예다. 이러한 규정은 주별로 가지고 있는 회사법이 적용되는 개별주의 소송에서는 당연히 적용되며 소송 당사자를 기속하게 된다. 그렇다면 이러한 규정이 연방법원에 제기된 소송에서는 어떻게 적용되는가?

실제로 이러한 '비용보장 법률'을 회피하기 위해 연방법원에 주주 파생소송을 제기한 사례가 있었다.[47] 원고와 피고가 동일한 주에 거주하지 않을 경우, 연방법원에 소송을 제기할 수 있기 때문이다.[48] 그렇지만 연방법원에 소송이 제기된다고 해서 반드시 개별주의 법률이 배제되는 것은 아니다. 연방법원에 소송이 제기되더라도 소송의 원인이 된 사실관계가 개별주의 회사법에 근거하고 있는 경우, 연방법원에서도 개별주의 법률에 근거하여 판단을 내리도록 되어 있다.[49] 다만 이 경우 소송의 판단 기준이 되는 개별주의 법률은 반드시 '실질적 substantive'일 것이 요구된다.

아무튼, 위에서 예로 든 사례에서 파생소송을 제기한 원고 주주는 뉴저지의 '비용 보장 법률'이 실질적인 규정이 아니므로, '이어리 원칙 the Erie Doctrine'이 적용되지 않는다고 주장했다. 즉 그의 주장은 연방법원에서 이러한 법률을 적용할 필요가 없고 따라서 자신은 패소 시에도 반대편인

---

46 미국에서는 이러한 법률을 '비용 보장 법률(security for expenses statute)'이라고 부른다.

47 Cohen v. Beneficial Industrial Loan Corp.

48 미국에서는 이렇게 확보된 연방법원의 관할권을 '연방 다양성 관할(federal diversity jurisdiction)'이라고 한다.

49 이는 미국에서 '이어리 원칙(the Erie Doctrine)'이라고 불리는 유명한 법 원칙이다.

피고에게 비용 부담을 할 필요가 없다고 생각한 것이다. 그러나 법원의 생각은 달랐다. 법원은 '비용 보장 법률'이 이전에는 없었던 새로운 의무를 원고에게 부담시키는 것이므로 명백하게 '실질적'인 규정이고, 따라서 '연방 다양성 관할 federal diversity jurisdiction' 원칙 하에서도 연방법원의 판단에 적용된다고 판시하였다.

결국 이 사례의 교훈은 개별주가 규정한 '비용 보장 법률'을 회피하기 위해 '연방 다양성 관할' 원칙에 의거하여 연방법원에 소송을 제기하더라도 이러한 규정의 적용을 피해갈 수 없다는 것이다. 이 사례는 50개 주별로 사법권이 독립되어 있고 연방법원 시스템이 별도로 존재하는 미국에서 소송을 제기하는 당사자가 자신에게 유리한 쪽으로 소송을 제기하는 '관할 쇼핑 forum shopping'을 막기 위한 것이라고 볼 수 있다.

(2) 주주 파생소송과 직접소송 direct suits의 구별

주주 파생소송은 앞서 설명한 것처럼 회사가 손해를 입었을 때 회사를 대신하여 주주가 제기하는 소송이다. 따라서 그 전제는 주주가 직접적으로 손해를 입지 않았다는 것이다. 경우에 따라서는 주주가 직접적으로 손해를 입는 경우가 있다. 이 경우 주주가 제기하는 소송이 직접소송 direct suits이다. 문제는 이렇게 주주가 직접적으로 손해를 입었느냐 아니냐를 판단하기가 쉽지 않다는 것이다.

주주 파생소송에서 원고가 패소 시 부담하는 비용 상환 의무를 회피하기 위해 자신이 제기한 소송을 파생소송이 아닌 직접소송이라고 주장한 사례들이 있다. 직접소송이라고 인정을 받을 경우 원고가 패소해도 주주 파생소송에 적용되는 '비용 보장 법률'의 적용을 받지 않기 때문이다.

E는 FT라는 회사의 주주였다.**50** FT는 FTC라는 지주회사 holding company 를 만들고, FTC는 곧 자회사로서 FTL을 거느리게 되었다. 나중에 FT는 FTL로 합병되게 되고, FT라는 회사는 실체가 없어진다. 이때 E를 포함한 FT의 주주들은 없어진 FT의 주식 대신 동일한 수량의 FTC 주식을 받게 된다. 사건의 발단은 이렇게 해서 남게 된 FTL이 FTC와 합병하면서부터 시작되었다.

자회사였던 FTL의 주주들은 모회사인 FTC의 주식을 합병 조건으로 받게 되고, 그 결과 E는 자신이 FTC에 대해 행사할 수 있는 투표권 voting rights이 희석 dilution되었다고 생각하게 되었다. 이에 E는 합병을 무효화하기 위한 소송을 제기하고, 합병을 통해 자신의 투표권이 약화되었으므로 주주인 자신이 피해를 입었고 따라서 본인이 제기한 소송이 파생소송이 될 수 없다는 논리를 폈다. 파생소송이 될 경우 E는 법원에 공탁금으로 3만 5천 달러를 내야 할 상황이었다.

법원은 위와 같은 복잡한 일련의 합병과 구조 조정을 통해 E가 종전에 가지고 있던 FTC 및 FTL에 대한 투표권 등 여러 가지 영향력을 잃었음을 인정하고 따라서 E가 제기한 소송이 파생소송이 아닌 직접소송이라는 결정을 내렸다. 그 결과 E는 공탁금을 내지 않아도 됐다.

🖫 경영진의 지위와 책임

(1) 미국에서 사장은 오피서 officer다

회사에는 흔히 사장, 부사장, 임원 등 경영진이 있다. 미국에서는 이

---

50 Eisenberg v. Flying Tiger Line, Inc.

를 오피서 officer라고 부르는데 이들은 회사의 대리인 agents으로 간주된다. 따라서 오피서가 한 행위는 정당한 권한 내에서 이루어진 한 회사의 행위로 의제된다.

전통적으로 미국에서는 회사 내 오피서로 회장 또는 사장 president, 서기 secretary, 재무관 treasurer 등을 반드시 두도록 하고 있다. 오늘날은 한 사람이 이러한 세 가지 역할을 다 하는 것도 인정되고 있다.

Corporate Case

제록스 CEO의 세대교체

미국에서 CEO와 사장(president)은 다른 경우가 많다. 우리말로 치면 CEO는 보통 회장 정도로 칭해질 것이다. 사장은 보통 CEO보다 서열이 낮은 것이 일반적이다. 유명한 복사기 제조회사인 제록스(Xerox Corp.)는 캐논, 리코 등 일본 업체와의 경쟁 격화로 고전을 면치 못했다. 이런 제록스를 위기에서 구출한 건 앤 멀케이(Anne M. Mulcahy) 회장의 헌신적인 노력 덕분이었다. 멀케이는 8년 동안 제록스의 CEO로 있으면서 제록스의 경영을 정상화시키는 데 혁혁한 공을 세웠다. 멀케이는 재임 기간 동안 비용과 크기 면에서 경쟁사의 제품을 능가하

코네티컷 주 제록스 본사

는 프린터를 만들었다. 뿐만 아니라 대규모의 회사가 문서를 효과적으로 관리할 수 있는 서비스와 기술 개발에도 박차를 가했다.

2009년 봄에 열린 주주총회에서 멀케이는 그해 7월 중 CEO로서 퇴임하겠다는 뜻을 밝혔다. 그녀의 후임은 어슬라 번즈(Ursula M. Burns)로서 번즈는 제록스 사의 사장(president)이었다. 번즈는 1980년부터 제록스에서 엔지니어링 인턴 으로 근무를 시작한 제록스 베테랑이다. 멀케이도 33년간을 제록스에서 근무한 제록스 인사이더(insider)라는 점에서 둘은 공통점이 있다. 번즈는 사장으로서 CEO인 멀케이와 함께 투자자 및 월 스트리트의 애널리스트 등을 상대로 회사 를 적극적으로 알리는 역할을 잘 수행해 왔다는 평가를 받는다.

번즈는 글로벌 경기 침체로 어려운 경영 환경 속에서 멀케이의 뒤를 이어 회사 의 혁신과 구조 조정을 지속적으로 이끌어 온 것으로 평가된다. 번즈의 경영 혁 신 노력으로 2012년 제록스 총매출 224억 달러 중 50% 이상을 복사기가 아닌 IT서비스 분야가 차지하였으며, 그간 제록스는 전통적인 복사기 사업을 넘어 데 이터 분석 및 헬스 케어 분야 등 미래형 산업 분야로 사업 영역을 확대해 왔다.

⑵ 오피서의 선임과 해임

미국에서 오피서를 선임하거나 해임할 수 있는 권한을 가진 사람은 바로 회사의 이사들 directors이다. 이사는 오피서에 대한 보수를 결정할 수 있는 권한도 가지고 있다.

V라는 회사가 있다고 하자. V사의 이사들은 밥 Bob을 이 회사의 사장 president으로 임명했다. 만약, 이사들이 밥을 해임하면 밥은 책상을 정리 하고 회사를 그만두어야 한다. 밥은 사장 자리를 다시 얻을 수 없는 것

이다. 다만, 이때 밥은 본인의 해고와 관련 회사 측이 책임져야 할 계약 위반이 있는 경우 이러한 사유에 근거하여 손해배상을 청구할 수 있다.

이사와 오피서의 선임 관계는 이렇게 기억하면 편하다. 미국에서 주주는 이사를 임명하거나 해고할 수 있다. 이렇게 주주에 의해 임명된 이사들은 회사를 실제 경영하는 오피서를 선임하거나 해임할 수 있다. 일반적으로 회사의 주주들은 오피서를 고용하거나 해고하지 않는다.

시멘텍 CEO들의 불운

시멘텍(Symantec)은 컴퓨터의 바이러스 퇴치용 소프트웨어로 유명한 회사다. 시멘텍의 이사회는 회사의 매출 감소와 주가 하락에 대한 책임을 물어 CEO인 스티브 베넷(Steve Bennet)을 2014년 3월 투표를 거쳐 해고했다. 베넷은 전임 CEO였던 엔리크 살렘(Enrique Salem)으로부터 바톤을 이어받아 2012년 7월부터 회사의 CEO직을 수행해 온 터였다.

베넷은 새로운 컴퓨터 보안 환경에 적응하고 새롭게 출현하는 경쟁 기업에 맞설 수 있는 시멘텍의 전략을 짜내는 데 실패한 것으로 보인다. 새로운 소프트웨어와 상품이 개발되지 않자 회사의 매출도 더 이상 늘지 않았다. 더군다나 2013년 7월 이후 5명 이상의 회사 고위 간부가 회사를 떠난 것도 이사회가 나서 CEO인 베넷을 경질하게 된 배경이 되었다.

시멘텍의 컴퓨터 보안 소프트웨어는 전통적 방식으로 이미 알려진 해커의 특징들을 막는 방식이다. 만약 기존에 알려지지 않은 바이러스가 침투하면 시멘텍 소프트웨어의 방어 능력은 현격히 떨어지게 된다. 2013년 유통업체인 타겟(Target)의 시스템을 해킹해 4,000만 명의 신용카드 정보를 빼내간 것도 기존의 보안 소프트웨어가 감지하지 못하는 코드에 의해 저질러졌다. 최근의 컴퓨터 보안 업체들은 과거에 알려지지 않은 코드이더라도 바이러스와 유사한 행태를 보이는 코드를 잡아낼 수 있는 상품을 개발하고 있다. 이러한 제품 개발 경쟁에서 뒤쳐진 시멘텍은 결국 CEO를 해고하는 길을 택했다.

한 가지 재미있는 사실은 시멘텍의 전임 CEO였던 살럼을 해고하는 데 주도적 역할을 한 사람이 베넷이었다는 것이다. 2012년 살럼이 해고될 당시 베넷은 이사회의 의장(chairman)이었으며, 살럼의 실적에 대해 가장 불만이 많은 사람이었다고 한다. 베넷은 다른 두 명의 이사와 함께 살럼에게 직접 해고 사실을 통지하는 악역까지 맡았다고 한다.

이사회가 새로운 CEO 후임자를 찾게 될 때까지 이사회 멤버 중의 한 명인 마이클 브라운(Michael Brown)이 시멘텍의 임시 CEO(interim CEO)로 선임되었다. 해고된 베넷은 1,400만 달러에 달하는 퇴직 급여(exit package)를 받게 될 것으로 알려졌는데, 여기에는 퇴직금과 주식 등이 포함된다고 한다.

회장 자리를 빼앗긴 아베크롬비의 CEO

한국에서도 청소년들에게 선풍적 인기를 끈 바 있는 미국의 아베크롬비(Abercrombie & Fitch Co.)는 2014년 초 CEO이자 회장(chairman)인 마이클 제프리스(Michael Jeffries)에게서 그의 CEO 직위는 유지한 상태로 회장 자격만을 박탈했다. 회장은 이사회의 의장으로서 이사회를 주재하며, 이사회의 좌장 역할을 하는 자리다. 많은 미국 기업들이 CEO와 회장 자리를 분리하고 있는 추세이기는 하지만, 현직 CEO로부터 회장 자리를 빼앗은 것은 이례적인 것으로 평가되었다. 아울러 회사는 적대적 인수·합병에 대응하기 위해 도입해 놨던 포이즌 필(poison pill)도 폐기하기로 결정했다. 이론적으로 포이즌 필이 없어지면 다른 주인이 나타나 회사를 인수하기가 쉬워진다.

아베크롬비가 CEO를 문책하고, 포이즌 필까지 없애게 된 것은 회사의 실적이 안 좋아 주주들의 불만이 많았기 때문이다. 2013년 한 해 동안 아베크롬비의 시가 총액 3분의 1이 사라질 정도로 시장의 평가는 냉엄했다. 더군다나 1992년부터 회사 경영을 맡아온 제프리스가 추진한 경영 전략도 논쟁거리였다. 그는 청소년들의 사랑을 받는 청바지와 티셔츠로 아베크롬비의 신화를 만들어 온 장본인이었지만, 아베크롬비 매장 판매 직원 선발과 상품 구색·디자인 등의 측면에서 논란이 될 소지를 만들어 왔다. 아베크롬비 매장을 가 본 사람이면 알겠지만, 아베크롬비는 젊고 건장하며 섹시한 남성 판매 직원을 배치해 고객을 모으고 있으며, 아주 날씬한 사람만이 입을 수 있는 옷을 주로 만들고 있다.

회사의 실적이 악화되고 경영진에 문제가 있다고 판단되면 가만히 있지 않는 사람들이 주주 운동가와 기업 사냥꾼들이다. 캘리포니아에 기반을 둔 헤지펀드 인게이지드 캐피탈(Engaged Capital LLC)도 그중의 하나다. 아베크롬비 지분의 상당수를 보유하고 있는 것으로 알려진 인게이지드는 2013년 12월부터 아베크롬비를 향해 회사의 실적 악화에 책임이 있고 회사의 제3자 매각에 걸림돌이 되고 있는 CEO 제프리스를 교체하라고 압박했다. 아베크롬비가 제프리스의

아베크롬비 매장

CEO 자리는 지켜주면서 이사회 의장 지위만을 박탈하자, 인게이지드는 아베크롬비의 조치가 충분치 않다는 논평을 내놓았다.

한편, 제프리스가 내놓은 회장 자리를 대신 맡게 될 사람은 아

서 마르티네즈(Arthur Martinez)로 백화점 체인인 시어스(Sears, Roebuck & Co.)에서 CEO를 역임했으며, 고급 백화점 사업을 하는 삭스(Saks Inc.)에서 부회장을 역임한 인물이다. 그는 유통업계의 베테랑으로서 매장 폐쇄와 감원 등 구조 조정의 전문가로 널리 알려져 있다.

제이피 모건 CEO의 권력 독점

'런던 웨일(London Whale)' 사건으로 제이피 모건이 엄청난 손실을 입으면서, 주주들은 제이피 모건의 CEO인 제이미 다이먼(Jamie Dimon)에 화살을 돌렸다. 주주들이 문제 삼은 것은 그가 CEO이면서 이

뉴욕 맨하탄의 제이피 모건 본사

사회의 의장인 회장(chairman) 자리까지 겸하고 있어 권력을 독점하고 있으며, 그 결과 이사회의 견제 기능이 제대로 작동하지 않고 있다는 것이었다.

2014년 2월 플로리다에서 열린 제이피 모건(JPMorgan Chase)의 연례 주주총회는 CEO의 권력에 대한 회사와 주주 간의 3년에 걸친 논란에 종지부를 찍는 계기가 되었다. 2013년 주주총회에서도 일부 주주들은 CEO와 회장을 분리시켜야 한다는 주주 제안을 내놓았으나, 통과에 실패한 바 있다. 2014년 주총에서는 제이미 다이먼이 물러날 경우 CEO와 회장을 분리시키자는 제안으로 다소 완화되었으나, 회사는 주주들을 설득해 이러한 제안을 주총 안건에서 아예 빼내는 데 성공했다.

주총에서 위와 같은 주주 제안이 완전히 빠지게 된 배경은 제이피 모건이 주주들을 달래기 위한 제스처를 보였기 때문이다. 그 사례로 제이피 모건은 회사 외부에서 온 수석이사(lead independent director)의 권한을 대폭 강화시켰다. 회사는 수석이사가 CEO를 견제할 수 있다고 명시한 새로운 규정을 만들었으며, 이러한 권한 부여는 수석이사인 리 래이몬드(Lee Raymond)로 하여금 회사의 노력을 긍정적으로 평가하는 계기가 되었다. 아울러 회사는 런던 웨일 사건, 모기지 증권 부정 판매 등 회사가 잘못을 저지른 여러 사건에 대해 주주들에게 보고서를 만들어 자초지종을 설명하겠다고 밝혔다.

(3) 이사와 오피서의 책임 부담에 대한 보상 indemnification

흔히 이사와 오피서들은 회사의 대리인 agents으로서 회사를 위해 일을 하다 발생한 사건으로 인해 소송에 휘말리게 되는 경우가 있다. 이렇게 소송에 휩싸이게 되면 소송 비용, 변호사 수임료 등의 지출이 생기고 심한 경우는 벌금까지 물어야 하는 상황이 생긴다. 이때 소송 관련 비용을 지출한 이사와 오피서는 회사를 상대로 본인들이 지출한 비용을 변제해 줄 것을 요청할 수 있다. 이러한 보상을 '인뎀니피케이션 indemnification'이라고 하는데, 이사나 오피서가 회사에 책임질 행동을 하거나 문제가 된 사건과 관련하여 부적절한 개인적 이득을 취했다면 인뎀니피케이션이 인정되지 않는다. 인뎀니피케이션이 적용되는 경우는 보통 행정소송, 민사소송, 그리고 형사소송 등이다. 전통적으로 인뎀니피케이션은 주법 state law에 의해 규제되고 있으며, 대부분의 주에서는 이사나 오피서가 민·형사소송에 대응하느라 지출하는 다양한 유형의 비용을 회사가 대신 변상할 수 있도록 허용하고 있다.

한편, 일정한 법률 위반에 대해서는 회사가 임직원을 위해 소송 비용 등을 대신 변제하는 인뎀니피케이션을 연방법률 federal law로 금지하고 있는 경우도 있다. 예를 들면, 해외 뇌물 방지법 the Foreign Corrupt Practices Act은 '회사의 오피서, 이사, 종업원, 대리인, 또는 주주에게 벌금이 부과될 경우, 회사는 직접적으로나 간접적으로나 벌금을 대신 지급할 수 없다'고 규정[51]하고 있다. 또한, 뮤추얼 펀드를 규제하는 투자 회사법 the Investment Company Act도 '이사나 오피서가 직무 수행 중 중대한 과실이나 부주의로 회사 또는 증권 보유자에게 손해를 끼쳤을 경우 인뎀니피케이션을 줄 수 없다'고 하고 있다.[52]

인뎀니피케이션이라는 보상은 회사가 의무적으로 해야 하는 경우와 그렇지 않고 회사가 자율적으로 판단할 수 있는 경우의 두 가지로 구분된다. 우선 회사가 의무적으로 이사나 오피서에 대해 보상을 해야 하는 경우에 대해 살펴보자. 일부 주에서는 이사나 오피서가 소송을 수행하면서 완벽하게 이겼을 경우에만 보상을 인정한다. 다른 주에서는 이사나 오피서가 소송의 일정 부분에서만 성공을 했더라도 그 성공한 부분만큼에 대해서는 보상을 인정하는 경우가 있다.

위와 같이 회사가 보상을 할 필요가 없는 경우와 의무적으로 보상을 해야 하는 경우를 제외한 나머지의 경우가 회사의 자율적 판단 하에 보상 여부를 결정할 수 있는 상황이 된다. 이 경우에도 이사나 오피서는 문제가 된 행위를 했을 당시 자신들의 행위가 회사의 이익에 부합한다는 합리적 믿음을 갖고 있었을 것이 요구된다. 이러한 보상 요건에 대한 판단은 보통 이해관계가 없는 이사나 주주들이 하게 된다.

---

51 15 U.S.C. §78ff(c)(3)
52 15 U.S.C. §80a-17(h)

이러한 규정들에도 불구하고 법원은 이사나 오피서에게 보상을 하는 것이 합당하다고 판단이 될 때 회사에게 보상을 명령할 수 있다. 이 경우 보상은 소송 비용이나 변호사 수임료 등에 대한 보상으로 한정되는 것이 일반적이다.

회사는 등록 정관 articles을 통해 이사나 오피서의 손해배상 관련 책임을 제한하거나 없앨 수도 있다. 그러나 이러한 특전은 이사나 오피서가 충성의 의무를 위반했다든지, 의도적으로 비행을 저질렀다든지, 개인적인 이득을 편취한 경우에는 적용되지 않는다. 일부 주에서는 이러한 특전이 오피서가 아닌 이사에게만 적용되도록 규정하고 있는 경우도 있다.

이사나 오피서의 보상을 위해 일시적으로 많은 비용을 지출하는 것은 회사에게 큰 부담이 된다. 미국에서는 회사가 이러한 경우를 대비하여 이사나 오피서를 위한 면책 보험[53]을 사는 경우도 흔하다.

> **Corporate Case**

뱅크 오브 아메리카, 덫에 걸리다

안젤로 모질로(Angelo R. Mozilo)는 모기지 금융(mortgage banking) 업무를 주로 하던 컨트리와이드 파이낸셜(Countrywide Financial)의 CEO를 지낸 인물이다. 그는 회사 재직 당시 서브프라임 론(subprime loans)과 관련, 증권 관련 사기(securities fraud) 및 내부정보 이용행위(insider trading)에 연루되었다는 이유로 연방 증권 거래 위원회(SEC)의 조사를 받았다. 결국, 모질로는 SEC가 제기한 민사소송 재판이 시작되기 직전 4,500만 달러의 이익을 반환하고

---

53 이러한 면책 보험을 미국에서는 'insurance for director or officer liability'라고 한다.

2,250만 달러의 벌금을 내는 것으로 2010년 10월 SEC와 합의를 하게 되었다. 그런데 모질로가 '토해내야'하는 4,500만 달러 중 2,000만 달러는 모질로의 주머니가 아니라, 뱅크 오브 아메리카(Bank of America)의 주머니에서 나와야 된다. 왜 그럴까?

사연은 이렇다. 뱅크 오브 아메리카는 2008년 41억 달러를 주고 컨트리와이드 파이낸

뉴욕 맨하탄의 뱅크 오브 아메리카 타워

셜을 인수했는데, 당시 인수 계약은 뱅크 오브 아메리카가 컨트리와이드의 인뎀니피케이션 조항(indemnification provisions)까지 승계하는 것을 명시했다. 뱅크 오브 아메리카에 인수되기 전, 컨트리와이드는 회사의 내부규정(bylaws)을 통해 CEO인 모질로가 소송 관련 비용 등을 보상받을 수 있는 여지를 만들어 놓았으며, 이는 컨트리와이드의 법인 등록지인 델라웨어 회사법에 의해 근거를 가지고 있는 것이었다.

인뎀니피케이션 의무를 승계한 뱅크 오브 아메리카는 모질로의 변호사 비용과 모질로 외 두 명의 피고가 지출한 변호사 비용까지 책임져야 할 것으로 보이며, 이렇게 될 경우 뱅크 오브 아메리카가 대신 변제해야 할 돈은 1억 달러에 가까운 엄청난 규모가 된다.

모질로 사건을 조사한 SEC는 전통적으로 인뎀니피케이션에 대해 부정적 입장을 보여 왔다. 특히, 회사가 증권을 일반 대중에게 판매하면서 투자자에게 잘못된 정보(misstatements)를 전달한 경우에는 임원진의 책임을 회사가 대신 지는 것이 공공정책(public policy)에 반한다는 입장을 견지해 오고 있다. 하지만, SEC가 이러한 입장을 관철하기 위해서는 연방 의회가 새로운 법적 근거를 만

들어 SEC에게 규제 권한을 주어야 한다. SEC가 의회를 대상으로 관련 규제의 도입을 위해 노력할 수 있으나, 이 경우 법률 비용 증가에 노출되기 싫은 월 스트리트의 거센 저항에 직면할 가능성이 크다.

소송 비용을 보상받기 위한 전직 골드만 삭스 직원의 투쟁

2013년 10월, 뉴저지 연방법원의 케빈 맥널티(Kevin McNulty) 판사는 골드만 삭스(Goldman Sachs)에서 컴퓨터 프로그래머로 재직하던 중 소프트웨어 관련 코드(code)를 훔친 혐의로 기소된 세르게이 에일리니코프(Sergey Aleynikov)의 소송 관련 비용(legal fees)을 골드만 삭스가 지급해야 한다고 판결했다.

맥널티 판사는 에일리니코프가 문제의 행위가 있었던 시기에 회사의 오피서(officer)로서 경영진의 일원이었으며, 이에 따라 그가 자신의 법정 방어를 위해 치른 법률 비용을 고용주였던 골드만 삭스가 대신 지급할 의무가 있다고 판결 이유를 밝혔다. 골드만 삭스 재직기간 중 에일리니코프의 공식 타이틀이 '부사장(vice president)'이었던 점도, 그를 (회사가 법률 비용을 대신 지급하는) 오피서로 봐야 하는 이유가 된다고 맥널티 판사는 설명했다. 아울러, 과거 6년 동안 골드만 삭스가 법정에 선 53명의 직원 중 51명에 대해 변호사 비용을 지원한 것도 판결 과정에 참작되었다.

사건의 중심에 선 이 전직 프로그래머는 러시아계 이민자 출신으로 골드만 삭스의 컴퓨터 트레이딩 그룹(high-frequency trading group)에서 '부사장(vice president)'의 직함을 달고 일했다. 이 프로그래머의 고난은 2009년 그가 회사를 떠나면서 컴퓨터 거래의 비밀 소스 코드를 훔쳤다고 골드만 삭스가 미국 연방검찰에 제보하면서 시작되었다. 2010년 그는 유죄 평결을 받고 8년형에 처해져 연방 교도소에 수감되었으나, 2012년 연방 항소법원이 검찰의 잘못된 법률 적용을 이유로 유죄 평결을 무효화함에 따라 출소하게 된다. 하지만 그의 시련은 여기서 끝나지 않았다. 그가 출소한지 6개월 후, 이번에는 맨하탄의 뉴욕 주 검찰이 주법령 위반을 이유로 그를 기소했다. 뉴욕 주가 세르게이 에일리니코프를 기소하자, 그의 변호사는 이제 골드만 삭스에게 화살을 겨눈다. 골드만 삭스의 내부 규정(bylaws)이 오피서 재직 당시의 일과 관계된 소송 비용을 회사가 대신 지급하도록 규정하고 있다면서, 골드만 삭스가 그의 소송 비용을 대신 부담해야 한다고 뉴저지 연방법원에 골드만 삭스를 대상으로 소송을 제기한 것이다. 골드만 삭스는 에일리니코프가 달고 있던 '부사장'이라는 직함이 직급 인플레이션을 반영하는 것으로서 실제 하는 일보다 과장된 표현이며, 그가 관리자로서 책임을 지는 자리에 있지 않았으므로 오피서로 볼 수 없다고 법정에서 주장했다. 하지만 맥널티 판사는 앞서 설명한 것처럼 이러한 주장을 받아들이지 않았으며, 이 전직 프로그래머가 뉴욕 주 소송 방어를 위해 이미 지출한 70만 달러를 골드만 삭스가 대신 지급하도록 명령했다. 또한 법원은 에일리니코프가 골드만 삭스와의 법정 투쟁 과정에서 초래한 법률 비용 100만 달러도 골드만 삭스가 대신 지급해야 한다고 판단했다. 더 나아가 맥널티 판사는 에일리니코프가 과거 연방 소송 과정에서 지출한 비용도 구체적으로 얼마나 되는지 조사할 것을 명령했다.

골드만 삭스는 내부 거래(insider trading) 혐의로 2012년 유죄 평결을 받았던 전직 이사 라자트 굽타(Rajat K. Gupta)의 변호사 비용 3,500만 달러를 대신 지급한 바 있다. 당시 골드만 삭스는 굽타가 회사의 이사로서 내부 규정에 의해 법률 비용을 보상받을 자격이 있으며, 만약 2심 법원이 그의 항소를 기각할 경우 회사가 대신 지급한 돈을 돌려받기(reimburse)로 굽타와 합의했다고 밝힌 바 있다.

05

통제권 확보를 위한 투쟁
: 위임장 투쟁, 주주 제안, 배당과 자사주 매입

ⓐ 위임장의 의미

현대 자본주의 사회에서 주식회사의 주주들은 대부분 투자수익 확보를 주목적으로 하며 경영 의사결정에는 적극적으로 참여하지 않는 경우가 일반적이다. 따라서 일반적인 주주들은 회사에 관한 의사결정을 내리는 주주총회에도 참석하지 않는 경우가 많다. 이렇게 바쁜 주주들을 위해서 마련된 제도가 위임장 proxy이다.

위임장은 주주가 회사의 서기 secretary에게 보내는 것으로 다른 사람이 주주 자신을 대신해서 투표할 것을 허락하는 문건이다. 위임장을 많이 확보한 주주는 아무래도 주주총회에서 자신이 원하는 바를 관철할 가능성이 커진다. 미국에서는 흔히 적대적 인수·합병 시도가 기존 경영진의 반대로 실패한 경우, 인수를 하고자 하는 주체 acquiring company가 자신들에게 우호적인 인사를 인수 대상인 회사의 이사회에 앉히기 위한 방법으로 위임장 확보 투쟁 proxy fight이 많이 활용되고 있다. 유명한 주주 운동가인 칼 아이칸 Carl Icahn은 2005년과 2006년 사이 타임워너의 경영진 교체를 위해 이러한 전략을 사용한 바 있다. 미국의 컴퓨터 업체인 휴렛팩커드 Hewlett-Packard가 또 다른 IT업체인 컴팩 Compaq[54]을 인수하고자 했을 때도 휴렛팩커드의 반대 주주가 인수에 반대하기 위해 위임장 확보 투쟁을 벌인 적이 있다.

주주들에게 위임장을 얻기 위해서는 미국의 연방 증권 거래 위원회 SEC에 '위임장 진술서 proxy statement'를 제출해야 한다.[55] 위임장 진술서에는 주주총회가 열리는 장소, 시간, 이사들과 경영진의 면면, 경영진에 대한 보상, 감사위원회의 구성, 이사회에 대한 보상 등과 관련된 내용이 담겨

위임장의 예

---

54 컴팩은 결국 2002년 휴렛팩커드에 의해 인수되는데, 그 당시 인수 가격은 250억 달러였다.
55 미국의 연방 증권 거래법(Securities Exchange Act of 1934)의 하위 규범인 Rule 14a가 위임(장)(proxy)에 관해 상세한 규정을 하고 있다.

져야 한다. 이러한 진술서는 통상 정기 주주총회가 열리기 전에 SEC에 신고된다. SEC 규정 Rule 14a-9에 의하면 진술서를 작성할 때는 중요한 사실 material fact을 왜곡하거나 거짓으로 기재하거나 누락 등을 할 수 없다.

위임장을 얻기 위해 주주들의 동의를 얻는 과정에서 위임장 진술서에 중요한 정보가 기재되지 않는 경우가 흔히 있다. 사례를 하나 들어보자. A와 M이라는 회사가 합병을 하기로 결정했다.[56] 합병 전에 M사는 A회사 주식의 반 이상을 보유하고 있던 지배주주였다. A사의 이사회는 합병을 위한 주주총회를 개최하기 위해 위임장 확보 투쟁을 벌였다. A사의 경영진은 충분한 위임장을 확보했고, 주주총회에서 M사와의 합병안을 가결시켰다. 문제는 위임장 확보를 위해 주주들에게 배포한 위임장 진술서에 있었다. M사와의 합병을 종용한 A사의 이사회는 모두가 대주주인 M사가 임명한 사람들이었다. 따라서 A사의 이사진들은 아무래도 M사의 이익을 대변할 수밖에 없는 사람들이었다. 이렇게 중요한 사실이 위임장 진술서에는 기재되지 않았다(위에서 설명한 것처럼 위임장 진술서에는 이사진의 면면도 기록하게 되어 있다). 만약 이러한 사실들이 주주총회 전에 위임장 진술서를 통해 주주들에게 알려졌었더라면 많은 주주들이 A사의 이사들이 원했던 대로 합병에 찬성하는 위임장을 주지는 않았을 것이다. 결국 법원은 이사들의 '출신 배경'을 기재하지 않은 위임장 진술서가 중요한 사실 material fact을 기재하지 않아 SEC 규정을 위반했다는 결론을 내렸다.

하지만 모든 것이 '중요한 사실'인 것은 아니다. 예를 들어 어떤 판례

---

[56] Mills v. Electric Auto-Lite Co.

는 블랙–숄즈 모형에 의한 옵션 가격을 표시하지 않은 것은 중요한 사실에 해당되지 않아 SEC 규정에 위반되지 않는다는 판결을 내리기도 했다.[57]

Corporate Case

기업 사냥꾼 아이칸, 이베이와 한판 붙다

주주 운동가, 기업 사냥꾼으로 널리 알려진 칼 아이칸(Carl Icahn)이 온라인 상거래 업체인 이베이(eBay)와 전면전을 선포한 것은 2014년 초다. 그는 페이팔(PayPal)을 이베이로부터 분리하라는 자신의 제안이 이베이 경영진에 의해 받아들여지지 않자, 이베이 이사회에 그의 심복을 앉히기 위한 계획을 세우고, 아이칸의 투자 회사에서 일하던 관계자 2명을 이베이의 이사 후보로 추천한다. 아이칸은 이를 위해 위임장 확보 투쟁(proxy fight)을 벌일 준비가 되어 있다고 밝혔다.

당시 칼 아이칸은 이베이 지분을 2% 가량 확보한 상태에서 도전장을 던진 것으로 알려졌다. 아이칸의 생각은 온라인 대금 결제가 주된 사업인 페이팔의 잠재력이 아주 크며, 이 사업부가 이베이에서 분리될 때 더욱 크게 성장할 수 있고, 이는 이베이 전체 주주의 이익을 위해서도 바람직하다는 것이다.

2002년 페이팔을 15억 달러에 인수해 연매출 70억 달러까지 올려놓은 이베이는 칼 아이칸의 주장에 대해 황당하다는 반응을 보였다. 이베이의 CEO인 존 도너휴(John Donahoe)는 "온라인 시장(이베이)과 결제 시스템(페이팔)이 결합되어 있는 것이 회사의 성장과 성공을 위해 더 바람직하다"는 견해를 밝히면서 아

---

57 Seinfeld v. Bartz

이칸의 주장을 일축한 것이다. 이사회의 구성원인 창업자 피에르 오미드야르(Pierre Omidyar)도 이베이 경영진의 생각에 동조하는 것으로 알려졌다.

아이칸의 이베이 공격 제2탄

이베이(eBay)로부터 페이팔(PayPal)을 분리하라는 아이칸의 으름장이 먹혀들지 않자, 이번에 아이칸이 공격의 대상으로 삼은 것은 실리콘 밸리 벤처 캐피탈의 거물인 마크 안드레센(Marc Andreessen)이었다. 아이칸은 공개 서한(open letter)을 통해 이베이의 이사(director)로 재직하고 있는 안드레센이 이베이로부터 자산을 헐값에 사서 자신의 벤처 캐피탈 회사인 안드레센 호로위츠(Andreessen Horowitz)에 부당한 이득을 가져다주었다고 주장했다. 아이칸이 예로 든 것은 스카이프(Skype)의 사례였다. 안드레센은 컨소시엄을 구성해 이베이로부터 스카이프를 27억 5천만 달러에 인수했으며, 이후 스카이프를 마이크로소프트에 85억 달러를 받고 판 경험이 있다.

아울러 아이칸은 안드레센이 페이팔의 경쟁 회사인 팹(Fab), 코인베이스(Coinbase) 등 4개사에 투자를 하고 있어, 심각한 이해관계 상충 문제(conflicts of interest)를 가지고 있다고 공격했다. 페이팔의 경쟁사에 투자하고 있는 사람이 어떻게 이베이의 이사회에서 페이팔의 중장기 전략에 대해 조언할 수 있는지 의문을 제기한 것이다. 여세를 몰아 아이칸은 안드레센의 즉각적인 이사직 사퇴를 주장했다.

아이칸은 안드레센과 함께 이베이의 이사로 일하고 있는 스캇 쿡(Scott Cook)도 공격했는데, 그 요지는 쿡이 페이팔의 경쟁 회사인 인튜이트(Intuit)의 주식을 10억 달러어치나 보유하고 있어 안드레센과 마찬가지의 이해상충 문제를 가지고 있다는 것이었다.

이베이는 "아이칸이 옛날 뉴스의 조각들을 전체 맥락에 관계없이 자신의 입맛에만 맞게 골라내어, 실리콘 밸리의 존경받는 리더 두 명을 공격하고 있다"고 아이칸의 비판에 대해 공식적인 입장을 내놓았다. 또한, 이베이는 안드레센과 쿡이 이베이의 이사로서 비범한 통찰력, 전문성, 그리고 리더십으로 회사에 기여하고 있다고 오히려 두 사람을 추켜세웠다.

인수 · 합병과 위임장 확보 투쟁

2013년 말 미국의 의류업체인 '멘스 웨어하우스(Men's Wearhouse)'는 의류업계의 라이벌인 '조스 에이 뱅크(Jos.A.Bank)'를 향한 15억 달러 규모의 인수 · 합병 추진을 위해 조스 에이 뱅크의 이사회에 친(親)멘스 웨어하우스 인사를 앉히겠다고 위협했다. 이러한 멘스 웨어하우스의 발표는 조스 에이 뱅크에 대한 주당 55달러의 인수 제안을 조스 에이 뱅크가 거절하자마자 나온 것이다.

양사의 이러한 싸움은 사실 조스 에이 뱅크가 시작했다고 봐야 한다. 왜냐하면 조스 에이 뱅크는 2013년 9월 자신보다 훨씬 덩치가 큰 라이벌인 멘스 웨어하우스를 23억 달러에 인수하겠다고 제안했기 때문이다. 당시 멘스 웨어하우스는 조스 에이 뱅크의 제안을 거절하고, 2개월 후인 2013년 11월 조스 에이 뱅크를 오히려 멘스 웨어하우스가 인수하겠다고 역제안을 하게 된다.

양사의 경영진 모두 두 회사가 통합되는 것이 시너지 효과가 클 것이라고 인정하고 있다. 문제는 어떤 가격에 합병을 추진하는지, 그리고 누가 합병을 주도하는지에 있다.

조스 에이 뱅크의 이사회는 매년 3분의 1정도만 교체가 되므로 멘스 웨어하우스가 조스 에이 뱅크의 이사회를 장악함으로써 신속한 인수 · 합병을 추진하는 것은 쉬운 일이 아니다. 또한, 조스 에이 뱅크는 적대적 인수 · 합병에 대항하기 위해 '포이즌 필'58을 도입하고 있어 멘스 웨어하우스가 조스 에이 뱅크 주식을 대량으로 매집하기도 쉽지 않은 상황이다. 이러한 상황에서 멘스 웨어하우스가 이사회 교체(board fight)를 위협하고 있는 것은 공개적인 압박을 통해 조스 에이 뱅크의 주주들에게 인수·합병을 긍정적으로 생각해 보는 계기를 만들고자 하는 의도도 있었다. 이사회 교체는 위임장 확보 투쟁(proxy fight)을 통해 이루어지며 이는 주로 주주 운동 헤지펀드가 많이 사용해온 방식이다. 하지만 회사 대 회사 합병에서는 이사진 교체를 위한 위임장 확보 투쟁이 흔히 사용되는 방식은 아니다.

조스 에이 뱅크 매장

멘스 웨어하우스가 추진하고 있는 위임장 확보를 통한 이사진 교체는 100% 안전한 방법은 아닌데, 그 이유는 새롭게 이사가 임명되더라도 신임 이사가 합병에 반드시 찬성한다는 보장이 없기 때문이다. 실제로 에어 프러덕트(Air Products & Chemicals)라는 회사는 에어가스(Airgas Inc.) 인수를 위해 위임장 확보 투쟁을 벌여 3명의 이사를 에어가스에 진입시키는 데 성공했으나, 신임 이사들이 합병에 반대표를 던짐으로써 인수에 실패한 사례가 있다. 이는 이사의 충성 의무가 회사의 주주를 향한 것이지, 이사를 임명한 사람들에게 있지 않기 때문으로 봐야 한다.

---

58 포이즌 필은 적대적 인수·합병에 대한 방어 장치로서 뒤에서 자세히 설명된다.

뱅크 오브 아메리카의 '중요한 사실' 누락

미국 뉴욕시 맨하탄 남부에 위치한 미국 연방법원(U.S. District Court)에 근무하는 제드 래코프(Jed S. Rakoff) 판사는 빌 클린턴 미국 대통령에 의해 1996년 연방법원 판사로 임명된 베테랑이다. 그의 흰 턱수염은 산타 클로스를 연상하게 할 정도로 멋진 것으로 소문나 있다. 그런 래코프 판사가 위임장과 관련, 의미심장한 결정을 내렸다.

래코프 판사는 미국의 연방 증권 거래 위원회(SEC)와 뱅크 오브 아메리카(Bank of America, 이하 BoA)가 BoA의 불성실 공시와 관련해 합의(consent decree)한 내용을 받아들일 수 없다고 한 것이다. 문제가 된 합의 내용은 BoA가 메릴린치(Merrill Lynch)를 인수하면서 주주들에게 위임장(proxy)을 통해 공개한 내용과 관련이 있다. 2008년 11월 BoA는 메릴린치 인수 승인을 얻기 위해 주주들에게 보낸 위임장 진술서(proxy statement)에서 메릴린치가 임원들에게 연말 성과 보너스를 지급하지 않기로 했다고 밝혔다. SEC는 이러한 BoA의 공시 내용이 중대하게 잘못된 내용(materially false and misleading)을 담고 있다고 판단했다. 그 이유는 메릴린치가 거액의 보너스를 임원들에게 지급할 수 있다고 BoA가 이면으로 합의했기 때문이다.

이런 BoA의 불성실한 공시 행위에도 불구하고 SEC는 BoA에게 경미한 금액의 벌금을 내리기로 결정했다. 메릴린치는 실제로 BoA와의 합병에 즈음해 임원들에게 총 58억 달러의 보너스를 지급했는데, SEC가 BoA에게 부과하기로 합의한 벌금은 고작 3천 3백만 달러에 불과했던 것이다. 래코프 판사는 SEC가 BoA와 합의하면서 누가 잘못된 공시를 했는지 밝히지 않았을 뿐만 아니라, 여타의 사실 관계도 제대로 설명을 못하고 있는 것에 분개했던 것으로 전해진다. 래코프 판사에 의하면 제대로 된 BoA의 주주였다면 메릴린치가 주는 보너스 내용을 알았을 경우 BoA와 메릴린치의 합병을 승인하지 않았을 것이기에 이러한 내용을 누락한 것은 아주 큰 잘못이었다. 당시 BoA는 500억 달러라는 거금을 주고 메릴린치를 인수한 바 있다. 메릴린치를 거의 파산으로 몰고 간 임원들에게 보너스 잔치를 벌여준 사실을 주주들에게 속인 BoA를 래코프 판사는 참을 수 없었다. 래코프 판사의 이러한 판단은 공익을 위해 SEC가 밝힐 것은 충분히 밝히라는 취지로 이해되면서 찬사를 받았다. 금융 위기로 미국 정부로부터 구제 금융을 받은 금융기관들이 보너스 잔치를 벌인 것에 배신감을 느낀 미국인들에게 래코프 판사의 결정은 미국의 사법부가 아직도 바로 서 있다는 것을 보여주는 계기가 됐다.

ⓑ 주주 제안

주주는 회사의 주주로서 회사의 경영과 사업에 관련된 내용에 대해 다양한 의견을 개진할 수 있어야 한다. 주주의 이러한 권리를 미국 연방 증권 거래법 규정은 '주주 제안 shareholder proposals'이라는 이름으로 보장하고 있다.[59]

주주 제안은 주주가 생각하기에 회사가 추구해야 한다고 생각하는 경영전략 the course of action을 최대한 명료하게 기술하여야 한다. 주주 제안을 제출하기 위해서는 최소한 2,000달러 이상 가치의 주식 또는 투표권이 있는 전체 주식 총수의 1% 이상을 보유하고 있을 것이 요구되고 있다. 또한 주주 제안은 위임장 진술서 proxy statement에 기재되기 때문에 500자

---

59 Securities Exchange Act Rule 14a−8

이내로 짧게 기술되어야 한다.

일정한 요건이 충족되면 회사는 주주 제안을 거부할 수 있다. 특히 주주가 제안한 내용이 회사의 전체 자산과 매출액의 5% 미만을 차지하고, 회사의 사업 내용과 '중요하게 관련되어 significantly related' 있지 않은 경우 회사는 주주 제안을 채택할 의무가 없다. 문제는 이렇게 관련성을 판단할 수 있는 기준이 명백할 수 없다는 것이다. 그 결과 이 분야에서 판례를 통한 해석이 중요한 기능을 할 수밖에 없다.

L은 I사의 주식 200주를 가지고 있는 주주였다.[60] I사는 프랑스에 있는 본사로부터 거위 간 fois gras을 수입하고 있었다. 문제는 이 거위 간의 생산방법에 있었다. 유럽과 일부 미국인들은 맛있는 거위 간이란 지방을 많이 함유하고 있어야 한다고 생각했다. 거위 간에 지방이 많이 끼게 하기 위해서는 거위에게 많은 것을 먹일 수 밖에 없었다. 거위가 먹고 싶어하는 양을 넘어 강제적으로 사료를 먹임으로써 거위 간을 좀 더 비대하고 기름기가 가득 차게 만들 수 있었던 것이다. L은 동물 학대에 반대하는 사람이었다. 거위 간 생산을 위한 강제 사육 방식에 반대한 L은 주주 제안을 통해 이러한 문제를 시정하고자 했다. L은 주주 제안을 통해 I사에게 강제적인 거위 사육을 조사하고 조사 결과를 주주에게 보고할 것을 주주 제안으로 요구했다. 회사 측은 거위 간 사업이 전체 매출에서 차지하는 비중이 미미하고 그 사업 자체도 손실을 보고 있는 터라, 연방법의 예외 규정에 의거해 L의 주주 제안을 채택하지 않기로 결정했다. L은 당연히 소송을 제기했다. 법원의 판단은 어땠을까?

---

[60] Lovenheim v. Iroquois Brands, Ltd.

법원은 L이 주장한 거위 사육 방식에 대한 조사가 회사의 사업 내용과 중요한 관련이 있다고 판결을 내렸다. 비록 회사가 거위 간 판매를 통해 손실을 입고 그 결과 거위 간 판매 수입이 전체 매출액의 5%가 되지 않는다고 할지라도 제안 내용 자체가 회사의 사업 내용과 중요하게 관련되므로 주주 제안을 거부할 수 없다는 논지였다. 이 사례는 경제적 사안이 아닌 비경제적 사안 non-economic factors도 사업과의 관련성이 인정될 경우 주주 제안으로 채택될 수 있음을 시사하고 있다.

주주가 회사의 경영과 사업 내용에 대해서 제안을 할 수 있다고 해서, 그 제안의 내용이 무제한이 될 수 없음은 앞에서 설명한 바와 같다. 특히 회사 경영자가 일상적으로 알아서 처리할 수 있는 내용에 대해서는 주주의 지나친 간섭을 배제하는 것이 효율적 경영을 위해 필요할 수 있다. 미국 연방 증권 거래법 규정은 회사 경영진의 경영권을 보장하는 차원에서 '일상적인 사업 수행 ordinary business operations'에 관계되는 내용에 대해서는 회사가 주주 제안을 거부할 수 있도록 하고 있다.[61]

예상되는 대로 문제는 '일상적인 사업 수행'의 범위가 어디까지인가이다. 일반적으로 주주가 제안한 내용의 실행이 회사에 상당한 비용의 증가를 가져오거나, 회사가 일상적으로 수행하는 사업이 아닌 경우에는 '일상적인 사업 수행'과 관련된 내용이 아니라고 판단을 내린다. 따라서 이러한 내용에 대해서는 주주 제안을 거부할 수 없다.

한 판례에 의하면 의료보험 제도의 개혁이 가져올 영향에 대한 평가를 위해 회사에 위원회를 구성할 것을 요청하는 주주 제안이 '일상적인

---

61 Securities Exchange Act Rule 14a-8(i)(7)

62 The New York City Employees' Retirement System v. Dole Food Company, Inc.

사업 수행'과 연관된 내용이 아니므로 회사가 주주 제안을 거부할 수 없다고 한다.[62] 한편, 또 다른 판례에 의하면 노동 조합이 내놓은 연금 제안 pension proposal의 경우는 '일상적인 사업 수행'에 해당하므로 회사가 주주 제안을 거부할 수 있다고 한다.[63] 그 이유는 연금 제안의 경우는 노조가 단체 교섭 collective bargaining이라는 통로를 통해 회사와 협상할 수 있기 때문이었다. 결국 주주 제안으로 채택되기 위해서는 다른 절차적 대안이 없어 주주총회에서 투표로 결정하는 특별한 절차만이 유일한 대안인 경우에 해당되어야 한다는 뜻이 되겠다.

Corporate Case

넘쳐나는 주주 제안에 대한 불만

주주는 회사의 주인으로서 당연히 회사의 경영에 대해 목소리를 낼 권리가 있다. 주주와 훌륭히 커뮤니케이션을 수행하는 것도 21세기 경영자의 덕목 중 하나라고 할 수 있다. 주주가 회사에 대해 목소리를 내는 방법이 바로 주주 제안을 제출하고 이를 주주총회에서 투표에 붙이는 것이다. 그런데 요즘 미국 기업들은 넘쳐나는 주주 제안 때문에 몸살을 앓고 있다.

2013년 한 해 동안 미국의 상장 기업에 대해 제기된 주주 제안은 총 800건이 넘었다고 한다. 포춘(FORTUNE) 250대 기업에 제기된 주주 제안의 30% 이상이 기업 사냥꾼 또는 행동주의 투자자에 의해 제기된 것도 특징이다. 주주로부터 제안을 받으면 회사는 변호사 상담, 위임장 관련 서비스 사용, 기관 투자자 협의 등 여러 절차를 밟아야 하며, 이러한 과정에서 엄청난 비용을 지출해야 한

---

63 Austin v. Consolidated Edison Company of New York, Inc.

다. 제안 한 건당 최소 5만 달러 이상의 처리 및 대응 비용이 들어간다고 한다. 아울러, 주주 제안으로서 채택될 가치가 없다고 회사가 자의적으로 판단하면 회사는 소송에 휘말릴 위험도 크다. 미국 증권 거래 위원회(SEC)도 주주 제안이 과연 투표에 부칠만한 요건이 되는지 판단하기 위해 많은 행정력을 투입해야 하는 상황이다.

나스닥(Nasdaq)의 에드워드 나이트(Edward Knight) 부사장과 같은 사람은 이렇게 주주 제안 때문에 기업들이 골치를 앓게 된 이유가 느슨한 주주 제안 허용 요건 때문이라고 주장한다. 1998년 이후부터 SEC 규정은 2,000달러 이상의 주식만 보유하면 제안을 제출할 수 있게 했는데, 이는 진입 장벽이 없는 요건이라 거의 아무나 제안을 할 수 있게 되었다는 것이다. 그는 2013년 포춘 250대 기업에 제출되어 투표에 부쳐진 주주 제안 중 93%가 주주 다수의 찬성을 얻는 데 실패했다는 사실을 지적하면서 주주 제안 제도가 남용되고 있다고 비판했다. 주주 제안의 취지가 회사의 경영진과 주주 간의 소통을 늘리기 위한 것이라고 볼 때, 그는 주주로부터 제안을 받아 이를 투표에 부치는 방법보다는 좀 더 비용이 저렴하고 효율적이면서 양자 간의 대화를 상시화 할 수 있는 방법이 있다고 주장한다. 그가 주장하는 대화 수단은 웹캐스트, 온라인 투표, 소셜 네트워킹, 메시지 보드 등 인터넷을 사용하는 방법이다.

기업 사냥꾼의 주주 제안

멘토 그래픽스(Mentor Graphics)는 컴퓨터 칩 설계용 소프트웨어를 만드는 오레곤 주에 있는 회사다. 이 회사가 2011년 기업 사냥꾼으로 유명한 칼 아이칸(Carl Icahn)과 한 판 붙었다. 2010년부터 멘토 그래픽스의 주식을 매집한 칼 아이칸은 2011년 3월경 회사 지분의 12% 가량을 보유하게 되었다. 회사의 투자 전락과 비용 지출이 마음에 들지 않았던 아이칸은 주주 제안을 통해 3명의 이사를 자신의 심복으로 교체할 계획을 세웠다. 그러면서, 회사의 제3자 매각을 위해 위임장 확보 투쟁(proxy fight)을 벌일 수도 있다고 멘토 그래픽스의 경영진을 상대로 위협했다.

멘토 그래픽스는 다가오는 주주총회에 대비해 주주들에게 아이칸의 제안을 거부할 것을 강력히 요청했다. 회사의 논지는 지식과 경험 면에서 기존 이사회 멤버들이 월등히 우수하며, 아이칸의 주장대로 새로운 이사들을 선임할 경우 회사를 지탱해 온 경영 전략의 실행이 어려워진다는 것이었다. 멘토 그래픽스는 아이칸의 공격에 대비해 회사의 내부 규정(bylaws)을 개정했는데, 그 주요 내용은 이사회의 최소 구성원을 5명으로 못 박고 신임 이사 선출 주기를 쉽게 변경하지 못하도록 한 것이었다.

오레곤 주 멘토 그래픽스 본사

2011년 주주총회의 결과는 아이칸의 승리였다. 3명의 신임이사를 지명하자는 아이칸의 제안이 주주들의 승인을 받은 것이다. 하지만, 1년 후인 2012년 멘토 그래픽스는 아이칸이 제안한 3명 중 1명만을 신임 이사로 지명했다. 아이칸은 주주들을 무시하는 처사라며 격분했으나, 그 이후 별다른 액션을 취하지 않았다. 아이칸이 가만히 있을 수 있었던 것은 회사의 실적이 꾸준히 개선되었고, 주가도 계속 올랐기 때문이다. 회사가 잘 나갈 수 있었던 것은 컴퓨터 칩의 서킷 크기(circuit size)가 작아지면서 엔지니어들이 좀 더 좋은 디자인 툴을 찾았기 때문이다. 이렇게 좋은 분위기를 반영해 멘토 그래픽스는 2013년 3월 주주들에게 분기별 배당금(quarterly dividend)을 지급하겠다고 발표했다.

점점 목소리가 커져가는 주주 제안

최근 미국에서는 주주들이 환경 보호 · 인권 보장 등 다양한 분야에 걸친 주주 제안을 적극적으로 활용하고 있다. 많은 기업들은 이러한 제안을 수용해 기업 정책을 변화시켜 나가는 추세다. 2014년 4월 현재 환경 및 사회적 이슈와 관련된 제안은 전체 주주 제안의 총 56%를 차지했으며, 이는 과거 2년간 같은 이슈 관련 주주 제안이 전체의 40% 수준이었던 것과 비교하면 큰 폭으로 증가한 것이다. 환경 및 사회적 이슈 관련 주주 제안은 온실가스 배출, 정치 자금 기부, 노동권 보장 등 다양한 분야와 관련되어 있다.

이렇게 사회적 이슈에 대한 주주 제안이 미국의 기업들로부터 수용되고 있는 것은 연 · 기금 등 많은 대형 투자가들이 사회적 책임 투자를 지향하고 있기 때문이다. 예를 들면 1,607억 달러 규모의 자산을 운용하는 뉴욕 주 퇴직 연금(New York State Common Retirement Fund)과 같은 경우는 "지속 가능(sustainable)하며 사회적 책임을 다하는(socially responsible) 이익 추구가 가장 중요한 투자 목표"라고 밝히고 있을 정도다. 뉴욕 주 퇴직 연금의 경우는 식품 업체인 세이프웨이(Safeway Inc.)를 설득해 열대우림을 해치지 않는 방식으로 생산되는 팜유(palm oil)를 원료로 사용하도록 했으며, 통신업체인 AT&T에 대해서도 주주 제안을 통해 NSA 등 미 당국의 고객 자료 요구와 관계된 '투명성 보고서(transparency report)'를 발간하도록 한 바 있다.

지속가능 경영 관련 주주 제안을 많이 하는 아주나 캐피탈(Arjuna Capital)은 에너지 메이저 기업 엑슨모빌(Exxon Mobil Corp.)을 상대로 온실가스 배출 규제가 회사의 자산 운용에 미치는 영향 분석을 주주 제안을 통해 요구한 바 있으며,

엑슨모빌은 이를 수용해 최초로 '탄소 위험 보고서(carbon risk report)'를 2014년 3월 내놓은 바 있다.

최근 주주 제안의 또 다른 특징은 기업의 정치 자금 사용과 로비 노력에 대한 정보를 요구하는 경우가 많아지고 있다는 것이다. 이는 과거의 많은 주주 제안이 이사회 개편 등 회사의 지배 구조와 관련된 내용이었다는 점과 대비되고 있다. 그 결과 S&P 500 기업의 약 80%가 정치 자금 제공과 관련된 정보를 공개하기 시작했다.

주주제안 자체는 법적으로 구속력은 없으며 상당수의 주주 제안이 실제 주주총회에서 투표에 부쳐지기 전에 경영진과의 협의를 통해 걸러지고 있으나, 주주 제안을 제출한다는 사실 자체만으로도 기업을 긴장하게 만드는 효과가 있다. 일부 기업들은 주주 제안에 대한 적극적 검토가 주주들과의 소통을 늘리는 계기가 되었으며, 이를 통해 기업 의사결정의 질이 향상되었다고 평가하고 있다.

Corporate Tip

투표권을 갖는 주주의 자격

주주는 회사의 주인으로서 주요 의사결정을 위해 투표할 권리를 갖는다. 하지만 주주라고 아무나 투표할 수 있는 것은 아니다. 미국에서는 특정일을 기준으로 주주 명부에 등재된 주주에게만 투표권을 인정하고 있다. 이러한 특정일을 '기록일(record date)'이라고 하고 이때 주주 명부에 등재된 주주를 '기록 주주(record shareholder)'라고 한다.

예를 들어, 회사의 주주총회 날짜가 7월 7일이고, 기록일이 6월 6일이라고 하자. S는 C회사의 주식을 B에게 6월 25일에 팔았다. 7월에 있을 주총에서 투표권을 갖는 것은 새로 주식을 산 B가 아니고, 기록일 기준으로 주주인 S이다.

회사가 자사주를 취득하여 금고주(treasury stock)를 보유하고 있을 경우, 회사는 금고주에 대해서는 투표권을 행사할 수 없다. 주주가 죽은 경우에는 어떻게 되는가? 기록일을 기준으로 주주였던 인물이 그 이후에 사망한다면, 주주의 유언 집행인(executor) 등이 투표권을 대신하여 행사할 수 있다.

주주들이 투표를 위해 힘을 모을 때

X, Y, Z는 C사의 주주이다. 이들 개인들이 가지고 있는 주식 수가 별로 안 될 경우 X, Y, Z는 연합 전선을 형성할 수 있다. 이때 쓰이는 방법이 '블럭 투표(block voting)'이다. 블럭 투표를 하기 위해서 두 가지 방법이 쓰인다. 하나는 트러스트 (voting trust)를 만드는 것이고, 또 다른 하나는 투표 계약(voting agreement)을 맺는 것이다. 둘 다 참가자들의 동의가 문서로 담겨야 한다. 트러스트를 만드는 경우 주식의 소유권을 나타내는 타이틀(legal title of shares)이 트러스트를 관리하는 트러스티(trustee)에게 양도된다. 이때 주주들은 트러스트 증명서(trust certificate)를 받으며, 투표를 제외한 주주로서의 모든 권리를 여전히 향유할 수 있다.

ⓒ 주주 검사권

미국 회사법에서 주주는 회사의 장부나 기록물 등 각종 자료를 열람하거나 복사할 수 있는 권리를 가진다. 이러한 권리를 부여하는 이유는 회사의 주인으로서 주주가 의사결정을 내리기 위해서는 당연히 회사의 운영 상황을 담고 있는 여러 가지 자료들에 접근이 가능하여야 한다고 생각하기 때문이다. 전통적으로 이러한 열람권은 6개월 이상 주식을 보유하거나 총 주식의 5% 이상을 보유한 주주에게만 허용되어 왔으나, 최근에는 보유 기간이나 보유 주식 수에 상관없이 어떠한 주주에게라도 기록물에 대한 검사를 허용하는 추세로 바뀌고 있다.

주주가 검사권을 행사하기 위해서는 문건을 통해 주주로서의 역할과 관련된 검사권의 행사 목적을 명확히 제시해야 한다. 검사권의 행사 목적은 기존 경영진의 교체 등 현재 경영진에게 불리한 내용이어도 상관이 없다. 적정한 목적을 제시한 후에도 회사가 주주에게 기록물의 열람을 허용하지 않는다면, 주주는 검사권의 행사를 허용하는 명령을 내릴 것을 법원에 요청할 수 있다. 이러한 요청이 법원에 의해 수용되면, 주주는 관련된 비용과 변호사 수임료 등을 회사로부터 돌려받을 수 있다.

주주가 가지는 이러한 검사 또는 열람권이 회사를 경영하는 이사들에게도 있는가? 그 답은 '물론 가진다'이다. 회사를 운영하면서 일상적인 의사결정을 내려야 하는 이사들은 회사의 기록물에 대해 무제한적인 접근권한 unfettered access을 가진다.

주주 검사권과 관련된 몇 가지 사례를 검토해 보자. C사는 A사의 채권자로서 A사의 채권 debentures을 보유하고 있었다.[64] C사는 자사가 보유하고 있는 A사 채권을 보통주 common stock로 전환하기 위한 제안을 A사에게 했다. 그러나 A사 경영진은 C사의 제안을 거부했다. 나중에 C사는 A사의 최대주주로 등극한 후, 주주 명부를 열람하기 위해 검사권을 행사하고자 했다. C사가 주주 명부를 보고자 한 이유는 안정적인 지분을 확보하기 위해 인수 제안 tender offer을 할 수 있는 다른 주주들이 누가 있는지

---

64 Crane Co. v. Anaconda Co.

보기 위함이었다. 이때 A사는 C사의 주주 명부 열람을 허용하지 않았다. 법원은 C사에게 당연히 주주 명부를 열람할 수 있는 권리가 있다고 판단했다. 그 이유는 대주주가 다른 주주에게 인수 제안을 하기 위해서는 당연히 주주들의 면면을 살펴보고, 필요한 의사결정을 할 수 있어야 한다는 것이었다.

주주 검사권이 언제나 허용되는 것은 아니다. 앞에서도 얘기한 것처럼 주주 검사권의 행사 요건은 행사 목적이 주주로서의 역할과 관련된 것이어야 한다는 것이다. 그렇다면 주주로서의 역할과 관련된 행사 목적으로 볼 수 없는 것은 어떤 경우인가?

P는 H사의 주주로 있었다.[65] P는 반전주의자였다. 그가 주주로 있었던 H사는 베트남 전쟁에서 사용되는 탄환을 생산하는 업체였다. H사의 베트남 전쟁 '기여'를 탐탁하지 않게 생각했던 P는 다른 주주들에게 자신의 반전 反戰 사상에 대한 주주들의 동참을 요구하기 위해 회사에게 주주 명부를 열람할 수 있도록 해줄 것을 요청했다. 법원은 이러한 P의 요구를 단호히 거절했다. 전쟁에 반대하면서 다른 주주들까지 끌어들여 H사가 군수물자를 더 이상 생산하지 않도록 유도하고자 했던 동기가 주주로서의 적정한 역할과는 도무지 관련이 없다고 보았기 때문이었다. 이 판례가 주는 교훈은 적어도 주주가 회사기록물에 대한 검사권을 행사하기 위해서는 주주로서의 경제적 이해 economic interest에 부합하는 목적이 필요하다는 것이다.

명단의 공개에 반대하지 않는 주주들의 명부[66]도 일반적으로 접근이

---

65 State Ex Rel. Pillsbury v. Honeywell, Inc.

허용된다.[67] 그 이유는 회사의 업무에 대해 주주 간 자유로운 의견 교환이 허용되어야 하고, 경영진과 의견을 달리 하는 주주라도 경영진과 마찬가지로 일반 주주들에 대한 접근이 가능해야 하기 때문이다.

Corporate Case

애플과 반독점 준법 감시인의 싸움

때로는 회사 자료의 열람과 검사 등을 주주가 아닌 외부 관계자가 하는 경우가 있다. 미국에서는 회사 등이 법률 위반으로 피소(被訴)될 경우 법원이 요구하는 절차와 명령 등이 이행되는지 살피고 감독하기 위해, 법원이 '스페셜 마스터(special masters)'를 파견하는 제도가 있다. 이는 일종의 '준법 감시인(court-appointed monitors)'과 같은 것으로, 파견을 받는 회사와 소송을 제기한 정부가 이들의 임명 조건에 동의해야 한다.

미국의 대표적 기업 애플(Apple)이 이러한 준법 감시인 문제로 홍역을 앓았다. 사연은 이렇다. 애플은 회사가 발행하는 전자 서적(e-books)의 가격을 올리기

캘리포니아 애플 본사

위해 다른 5개 출판사와 담합(collusion)했다는 혐의를 받았다. 미국 법무부(DOJ)는 애플을 상대로 반독점 소송(anti-trust case)을 제기했고, 소송을 심리했던 뉴욕 맨하탄 소재 연방법원(The U.S. District

---

66 'NOBO(Non-Objecting Beneficial Owner) 리스트'라 불린다. NOBO는 일반적으로 금융기관을 통해 주식을 소유하는 투자자가 자신의 명단 공개를 거부하지 않는 경우를 의미한다.

67 뉴욕주 회사법인 NY BCL §1315는 이를 상세히 규정하고 있다.

Court for the Southern District of New York)의 데니스 코트(Denise Cote) 판사는 애플의 담합 혐의를 인정하면서 법원이 중재한 애플과 법무부의 합의 내용 이행을 감독하기 위해 2013년 여름 준법 감시인을 애플에 파견하게 된다. 이때 애플에 파견된 사람이 마이클 브롬위치(Michael Bromwich)라는 법무부 검사 출신의 변호사다.

문제는 이때부터 시작되었다. 애플의 주장에 의하면 반독점 준법 감시인으로 임명된 브롬위치는 회사를 상대로 비밀 자료를 수시로 요구했으며, 가격 담합 케이스와 관련이 없는 경영진과 이사회 멤버들까지 조사하려 했다고 한다. 그의 활동 예산은 한도가 없으며, 그는 활동비로 시간당 1,100달러를 회사에 청구하기도 했다. 수사 검사와 같은 브롬위치의 활동으로 인해 회사의 정상적 운영이 어려울 정도가 되었다고 애플은 많은 불만을 제기했다.

2014년 초 더 이상 참지 못한 애플은 당초 브롬위치를 회사에 파견한 데니스 코트 판사에게 그의 임명을 철회할 것을 요청한다. 하지만 코트 판사는 준법 감시인의 편에 서면서 애플의 주장이 근거 없다고 일축했다.

전통적으로 보수 우익과 기업들의 이익을 옹호하는 월스트리트저널은 코트 판사의 결정이 '사법부의 본분을 망각한 월권'이라면서 강력히 비난했다. 월스트리트저널은 "사법부와 사법부가 임명한 준법 감시인은 회사를 상대로 아무런 제한이 없는 조사(open-ended investigations)를 시행할 권한이 없으며, 준법 감시인의 활동은 객관적이고 공정해야 한다"고 주장했다.

ⓓ 주주의 경제적 권리와 정치적 권리 | 기업 사냥꾼과의 싸움

주식을 보유하는 것은 어떤 의미를 갖는가? 너무나 단순한 질문인 것

같지만 꼭 쉬운 답변만이 나올 수 있는 문제는 아니다. 우선, 주식은 주주에게 경제적인 권리를 부여한다. 경제적인 권리는 회사가 잘 나갈 때 주주에게 분배하는 배당금을 탈 수 있는 권리, 회사가 망해서 주주에게 잔여 재산을 분배하는 경우 이러한 분배 절차에 참여할 수 있는 권리 등을 포함한다.

그런데, 주주가 누리는 권리는 경제적 권리만이 아니다. 주주는 회사의 주인으로서 회사의 중요한 의사결정에 참여할 권리를 가지며, 이러한 권리는 정치적 권리로서의 성격을 가진다.

일반적으로 주주는 주식을 보유함으로써 경제적 권리와 정치적 권리를 동시에 행사할 수 있다. 하지만, 어떤 경우는 회사의 정책상 또는 주주의 경제적 이해관계 등으로 인해 두 가지 권리 중 어느 하나만을 부여하는 주식이 필요할 수 있다. 이러한 주식을 미국에서는 종류 주식 class of shares이라고 부른다. 경제적 권리가 없이 회사의 의사결정 과정에만 참여하는 주식이 있을 수 있고,[68] 정치적 권리가 없이 배당에만 참여하는 주식도 있다.

'시어머니' 주주 운동가 견제를 위한 기업들의 대책

미국 자본주의의 특징 중 하나는 회사의 경영과 지배권에 대한 끝이 없는 도전이 시장에서 이루어진다는 것이다. 회사의 일정 지분을 매입해 회사의 경영진을 압박하는 주주 운동가(activist shareholders)들은 투자 수익 극대화를 위해 좀

---

[68] Stroh v. Blackhawk Holding Corp.

더 많은 양의 자사주 매입과 좀 더 높은 배당을 요구하거나, 더러는 회사의 분할까지 요구하는 경우가 있다. 예를 들면 기업 사냥꾼으로 유명한 칼 아이칸(Carl Icahn)은 애플(Apple)에 대해 자사주 매입을 늘릴 것을 요구한 바 있으며, 이베이(eBay)에 대해서는 앞의 사례에서처럼 페이팔(PayPal)을 분리할 것을 주장하기도 했다. 150억 달러 규모의 헤지펀드 써드포인트(Third Point LLC)를 운영하고 있는 대니얼 롭(Daniel Loeb)은 다우케미컬(Dow Chemical Co.)에 대해 회사를 두 개로 쪼개라고 압박하기도 했다.

많은 헤지펀드가 주주 운동을 벌이자 이에 대항하기 위해 미국 회사들의 방어책도 더욱 정교하게 강화되고 있는 추세다.

우선 적대적 인수·합병에 대한 방어책으로 도입되어 쓰이고 있는 포이즌 필(poison pill)이 점점 더 '세지고' 있다. 과거 포이즌 필은 회사에 대해 '적대적 행동'을 취하려는 투자자가 20% 이상의 지분을 취득하는 경우 발동되는 것이 일반적이었으나, 최근에는 10% 이상의 지분만 취득해도 발동될 수 있도록 규정을 개정하는 회사들이 많아졌다. 렌터카 업체인 허츠(Hertz Global Holdings Inc.)와 의류 회사인 에어로파스틀(Aeropostale Inc.) 등이 그 예다. 포이즌 필의 발동 요건이 완화되고 있는 것은 인수·합병과 관계가 없는 적은 지분을 보유한 상태에서 회사에 대해 이래라저래라 간섭하는 주주 운동가들을 견제하기 위한 포석이다. 2013년 미국 회사들이 도입한 포이즌 필의 50% 정도가 발동 요건을 10% 지분 취득으로 완화했으며, 이는 2005년도 도입되었던 포이즌 필의 8% 정도만이 10% 요건을 가지고 있었다는 점에서 큰 변화라고 할 수 있다. 아울러 최근 도입되는 포이즌 필은 일반적인 주식 이외에도 스왑(swaps), 옵션(options) 등 다양한 형태의 파생 상품까지 지분 취득으로 간주하고 있는 경우가 많다.

'시어머니' 같은 주주 운동가들을 견제하기 위해 쓰이고 있는 방법이 또 있다. 이 사회의 구성원(board members)인 이사의 임명 절차를 까다롭게 하는 것이다. 글로벌 제약 메이저인 화이자(Pfizer Inc.)와 비료 회사인 애그리엄(Agrium Inc.) 이 그 예다. 이 회사들은 회사의 내부 규정(bylaws)을 개정해 외부인이 회사의 이사회에 진입하는 것을 어렵게 만들어 놓았다. 어떤 회사들은 이사를 지명하고 자 할 경우 충분한 사전 통지와 상세한 정보(파생상품 소유 현황, 이사 지명에 뜻을 같이하는 다른 주주의 명단 등)를 요구함으로써 주주 운동가들이 이사를 쉽게 지명하지 못하도록 하고 있다.

다른 회사를 인수·합병하려고 할 경우 주주 운동가들이 간섭할 수 있는 시간 을 줄이는 방법도 채택되고 있다. 주주 운동가들이 간섭할 시간을 줄이면 그들 로 인해 발생하는 인수·합병 비용 증가(주주 운동가의 조직적 운동에 의한 인 수 가격의 상승)를 막을 수 있기 때문이다. 이러한 전략은 미국 회사법의 명가이 자 많은 기업들이 법인 설립 근거지로 활용하고 있는 델라웨어의 공개 매수 규 정(tender offer rules)이 개정되었기 때문에 가능해졌다. 새로운 규정은 회사의 인수 희망자가 단순히 다수 지분(simple majority)을 매입하기만 하면, 전체 주 주가 참여하는 주주총회의 투표 없이도 인수를 마무리할 수 있게 허용하고 있 다. 실제로 사모 투자 회사인 아폴로(Apollo Global Management LLC)는 CEC 엔터테인먼트(CEC Entertainment Inc.) 인수를 위해 단지 20일만 소요되 는 인수 제안(tender offer)을 활용한 바 있다.

델라웨어 최고법원장, 기업 사냥꾼들에게 일침을 가하다

미국 상장 기업(public company)의 거의 반 이상이 법인 등록을 하고 있는 델 라웨어 주의 최고법원(Supreme Court)은 기업 관련 분쟁에 대해 상상을 초월

하는 영향력을 갖고 있다. 이런 최고법원의 수장이 금융 자본을 대표하는 헤지펀드의 기업 지배 구조와 일상적 경영에 대한 빈번한 도전을 두고 아주 부정적인 시각을 드러냈다.

레오 스트라인(Leo Strine) 델라웨어 대법원 수석 판사는 컬럼비아 법학리뷰 기고에서 주주들의 지나친 기업 지배 구조와 경영에 대한 간섭으로 기업들이 정상적인 활동을 하기가 힘들어졌다고 개탄했다. 그는 적은 지분을 보유한 투자자들이 경영진의 보수, 이사회의 구성 등에 대해 지나치게 개입하면서 기업 경영 과정의 효율성이 상실됐고, 금융 투자자들의 잦은 주주 제안도 기업 성과를 증진시키는 데 크게 기여하지 못했다고 평가했다. 매년 열리는 주주총회에서 이사를 새로 임명하고 회사의 보수 정책을 심사하고 있으나, 이와 같은 결정이 장기적인 시야에서 판단되어야 하는데, 단기적인 시각에만 집착할 경우 일을 그르칠 가능성이 크다는 것이다.

헤지펀드 등의 금융 자본이 기업의 지배 구조에 적극적으로 도전하는 것이 경제 전반에 이득이 된다는 주장이 있지만, 스트라인 수석 판사는 이에 아주 부정적이다. 그는 대안으로 기업 보수에 대한 주주들의 투표를 3~4년 주기로 실시하고, (정치인들이 선거 출마 시 수수료를 내는 것처럼) 주주 제안에 대해서도 주주들에게 수수료를 부과할 것을 주장했다. 또한, 스트라인 판사는 헤지펀드가 기업 사냥을 시작할 경우에는 자신들의 입장과 동기를 명확히 그리고 신속하게 밝히도록 할 필요가 있다고 강조했다.

기업 사냥꾼을 견제하기 위한 연합 전선

주주 운동을 하는 헤지펀드(activist hedge funds)들은 비교적 적은 지분을 가지고서도 미국의 여러 기업들을 대상으로 경영진 교체, 배당금 지급, 회사의 분할 및 매각 등을 요구하면서 많은 영향력을 행사해 왔다. 기업 사냥꾼으로 유명한 칼 아이칸(Carl Icahn)이 애플(Apple)에 대해 자사주 매입과 배당을 늘리라고 요구하자, 애플의 CEO인 팀 쿡(Tim Cook)이 뉴욕의 아이칸에게 날아가 아이칸의 맨하탄 아파트에서 저녁 식사를 같이 할 정도였다.

최근 이러한 헤지펀드들에 대항하기 위해 그간 관계가 소원했던 기관 투자자(institutional investors)와 회사의 경영진이 연합 전선을 형성하려는 움직임이 나타나고 있다. 이러한 예로 '주주와 이사 연대(the Shareholder–Director Exchange)'에서 블랙락(BlackRock), 뱅가드(Vanguard) 등 대형 기관 투자가와 홈디포(Home Depot), 코카콜라(Coca–Cola), 허츠(Hertz) 등 주요 기업의 이사회 멤버가 모여 어떻게 하면 양측이 더 많은 소통을 할 수 있는지 고민해 왔다. 특히 이들은 2013년부터 기관 투자자와 경영진이 서로에게 대화를 해야 할 필요가 있을 경우 따를 수 있는 프로토콜(protocol)을 개발하기 위한 노력을 해 왔는데, '주주와 이사 연대'는 양자가 건강한 관계를 갖는 것이 '코포릿 아메리카(Corporate America)'에도 도움이 된다는 판단을 하고 있다.

개발되고 있는 프로토콜에 의하면 회사에서 주요 의사결정을 내리는 이사회는 지배 구조, 경영진의 성과, 각종 거래 등과 관련해 장기 주주(longtime shareholders)와 만나 대화할 것이 권장된다. 프로토콜은 만남의 궁극적 목적으로 '솔직한 대화(frank discussions)'를 제시하고 있다. 양자가 서로에게 가진 불만을 털어놓은 후, 이들이 나눈 대화를 다른 이사회 멤버, 회사의 관리자, 여타 투자자들과 공유하는 것은 그 다음 단계의 중요한 과제다. 이렇게 되면 투자자와 이사회는 서로의 의견을 경청하는 태도를 갖게 되며, 이중 의미 있는 의견 제시에 대해서는 합당한 조치를 취하는 것이 가능해진다. 회사의 대형 주주와 경영진이 이렇게 소통하고 화합하게 되면, 주주 운동을 하는 기업 사냥꾼 헤지펀드가 끼어들 수 있는 여지가 별로 없게 된다.

또한, 주주와 이사 간의 정기적 대화는 경영진의 고유 권한을 침해한다기 보다는 주주들에게 공개되지 않는 중요 정보(material nonpublic information)가 없게끔 함으로써 연방 증권 거래 위원회(SEC)가 강력히 규제하고 있는 공시 규정 (disclosure regulations)에 위반되지 않게 하는 효과도 가지고 있다.

기업 사냥꾼 헤지펀드를 도운 워싱턴의 정치인들

하버드 비즈니스 스쿨을 졸업한 기업 사냥꾼 윌리엄 애크맨(William Ackman)은 과감하고 위험한 투자 전략의 실행을 통해 엄청난 부를 축적해 왔다. 그가 운영하는 뉴욕 기반 헤지펀드 퍼싱 스퀘어(Pershing Square Capital Management)의 자산 규모만 해도 120억 달러에 이른다. 이런 애크맨이 돈을 더 벌기 위해 워싱턴의 정치인들에게까지 영향력을 행사하고 있다.

애크맨은 건강 식품 판매 회사인 허벌라이프(Herbalife)가 피라미드 판매 조직이라고 공격하면서 2013년 이후 이 회사 주식에 대해 10억 달러 규모에 가까운 매도 포지션(short positions)을 취해 왔다. 그는 이 회사 주가가 떨어지면 떨어질수록 득을 보게 되어 있는 것이다. 보통 공매도(short selling)라고 불리는 투자 전략은 회사의 가치가 과대평가되어 있고 조만간 주가가 떨어질 것이라고 믿는 경우 주식을 먼저 팔고 나중에 주가가 떨어지면 주식을 사서 시세 차익을 얻게 된다.

애크맨은 허벌라이프의 주가를 떨어뜨리기 위해 정치인들을 동원하고 있다는 의혹을 받았다. 사정은 이렇다. 매사추세츠 출신의 상원의원 에드 마키(Ed Markey)는 2014년 1월 연방 증권 거래 위원회(SEC) 위원장 및 연방 통신 위원회(FTC) 위원장에게 서한을 보내 허벌라이프를 조사하도록 요구했으며, 이러한 요구를 받은 연방 통신 위원회는 허벌라이프를 조사하겠다고 발표했다. 에드 마키 의원을 움직인 것은 애크맨의 로비였다. 에드 마키 의원은 미국 연방정부에 허벌라이프를 조사하라고 요구하면서도 애크맨이 허벌라이프에 대해 매도 포지션을 취하고 있는 것을 몰랐다고 했으나, 이를 믿는 사람은 별로 없었다.

특정 주식에 투자하는 월 스트리트의 금융인들이 자신의 투자 전략을 실행하고 돈을 벌기 위해 정치인까지 동원하는 행태를 월스트리트저널과 뉴욕타임스는 신랄하게 꼬집었다. 과거에도 이런 사례가 있었다. 2010년 월 스트리트의 투자가인 스티브 아이스만(Steve Eisman)은 기업이 경영하는 대학(for-profit colleges)에 대해 매도 포지션을 취하고 이들 대학을 신랄하게 공격한 바 있다. 그는 관련 주가를 떨어뜨리기 위해 미 교육부 관료를 만나 이들 대학에 대한 엄격한 규제를 도입하도록 영향력을 행사했다고 한다.

반反 기업 사냥꾼 선봉장의 주주 행동주의 평가

전설적 변호사 마틴 립튼

마틴 립튼(Martin Lipton)은 뉴욕의 유명 로펌인 와치텔 립튼(Wachtell, Lipton, Rosen & Katz LLP)의 파트너이자 기업 관련 분야의 전설적 변호사다. 그와 그의 로펌은 기업 사냥꾼의 타겟이 된 회사들을 주로 대리해 왔으며, 립튼은 기업 사냥꾼과 행동주의(shareholder activism) 투자가들이 경제에 해(害)가 된다는 입장을 고수해 온 반(反) 기업 사냥꾼 진영의 선봉장이다. 그런 그가 2014년 3월 뉴올리언즈에서 열린 한 M&A 컨퍼런스에서 일부 주주 행동주의는 장려되어야 한다는 입장을 밝혀 주목을 받았다. 그가 칭찬한 행동주의 투자가는 릴레이셔널 인베스터스(Relational Investors LLC)의 랄프 윗워스(Ralph Whitworth)와 데이비드 베첼더(David Batchelder), 트라이언 펀드 매니지먼트(Trian Fund Management LP)의 넬슨 펠츠(Nelson Peltz), 재너 파트너스(Jana Partners LLC)의 배리 로젠스타인(Barry Rosenstein)이었다.

반면 립튼은 칼 아이칸(Carl Icahn), 엘리엇 매니지먼트(Elliott Management Corp.)의 폴 싱어(Paul Singer), 써드 포인트(Third Point LLC)의 대니얼 롭(Daniel Loeb), 퍼싱 스퀘어 캐피탈 매니지먼트(Pershing Square Capital Management LP)의 윌리엄 애크맨(William Ackman) 등이 너무 단기적인 이득만을 추구한다고 혹평했다.

립튼의 기본적 시각은 회사의 경영진과 이사회가 기업 사냥꾼의 공격으로부터 자유로워야 한다는 것이다. 그는 회사의 장기적 성장을 위해 회사를 운영하는 전문가의 견해가 기본적으로 존중되어야 하고, 행동주의 투자가들의 주장은 케이스별로 그 진정성과 장단점이 평가되어야 한다고 주장하고 있다.

하지만 현실이 반드시 그런 것만 같지는 않다. 헤지펀드들의 기업 지배 구조 공격에 동조하는 대형 투자자들이 늘면서 기업 사냥꾼에게 이사회의 일부 자리를 내어주는 방식으로 많은 회사들이 현실적인 타협을 하고 있다. 이렇게 회사들이 행동주의 투자가들에게 금방 손을 드는 이유는 외부 공격자에 대한 대항이 광범위한 주주들로부터 적극적인 지원과 지지를 받지 못할 것을 우려하기 때문이다. 이는 금융시장이 극도로 발달하고 금융 투자자의 입김이 강한 미국식 자본주의의 또 다른 단면이다.

페이스북의 2중 주식 구조

미국의 소셜 네트워킹 사이트로 유명한 페이스북(Facebook)은 공개 기업

페이스북 메인 페이지

(public company)으로 가기 위해 좀 특별한 방법을 택했다. 이 방법은 당초 회사가 발행한 모든 주식을 클래스 B 주식(Class B shares)으로 바꾸고, 새롭게 공개 모집하는 주식은 클래스 A 주식(Class A shares)으로 하는 것이었다. 회사의 계획에 의하면 기존 주식이 전환되는 클래스 B 주식은 회사의 지배 구조에 관한 의사결정 시 주당 10표의 투표권을 행사할 수 있지만, 클래스 A주식은 주당 1표의 투표권만 가지는 것으로 되어 있다.

이렇게 되면, 페이스북의 창업자이자 CEO인 마크 저커버그(Mark Zuckerberg)는 일부 주식을 공개로 매각하더라도 회사에 대해 통제권을 유지하는데 별 문제가 없게 된다. 실제 이러한 방법을 통해 저커버그는 전체 발행 주식 수의 18%를 소유하면서도, 57%의 투표권을 행사하게 된다. 당시 페이스북의 대변인은 회사의 이러한 결정이 회사가 장기적으로 성장하기 위해 중요한 결정을 내리는데 필요한 조치라고 설명했다. 장기 결정을 내리자면 단기간의 이익에 치중하는 주주들의 간섭에서 벗어날 필요가 있다는 얘기로 해석된다. 한발 더 나아가 회사는 주식을 두 가지 종류로 구분하는 회사의 결정이 회사가 공개 기업으로 가기 위한 수순이 아니라는 입장도 분명히 밝혔다.

페이스북이 사용하는 2중 주식 구조(dual-class stock structures)는 미국의 기업 세계에 있어서 전혀 새로운 것이 아니다. 많은 수의 창업자들이 일부 주식을 대중에게 팔면서도, 자신들의 회사에 대한 지배권을 유지하고자 하는 목적에서 종류 주식을 발행하거나, 주식의 투표권에 차등을 두고 있다. 이러한 2중 주식 구조는 뉴욕타임스, 포드, 버크셔 해서웨이, 비자 등이 활용한 바 있다. 구글도 2004년 기업 공개를 하면서 2중 주식 구조를 활용했다. 당시 몇몇 투자자들은 구글의 종류 주식 발행이 외부 주주(outside shareholders)들에 대한 차별이라며 거센 비판을 하기도 했다.

2중 주식 구조는 기존 주주가 완전한 지배권을 행사하고자 할 때 유용한 메커니즘이며, 증권 중 가장 우선 순위가 높은 '우선 증권(preferred security)'과도 흡사한 효과를 낼 수 있다고 전문가들은 지적한다.

'트래킹 주식'을 사용하는 합병 전략

트래킹 주식(tracking stock)은 여러 자회사를 보유한 회사가 특정 자회사 또는 사업 부문의 운영 자금 조달을 위해 발행하는 주식이다. 따라서 트래킹 주식의 가격은 이러한 특정 자회사 또는 특정 사업 부문의 실적에 따라 결정되게 되며, 보통 배당금에 대한 권리만을 갖고 의결권이 없는 것이 보통이다.

리버티 미디어(Liberty Media Corp.)는 위성 라디오 회사인 시리어스 XM(Sirius XM Holdings Inc.)을 완전히 합병하기 위해 트래킹 주식을 사용할 계획이었다. 리버티 미디어는 이미 시리어스 XM 지분의 53%를 보유하고 있었는데, 시리어스의 나머지 47% 보통주(common stock)를 사들이면서 새롭게 '뉴 리버티 시리즈 C 무의결권주(new Liberty Series C nonvoting shares)'를 교부할 계획이었다. 리버티가 시리어스를 100% 소유해 운영할 경우 계획된 시

콜로라도 리버티 미디어 본사

리즈 C 무의결권주는 독자적으로 거래되고 가치가 평가되는 트래킹 주식으로 기능할 수 있었다.

하지만 리버티는 시리어스의 잔여 지분 인수 계획을 포기한다고 2014년 3월 밝

헜다. 이렇게 되면서 새로운 트래킹 주식 발행 계획도 자동적으로 폐기되었다. 만약 리버티가 시리어스의 100% 인수를 통해 트래킹 주식을 발행했다면 이 트래킹 주식은 새로운 자금조달의 원천으로서 기능했을 것이다. 리버티는 케이블 회사인 차터 커뮤니케이션(Charter Communications)의 지분도 보유하고 있는데, 차터는 또 다른 케이블 회사인 타임워너케이블(TWC)에 대한 인수를 시도한바 있다.

누가 회사의 보스인가?

샘록 홀딩스의 설립자 로이 E. 디즈니

몇 해 전 미국의 건축 자재 메이커인 텍사스 인더스트리(Texas Industries)에서는 세 명의 이사가 짐을 싸야 하는 상황이 발생했다. 그 자리를 대신 차지할 이사들은 샘록 홀딩스(Shamrock Holdings)에 의해 임명될 사람들인 것으로 알려졌다. 샘록 홀딩스는 금전을 관리해주는 회사로 과거 디즈니의 CEO였던 마이클 아이즈너(Michael Eisner) 축출로 널리 알려져 있다. 텍사스 인더스트리에서 발생한 이 사건은 주주가 회사의 주인으로서 적절하게 역할을 수행할 때 어떤 일이 발생할 수 있는가를 여실히 보여준다. 샘록의 승리는 주주들이 점점 더 이사들의 월권과 무능을 용서하지 못하는 미국식 자본주의의 흐름을 보여주고 있다.

물론 이사는 주주들을 위해 일해야 할 의무를 부여받고 있다. 이는 앞에서도 얘기한 신의 · 성실의 의무(fiduciary duty)가 잘 말해주고 있다. 이렇게 이사가 회사의 주주를 위해 일해야 할 의무가 있음에도 불구하고, 미국에서도 많은 수의 이사들은 그들이 감시하고 감독해야 할 대상인 회사의 CEO를 위한 거수기 (rubber stamps) 역할을 해온 것으로 지적되고 있다.

주총에서 텍사스 인더스트리 주주의 80% 이상이 현행 이사진에 대해 반대표를 던졌고, 90% 이상의 주주가 샘록 홀딩스가 내놓은 세 가지의 주주 제안에 대해 찬성표를 던졌다. 제안은 회사로 하여금 적대적 인수 · 합병에 대한 방어 장치인 포이즌 필(poison pill)을 주주 투표에 부치라는 것 등을 포함하고 있었다.

여하튼 이렇게 샘록이 주주들의 대표로서 다른 주주들의 동의를 이끌어내 이사진을 교체할 수 있었던 배경을 살펴볼 필요가 있다. 텍사스 인더스트리의 주가는 경쟁사에 비해 과거 수 년 동안 실적이 상당히 나쁜 것으로 알려져 있었다. 주가가 좋지 않자 지난 2년 동안 회사의 주주들은 텍사스 인더스트리의 경영진에 대해 불만을 쏟아내기 시작했다. 회사를 상세히 분석한 후, 샘록은 회사가 오만하고 무능한 경영진에 의해 실제보다 저평가됐다고 결론을 내렸다. 샘록은 2008년 하반기부터 회사의 주식을 사들이기 시작했다. 초기에 샘록은 회사의 경영진과 대화를 시도했다. 하지만 회사의 반응은 썰렁했고, 결국에는 CEO까지 샘록과 대화를 하긴 했지만, 결과는 오히려 샘록을 실망시키기에 충분했다. 경영진은 회사의 장기 플랜에 대한 샘록의 질문에 대해 아무런 해답도 주지 않은 것이다.

일련의 노력이 실패하자 샘록은 자신들의 믿음을 관철시키기 위한 행동에 들어갔다. 6월부터 샘록이 새로운 이사 후보로 지명한 3명은 전국을 돌아다니면서 회사의 대주주들에게 변화의 필요성을 설파하기 시작했다. 그중의 한명은 샘록의 관리이사(managing director)인 데니스 존슨(Dennis A. Johnson)이었다. 존슨은 초기 3주 동안 회사 주식의 60% 이상을 대표하는 주주들을 만났고, 주주들에게 변화에 동참할 것을 호소했다. 존슨은 프락시 투쟁(proxy fight)을 통해 회사가 잠재력이 있고, 저평가된 회사라는 점을 주주들에게 널리 알리고자 노력했다. 이러한 노력은 결실을 맺어, 연례 주주총회에서 존슨은 왜 샘록이 프락시 투쟁을 벌이는지를 8분 동안 설명할 기회를 얻었다. 그럼에도 불구하고 회사의 경영진은 주주들이 존슨에게 질문하는 것은 허용하지 않았다. 하지만 투표가 끝나자 샘록의 메시지가 주주들에게 먹혀들었다는 것이 입증됐다. 연기금과 뮤추얼 펀드를 포함해 많은 대주주들이 샘록의 손을 들어준 것이다.

샘록이 전개한 프락시 투쟁은 아직도 많은 수의 주주와 투자자들에게 비용이 많이 들고 쉽게 선택할 수 없는 대안임은 분명하다. 이렇게 많은 비용이 들어가는 프락시 투쟁의 단점을 상쇄하기 위해 주주들이 현존하는 이사를 대체할 수 있는 추천권을 행사할 수 있어야 한다는 목소리가 높아지고 있다. 진정으로 이 사회의 민주화가 요구되는 시점이라고 많은 수의 전문가들은 지적하고 있다.

❺ 비공개 기업의 이슈들

비공개 기업 close corporation은 회사의 주식이 주식시장에서 거래되지 않고, 소수의 주주들이 주식을 보유하고 있는 회사를 말한다. 시장에서 주식이 거래되기 때문에 지배권의 이동이 상대적으로 쉬운 공개 회사에 비해, 비공개 기업은 통제권의 이동이 용이하지 않은 특성을 지닌다.

뿐만 아니라, 비공개 기업은 주주의 수가 많지 않아 이해관계가 일치하는 주주들끼리 '연합 전선'을 형성할 수도 있다. 연합 전선의 형태는 여러 가지가 있을 수 있으나, 일반적으로 '결합 투표 계약 vote pooling agreement' 또는 '주주 간 계약 shareholder agreements' 등이 있다.

결합 투표 계약은 최대 지분을 가진 1대 주주에 대항하기 위해 소액주주들이 자신들의 힘을 합치는 것이다. 가령, A는 40%의 지분을, B와 C 는 30%의 지분을 각각 가지고 있을 경우, B와 C가 힘을 모은다면 A의 힘을 상쇄하고도 남을 수 있다. 문제는 이러한 B와 C 간 연합 계약의 내용과 성격이다. B와 C가 언제나 회사의 모든 사안에 대해 의견이 일치하면 좋겠지만, 늘 그럴 수는 없다. 이때, B와 C는 양자 간 의견이 불일치할 경우를 대비하여 중재자 arbitrator를 선임하고 이러한 중재자의 의견에 따를 것을 내용으로 하여 결합 투표 계약을 맺을 수 있다. 그렇다면 B와 C 중 어느 하나가 중재자의 의견을 따르지 않는 경우는 어떻게 되는 가? 결합 투표 계약을 통해 중재자에게 주는 권리는 중재자가 B나 C를 대신해서 투표할 수 있도록 하는 위임장 pxoxy을 주는 것이 아니라는 것이 통설적인 판례다.[69] 다만 결합 투표 계약에 의해 중재자의 중재 내용을 이행하지 않는 주주는 계약 위반의 책임을 져야 한다.

비공개 회사의 주주들이 맺는 주주 간 계약의 내용에도 일정한 한계가 있다. 예를 들어, 주주는 주주 간 계약을 맺더라도 이사회가 가지는 본연의 권한을 침범할 수는 없다.

1930년대 중반 뉴욕 자이언츠 야구단은 3명의 주주들이 소유한 비공개 회사였다.[70] 이 세 명의 주주는 주주 계약을 맺는데, 그 내용은 자신들을 회사의 이사로 임명하는 것이었다. 문제는 이 계약이 이사인 자신들을 회사의 경영진 officers으로 임명하면서 경영진의 임금까지도 규정하는 내용이었다는 것이다. 일반적으로 경영진의 임금은 이사회가 결정하는 사안이다. 주주 간 계약이 이사회의 권리나 재량을 제약하는 내용을

---

69 Ringling Bros.–Barnum & Bailey Combined Shows v. Ringling
70 McQuade v. Stoneham

담을 경우, 주주 간 계약은 공익 목적에 부합하지 않는 것으로서 무효가 된다.

하지만 비공개 회사의 주주 간 계약이 경영자의 임금에 관해 규정한 다고 해서 모두 다 무효가 되는 것은 아니다. 예를 들어 보자. 두 명의 주주(A와 B)가 있는 비공개 기업이 있었다.[71] A는 25%의 지분을 보유하고 있었고, B는 나머지 75%의 지분을 보유하고 있었다. A와 B는 계약을 통해 A가 일반적 경영 관리자 general manager가 되는 것으로 약속하고, A의 보수를 회사 순이익 net income의 일정 부분으로 고정시켜 놓았다. 즉, 문제가 된 주주 간 계약은 A의 보수가 순이익의 4분의 1이 되어야 한다고 명시했다. 이 회사는 의약품을 제조하는 회사였는데, 그 의약품의 제조 비법은 A만이 알고 있었다. 아울러, 이 주주 간 계약에는 A가 B의 아들에게 의약품 제조 비법을 알려주는 대가로 이사직을 유지한다는 내용도 들어 있었다. 나중에 A가 자신만이 알고 있는 제조 비법을 공개했음에도 불구하고, B는 A의 이사직을 박탈했다. 흥분한 A는 계약 위반이라며 B를 상대로 소송을 제기했다. B는 앞의 판례를 거론하며 A와 맺은 주주 간 계약이 이사회의 권능인 임금에 관해 규정하고 있어 무효라는 주장을 폈다.

법원은 이러한 주주 간 계약이 유효하다고 판시했다. 경영진의 보수에 관한 결정은 앞에서 말한 것처럼, 기본적으로 이사회의 고유 권한이다. 하지만, 법원은 A가 받는 금액은 기본적으로 이사회가 결정하는 것이고, 문제가 된 주주 간 계약은 A가 이사회의 결정에 의해 받을 수 있는

---

71 Clark v. Dodge

금액의 대강만을 명시하는 것으로 해석을 했다. 아울러, 이미 자신이 가진 영업 기밀을 B측에 공개한 A에게 주주 계약의 무효를 선언하는 것은 정의 관념에 반한다고 법원은 판단했다. 따라서, 이 경우에는 주주 간 계약의 내용이 법이 규정하는 이사회의 권한을 중대하게 침범하는 것이 아니므로 계약 자체는 유효하다는 것이다.

주주 간 계약이 비공개 회사에서 중요한 이유는 소액 주주가 지배주주의 횡포에 더욱 노출되어 있기 때문이다. 주주 간 계약을 통해 소액주주는 회사의 경영에 관하여 자신을 보호할 수 있는 내용을 담을 수 있다. [72] 구체적으로 주주의 투표, 배당금의 수령, 경영진에 대한 임금의 지급 등에 있어서 소액주주는 자신의 경제적 이해를 보장하는 내용으로 주주 간 계약을 꾸밀 권리가 있다.

비공개 기업의 특성

비공개 기업의 주주들은 이사회를 없애고 회사를 직접 경영할 수도 있다. 이렇게 주주가 회사를 직접 경영하게 될 경우 신의 · 성실 의무(duty of care) 또는 회사에 대한 충성 의무(duty of loyalty)는 이사나 경영진이 아닌, 주주들이 지게 된다. 뿐만 아니라, 비공개 기업에서 주주들은 주주들끼리도 신의 · 성실의 의무를 진다. 이는 파트너십(partnership)과 비슷한 특성이다.

---

[72] Galler v. Galler

비공개 기업과 주식 이전의 제한

주식이 가지는 가장 큰 장점 중의 하나는 자유로운 이전이 가능(freely transferable)하다는 것이다. 하지만 때때로 주식의 자유로운 거래를 막는 것이 필요할 때가 있다. 종종 비공개 기업에서는 외부인이 회사의 주식을 취득하는 것을 막기 위해 이러한 방법을 쓸 수 있다.

예를 들어보자. K는 비공개 기업인 F사의 주주이다. 그의 주식은 이전 제한에 걸려있다. K가 주식을 팔기 위해서는 우선 회사에 K의 주식을 팔아야 한다는 것이다.[73] 이러한 주식 이전 제한은 그 제한이 부당할 정도로 주식 이전의 자유를 침해하지 않는 한 허용된다. 회사가 적절한 가격(reasonable price)을 제공하기만 한다면 F사는 K에게 주식을 회사에 팔 것을 요구할 수 있는 것이다.

만약 이러한 규정과 제약에도 불구하고 K가 회사에 아무런 얘기 없이 제3자인 E에게 자신의 주식을 팔았다면 어떻게 될까? F사는 주식 이전 제한을 이유로 E에게 주식 반환을 아무 때나 요구할 수 있을까? 미국법에 의하면 일정한 경우 F사는 주식을 새로 산 E에게 반환을 요구할 수 없다. 여기서 말하는 일정한 경우는 주식 증서에 주식 이전 제한이 명시되어 있지 않거나, E가 주식 이전에 제한이 있다는 사실을 몰랐을 경우를 말한다.

공개 기업에서 비공개 기업으로: 델의 사례[74]

델(Dell)은 컴퓨터 회사로서 25년여간을 공개 기업으로 운영되어 왔다. 이런 델

---

73 이때 회사가 가지는 권리를 'the right of first refusal'이라고 한다.

74 Official Dell Press Release 'Dell Enters Into Agreement to Be Acquired By Michael Dell and Silver Lake' (2013.2.5); Wired 'Dell Takes Itself Private With $25 Billion Buyout' (2013.9.12)

이 2013년 2월 깜짝 놀랄만한 발표를 하게 된다. 발표 내용은 델의 CEO인 마이클 델(Michael Dell)과 사모 투자 회사인 실버 레이크 파트너스(Silver Lake Partners)가 합동으로 기존 주주들로부터 주식을 사들여 회사를 상장 폐지하고 비공개 기업으로 만들겠다는 것이었다. 주식 매집 규모는 244억 달러 정도로 금융 위기 이후 사모 투자 회사가 지원하는 가장 큰 규모의 LBO(Leveraged Buyout)이다.

미국 자본주의 역사상 대부분의 LBO는 벌처 펀드(vulture funds)가 저평가된 회사를 사들여 경영진을 교체하고 회사 가치를 높인 후 이 회사를 다시 팔아 치우는 형태로 이루어져왔다. 하지만, 델의 LBO는 기존 회사의 CEO이자 최대 주주인 마이클 델이 주도했고 벌처펀드가 개입되지 않았다는 점에서 상당히 특이한 사례라 할 수 있다. 아울러, LBO 이후에도 마이클 델은 회사의 CEO로서 계속 업무를 수행할 것이고, 기존의 경영진도 교체되는 것이 아니라는 점에서 이 사례는 전형적인 LBO와 거리가 멀다고 할 수 있다.

그렇다면 마이클 델이 회사를 비공개 기업으로 전환시키고자 했던 이유가 무엇인지 궁금해진다. 마이클 델은 공개 기업으로서 그동안 주주들로부터 받았던 실적에 대한 부담감과 간섭을 가장 큰 이유로 들었다. 분기별 실적과 주가에 대한 걱정 없이, 회사를 재편하려면 일반 주주로부터 주식을 다시 사들여 회사를 비

텍스트 델 본사

공개 기업으로 만드는 것이 훨씬 좋은 방법이라고 생각한 것이다. 마이클 델은 사양 산업인 퍼스널 컴퓨터(PC) 부문을 정리하고, 새롭게 뜨는 클라우드 컴퓨팅(cloud computing)과 기업 솔루션(enterprise solutions) 분야로 사업 영

역을 전환시키고자 하는 것으로 알려졌다.

주식 매집 계획 발표 이후, 기존 주주들은 델이 제시한 주당 인수 가격(주당 13.65달러)이 너무 낮다며 불만을 제기했다. 닷컴 버블이 한창일 때, 델의 주가는 주당 65달러까지 간 적이 있으며, 일부 주주들은 최소 23달러는 받아야 한다고 주장하기도 하였다. 델의 발표 이후 미국의 대표적 사모 투자 회사인 블랙스톤 그룹(Blackstone Group), 유명한 주주 운동가인 칼 아이칸 등이 델을 매수하는 것을 검토했으나, PC 시장의 불확실성을 이유로 매수 계획을 철회한 것으로 알려졌다. 결국, 마이클 델 주도의 LBO는 성공리에 끝나고 델은 2013년 10월 공개 기업으로서의 역사를 마감하면서 비공개 기업이 된다.

🅕 소액주주의 보호

비공개 기업은 소수의 주주들로 구성되어 있기 때문에 지배권을 가진 주주들이 연합하여 소액주주를 압박하는 경우가 많다. 미국의 회사법은 이러한 경우 소액주주들의 권리를 보호할 수 있는 법리를 개발해 왔는데, 그중 대표적인 것은 다수의 행위가 '적법한 사업 목적 legitimate business purpose'에 기반했는가 하는 것이다. 지배주주가 소액주주를 핍박하는 행위가 적법한 사업 목적에 해당되지 않는 것이라면 소액주주는 당연히 구제를 받게 된다.

W는 양로원을 운영하는 비공개 회사의 주주였다.[75] W는 다른 주주들과 사이가 그다지 좋지 않았다. 뿐만 아니라, 양로원 사업에도 이제 더 이상 관심이 없었다. W가 선택할 수 있는 유일한 방법은 그가 가지

---

[75] Wilkes v. Springside Nursing Home, Inc.

고 있던 양로원 회사의 주식을 다른 주주들에게 파는 것이었다. 하지만 다른 주주들은 눈 밖에 났던 W가 자신의 주식을 사달라고 하는 부탁을 들어주지 않았다. 더군다나, 지배주주들은 주주이자 경영자로서 임금을 받고 있던 W를 종업원 명부에서도 삭제시켜버렸다. W가 지배주주들의 이러한 행위를 문제 삼자, 지배주주들은 W가 경영자로서 재선임되지 못하도록 횡포의 도를 높여 갔다. W는 법원에 도움을 청했다. 법원은 지배주주가 고용, 배당금 지급, 합병, 이사의 해임 등의 분야에 있어서 다수로서 재량권을 발휘할 수 있음을 인정했다. '적법한 사업 목적'이 있기만 하다면, 그 결과 소액주주의 이익을 훼손하는 것이라도 무방하다는 것이다. 다만, W가 당한 일은 적법한 사업 목적의 범위 내에서 이루어진 것으로 볼 수 없으므로 지배주주의 압박 행위는 무효라고 결론을 내렸다.

이렇게 비공개 기업에서 특별히 소수 주주를 보호할 필요성이 커지는 것은 주식이 공개적으로 거래되고 있지 않은 결과 소수 주주가 주식을 일반 대중에게 팔고 회사를 떠나갈 수 있는 길이 많지 않기 때문이다.

소액주주 이베이의 승리

2010년 가을, 인터넷 경매 업체인 이베이(Ebay)가 인터넷 광고업체인 크레이그리스트(Craigslist)를 상대로 한 소송에서 승리한다. 델라웨어 챈서리 법원(The Delaware Court of Chancery)은 크레이그리스크가 소액주주 이베이에 대한 신의·성실 및 충성 의무를 위반했다고 판결하면서, 크레이그리스트가 이베이로부터 빼앗아 갔던 크레이그리스트 지분 3.55%를 돌려주라고 명령했다. 자초

지종은 이렇다.

2004년 이베이는 비공개 기업인 크레이그리스트의 지분 28.4%를 3,200만 달러를 주고 인수하면서, 크레이그리스트와 전략적 제휴 관계를 맺는다. 하지만 이러한 밀월 관계는 오래가지 못했다. 3년 후 이베이가 온라인 광고 사이트인 키지지(Kijiji)를 출시하자, 크레이그리스트는 이베이가 크레이그리스트의 내부 정보를 훔쳐 경쟁 웹사이트를 출시했다고 주장했다. 그러면서 이베이가 크레이그리스트 지분 확보와 함께 얻은 이사회 자리를 이용해 고급 정보를 취득한 것이라는 설명을 달았다. 크레이그리스트는 이때부터 이베이에 대한 '복수'를 시작한다. 크레이그리스트는 이베이가 가지고 있던 회사 지분 28.4%를 희석시켜 24.85%로 축소시키고, 이사회 자리도 빼앗았다.

델라웨어 법원은 크레이그리스트의 이러한 조치가 지배주주(controlling stockholder)로서 이사회의 다수를 구성하고 있는 점을 이용해 소액주주인 이베이에게 피해를 입힌 것이라고 판단했다. 하지만, 법원은 빼앗긴 지분을 다시 이베이에 돌려주면서도, 이사회 자리는 다시 찾아주지 않았다. 그 이유는 크레이그리스트가 지배주주로서 이사회 구성권을 가지고 있다는 자체 규정의 유효성을 인정했기 때문이다. 아울러 법원은 두 회사의 분쟁 이후, 크레이그리스트가 도입한 포이즌 필과 주식 우선 매수 청구권(the right of first refusal)도 무효화했는데, 이렇게 되면 이베이는 보유 크레이그리스트 주식을 공개 시장(open market)에서 제3자에게 팔 수 있게 된다.

🄖 소액주주의 자기 주식 팔기

비공개 회사에서 소액주주의 권리를 보호하는 방법 중 가장 중요한 것은 주식 매입이다. 즉, 회사의 지배주주와 이견이 있어 자신의 주식을 판 후 떠나고 싶어하는 소액주주들의 주식을 사주는 것이다.

이렇게 소액주주의 주식을 사주는 방법은 여러 가지가 있을 수 있다. 우선, 회사의 정관 articles of incorporation에 주식 매입에 관한 규정을 두는 방법이 있다. 두 번째로 주주가 법원을 상대로 회사의 해산 involuntary dissolution을 탄원하는 방법도 있다. 세 번째로 주주는 회사에게 주식 매수 청구권[76] a statutory right of appraisal을 행사할 수도 있다. 주식 매수 청구권은 회사가 다른 회사와 합병 등을 할 경우에 이러한 조직 변화에 동의하지 않는 주주가 자신의 주식을 회사에게 되사 달라고 요구할 수 있는 권리이다. 마지막으로, 핍박을 받은 소액주주는 자신을 압박한 경영진 또는 지배주주가 회사에 대한 신의 · 성실 의무를 위반했을 경우 이러한 의무 위반을 근거로 소액주주의 주식을 사줄 것을 요구할 수 있다. 보통 신의 · 성실 의무 위반이 발생했을 때 보장되는 소액주주의 권리는 공평의 관념에 입각한 구제 an equitable remedy로 여겨진다.

Corporate Case

피아트, 크라이슬러 지분 100% 인수

금융 위기 이후 크라이슬러(Chrysler)의 다수 지분을 보유해 왔던 피아트가 2014년 정초 중대한 발표를 한다. 발표 내용은 피아트가 전미(全美) 자동차 노조 헬스케어 트러스트(UAW health-care trust)가 보유하고 있는 크라이슬러 잔여 지분(41.5%)을 완전히 매입해 크라이슬러의 100% 주인으로 등장한다는

---

76 반대주주의 주식 매수 청구권은 뒤에서 상세히 설명된다.

내용이었다. 피아트는 이를 위해 노조에게 잔여 지분 매입 대가인 36억 5천만 달러를 포함해 총 43억 5천만 달러를 지급하는 것으로 노조와 합의했다. 피아트는 오바마 정부의 '오토 짜르(auto czar, 대통령이 임명하는 자동차 분야 참모)'를 역임했으며, 현재 M&A 전문 컨설팅 회사인 Lazard의 부회장인 론 블룸(Ron Bloom)을 고용해 노조 측과 지분 매입 협상(private buyout agreement)을 벌여왔다.

금번 피아트와 노조의 지분 매매 가격은 당초 시장에서 전문가들이 전망했던 수준보다는 다소 낮은 것으로, 지분 매입에 소용되는 비용의 상당 부분을 피아트보다는 크라이슬러 측에서 부담할 것으로 보인다. 크라이슬러는 노조에 대해 19억 달러 상당의 특별 배당금(special dividend)과 (지분 매입과 관계없이) 7억 달러에 달하는 분할 상환금을 지급할 계획이며, 피아트는 보유한 현금을 활용해 17억 5천만 달러를 노조 측에 지급할 것으로 알려졌다. 노조 측은 금번 협상 타결로 받게 될 현금을 수만 명에 이르는 크라이슬러 퇴직자의 의료 혜택 관련 비용으로 지출할 계획이다.

피아트와 노조가 지분 매입 가격에 합의함으로써 그간 피아트가 추진해 왔던 크라이슬러의 기업 공개(IPO) 계획은 백지화되었으며, 향후 피아트와 크라이슬러의 통합 작업이 가속화될 것으로 전망된다. 그간 기업 공개 추진 과정에서 피아트와 노조는 크라이슬러 주식 가격에 대한 이견을 좁히지 못해 협상이 교착 상태에 있었다.

2009년 도산 절차 졸업 이후 크라이슬러는 매출과 영업 이익이 지속적으로 성장하면서 회복세를 보여왔으나, 향후 차량과 트럭 라인의 업그레이드 및 연비 개선을 위해 상당히 많은 투자를 해야 할 것으로 관측된다. 크라이슬러의 100% 주인으로 등장한 피아트는 그간 유럽의 경기 침체로 상당히 고전을 겪어 왔으며, 그 결과 피아트의 재무 상황은 크라이슬러의 영업 실적에 크게 의존해 온 상황이다.

ⓗ 프로페셔널 코포레이션

미국에는 '전문가 회사 professional corporation'라는 제도가 있다. 변호사, 의사, 회계사 등 라이센스를 가진 전문직업인들이 이러한 회사를 만들 수 있는데, 회사의 이름에 반드시 '프로페셔널 코포레이션 professional corporation' 또는 '프로페셔널 어소시에이션 professional association'이라는 표현을 붙이거나 이러한 이름의 약어 abbreviation를 사용하는 것이 의무화되어 있다. 이러한 전문가 회사의 주주는 반드시 라이센스를 가진 전문직업인이어야 한다. 일반적인 주식회사에 적용되는 법 원칙과 규범들이 전문가 회사에도 적용된다.

이러한 회사에서 주주인 전문직업인들은 서비스 제공 과정에서 자신들이 저지른 과오에 대해 개인적인 책임을 회피할 수 없다. 다만 다른 주주가 잘못을 했을 경우에는 책임을 지지 않는다.

ⓘ 주주총회

(1) 주주총회의 형태

주주가 합법적인 의사결정을 하기 위해서는 두 가지 방법이 가능하다. 첫째, 투표권을 가진 모든 주주들의 서면 동의를 통해서다. 하지만 이 방법은 주주가 많은 경우 엄청난 비용이 소요될 수 있다. 따라서, 실제 많이 쓰이는 방법은 주주들이 모여 투표를 통해 결정하는 것이다. 이

러한 주주총회는 의사 議事 및 의결 정족수와 투표에 관한 규정들이 준수
될 것이 요구된다.

주주총회에는 두 가지 유형이 있다. 이는 연례로 열리는 정기총회
annual meeting와 특별한 일이 있을 때 열리는 수시총회 special meeting이다. 정기
총회는 일반적으로 회사의 이사 directors를 선출하기 위해 열리는 것이 보
통이다. 정기총회가 열리지 않을 경우 주주는 법원으로 하여금 회사가
정기총회를 열 것을 명령하는 청원을 낼 수도 있다. 수시총회는 이사회,
사장 또는 10% 이상의 주식을 보유한 주주들에 의해 소집될 수 있다.

만약, 회사의 임원(오피서)이 마음에 들지 않아서 주주가 임원을 교체
하고 싶을 때도 주주가 주주총회 소집을 요구할 수 있을까? 답은 '노 No'
이다. 그 이유는 회사의 임원을 해임할 수 있는 권한이 주주들에게 없기
때문이다. 주주는 이사회의 구성원인 이사들만을 선임하거나 해임할 수
있다. 결국, 주주총회의 개최는 주주의 권한으로서 행사할 수 있는 사항
에 대해서만 허용된다.

투표 연기를 위한 기발한 발상, 주주총회의 휴회 休會

텍사스의 전기 회사인 다이너지(Dynegy)의 주주총회가 월 스트리트 투자자의
각축장이 된 바 있다. 도화선이 된 것은 월 스트리트의 대표적 사모 투자 회사인
블랙스톤(Blackstone)이 2011년 8월에 밝힌, 이 회사를 47억 달러에 인수하겠
다는 계획이었다. 다이너지의 경영진도 블랙스톤과의 합병만이 회사가 살 길이
라고 생각했다. 회사는 합병 승인을 받기 위한 주주총회 날짜를 2011년 11월 18
일로 잡아 놓았다. 당시 합병을 위해 블랙스톤이 제시한 가격은 주당 4.5달러였

는데, 다이너지의 주요 주주였던 헤지펀드 세네카 캐피탈(Seneca Capital)과 기업 사냥꾼 칼 아이칸은 블랙스톤의 제안 가격이 회사를 너무나 낮게 평가한 것이라고 반대 입장을 분명히 했다. 결국 블랙스톤과 연합군을 형성한 회사와 합병을 반대하는 주요 주주 간의 일대 격돌이 불가피한 상황이었다.

주주총회 날짜인 11월 18일은 운명의 날이었다. 회사를 기필코 인수하겠다고 마음을 먹은 블랙스톤은 주주총회 직전인 11월 17일 기습적으로 인수 제안 가격을 주당 5달러로 올린다. 블랙스톤이 이렇게 주총 직전에 인수 제안 가격을 올린 것은 합병에 반대하는 주주들의 일부가 시세 차익을 얻기 위해 주식을 팔고 나가는 것을 노렸기 때문이다. 그런데 반대하던 주주들은 주식을 팔고 떠나가지만 새롭게 주식을 산 주주들은 여전히 합병에 반대할 가능성이 있었다. 따라서, 반대하는 주주는 영영 떠나보내고 새롭게 주주가 된 사람은 투표를 할 수 없게 하는 전략이 회사 입장에서는 필요했다. 또한 기존 제안을 반대하던 주주들에게 새로운 제안을 다시 검토할 수 있는 시간을 주는 것도 시급한 이슈였다.

이때 다이너지의 머리 좋은 변호사들이 생각해 낸 아이디어가 있었다. 주주총회를 휴회(recess)하고 일주일 후 다시 여는 것이었다. 투표를 연기시킬 수 있는 방법에는 주주총회를 산회(adjournment)시키거나, 연기(postponement)하는 방법도 있을 수 있다. 당시 다이너지의 내부 규정은 산회에 대한 명시적 근거가 없었고, 주주의 승인을 받지 않고 주총을 산회시킬 수 있는지 여부도 불분명했다. 따라서 산회는 고려할 수 없었다. 연기는 회사의 법인 등록지인 델라웨어 회사법상 새로운 회의로 간주되기 때문에 주주들에게 통지를 다시 보내야 하고 위임장도 다시 작성해야 하는 등 오랜 시간이 소요될 것이 분명했다. 따라서 연기도 옵션이 될 수 없었다. 다이너지의 변호사들은 휴회라는 방법을 쓰면 기존 주주총회의 골격(예를 들면 투표 가능 주주의 확정, 위임장 내용 등)은 그대로 유지하면서, 투표 날짜만 며칠 연기할 수 있다고 생각했으며, 이는 법적으로도 근거가 있는 것이었다. 델라웨어 회사법 231(c)조는 '주총에서 투표에 부쳐질 각각 안건에 대한 투표 시작 및 종료의 일자와 시간은 당해 주총에서 발표되어야 한다'고 규정하고 있다. 다이너지는 이 규정에 근거해 단지 11월 18일에 시작하고 일주일 후에 끝나는 주주총회를 개최하는 것이라고 주장했다. 또한 블랙스톤이 인수 제안 가격을 높였으므로 주주들에게 이를 고려할 시간을 준다는 측면에서도, 당시의 상황은 다이너지가 휴회의 논리적 정당성(compelling justification)을 주장할 수 있는 여지가 충분히 있었다.

⑵ 소집 통고 없이 열린 주주총회는?

주주총회를 열기 위해서는 정기든 수시든 투표권을 가진 모든 주주들에게 주주총회가 열린다는 사실을 서면으로 통지 written notice 해야 한다. 이러한 주주총회 소집 통고는 주총의 일시, 장소뿐만 아니라 목적까지도 포함해야 한다.

만약, 모든 주주들에게 이러한 내용을 담은 통지가 제대로 전달되지 않았다면 어떻게 될까? 통지의 요건을 갖추지 못한 상태로 열린 주주총회에서 결정된 사항은 효력이 없는 것으로 본다. 다만, 통지를 받지 못한 주주가 이러한 결점을 용인 waive 한다면 문제 없었던 것으로 될 수도 있다. 이렇게 주주총회의 소집 통지를 받지 못한 주주가 '유효한 용인'을 하기 위해서는 서면에 사인을 하거나(명시적 방법), 아무런 반대 없이 주주총회에 참석(암묵적 방법)할 수 있다.

(3) 주총에서 투표는 어떻게? 주총 중에 자리를 뜨면?

주주총회에서 의사결정을 위한 투표가 이루어지려면 소위 의사 정족수 quorum가 충족되어야 한다. 의사 정족수는 주총에 몇 명의 주주가 참여했느냐가 아니라, 주주들이 보유한 주식 수를 기준으로 판단하게 된다. 일반적으로는 회사가 발행해서 유통되고 있는 주식 outstanding shares의 다수 majority가 기준이 된다.

가령 X라는 회사에서 총 12만 주가 발행되어 유통되고 있고, 주주가 700명이 있다면 주총을 개최하기 위한 의사 정족수는 최소한 6만 1개 주 이상이 된다. 여기서 주주 수가 700명이라는 것은 주총 개최를 위한 의사 정족수 산정에 있어서 아무런 의미가 없는 숫자이다.

만약, 주총이 개최되고 있는 중에 몇몇 주주가 자리를 뜨면 어떻게 될까? 답은 '괜찮다'이다. 이사회의 운영과 달리 주주총회에서는 회의 중에 주주가 자리를 비우더라도 의사 정족수에는 영향을 미치지 아니한다.

회사는 등록정관 articles을 통해 주총의 의사 정족수 기준을 자체적으로 정할 수도 있다. 의사 정족수를 주식 수의 90% 이상으로 정해놔도 상관없다. 다만 이러한 회사의 자율성에도 한계는 있다. 주총에 참석한 주주들이 보유한 주식 수의 합이 최소한 회사 주식 수의 3분의 1 이상이 되어야 한다.

(4) 의결 정족수는?

실제로 주총에서 의사결정이 이루어지려면 의결 정족수도 충족되어야 한다. 의결 정족수를 산정하는 기준은 무엇일까? 여기에는 두 가지 설이 대립되고 있다. 첫 번째 입장은 주총에 참여해서 대표되고 있는 주식의 다수 a majority of the shares present at the meeting라고 본다. 또 다른 입장은 실제로 투표에 참여한 주식의 다수 a majority of the shares that actually voted가 의결 정족수가 되어야 한다고 주장한다.

X라는 회사가 있다 치자. X사에는 총 12만 개의 주식이 있고, 주총에 참석한 주주들이 보유한 주식 수의 합이 6만 2천 개였다. 그러나 A라는 제안에 대해 실제로 투표한 주주들의 보유 주식 수 합계는 총 5만 개였다. A가 채택되기 위한 정족수는 어떻게 될까? 12만 개의 과반수가 넘는 6만 2천 개가 참여했으므로 의사 정족수는 이미 충족되었다. 첫 번째 입장에 의하면 주총에 참여한 주식 수(62,000)의 과반수가 되어야 하므로 31,001개 이상의 주식이 A라는 제안에 찬성표를 던져야 한다. 두 번째 입장을 따를 경우에는 실제 투표에 참여한 주식 수(50,000)의 과반수인 25,001개 이상만 찬성표를 던지면 된다.

(5) 누적 투표 cumulative voting

외환 위기 직후 기업의 지배 구조를 투명하게 해야 한다는 여론이 비등하면서 우리나라에도 누적 투표제가 도입된 바 있다. 미국에서 누적 투표제는 이사를 뽑기 위한 경우에만 허용된다. 이러한 누적 투표제는 소수의 주식을 가진 주주들이 자신들의 이해를 대변할 수 있는 이사를 좀 더 뽑을 수 있는 장치로서 고안되었다.

간단한 예를 들어 보겠다. 소수 주주인 X는 C사의 주식 1,000주를 보유하고 있다. C사는 9명의 이사를 새로 뽑아야 한다. X는 R이 9명의 이사 중 한 명이 되어야 한다고 믿는다. 누적 투표제를 도입할 경우 R을 이사로 선출되게 하기 위해 X가 던질 수 있는 표의 수량은 9,000표가 된다. 그 이유는 누적 투표제가 주주에게 그가 보유한 주식 수(여기서는 1,000주)에다 새로 뽑아야 할 이사의 수(여기서는 9명)를 곱한 숫자(1,000 × 9=9,000)만큼의 투표권을 주기 때문이다.

미국에서 누적 투표제는 아무런 근거가 없을 경우는 허용되지 않는다. 오로지 등록 정관 articles이 누적 투표를 실시할 수 있다는 근거를 가지고 있을 경우에만 주주는 누적 투표의 방법으로 투표를 할 수 있는 것이다.

j 주주에 대한 보상 : 배당과 자사주 매입

주주에 대한 보상은 주식에 대해 배당금을 지급하거나, 주주가 가진 주식을 회사가 다시 매입하는 등의 방법을 통해 이루어진다. 주주에 대한 보상을 할지 여부와 보상의 방법 등은 이사회의 재량 the board's discretion에 맡겨져 있는 것이 일반적이다. 따라서 이사회로 하여금 강제적으로 배당을 하게 하거나 주식 재매입을 실시하도록 강제하는 것은 쉽지 않다. 다만 이사회가 재량을 지나치게 남용할 경우는 주주가 주장하는 대로 보상이 이루어질 수도 있을 것이다. 가령 회사가 계속 순이익을 올리고 있는데, 이사회가 주주에 대한 배당을 거부하면서 이사 자신들에게는 보너스를 지급한다면 이는 분명한 재량권의 남용 행위에 해당한다고 볼 수 있다.

Corporate Case

비즈니스 경비를 가장한 배당금

2006년 베인 캐피탈(Bain Capital), KKR(Kohlberg Kravis Roberts), 메릴린치 (Merrill Lynch)는 병원 체인인 HCA 홀딩스(HCA Holdings)를 인수한다. 베인

과 KKR 등은 빚을 내 회사를 사고 가치를 키워 다시 파는 대표적 프라이빗 에쿼티(private equity) 회사다. HCA는 2011년 기업 공개(IPO)를 하면서 이들 회사에게 지분(각각 26.6%)에 상응하는 만큼의 모니터링 수수료(monitoring fee)를 지급했으며, 그 금액은 2억 4천만 달러가 넘었다.

모니터링 수수료는 프라이빗 에쿼티에 의해 인수된 회사(acquired company)가 프라이빗 에쿼티가 제공하는 컨설팅 서비스에 대한 대가로 프라이빗 에쿼티의 펀드 매니저에게 지급하는 비용이다. 미국 세법상 이러한 비용은 일상적 경비 지출(ordinary business expenses)로 인정되어 세금 공제가 허용되며, 회사가 내는 법인세 부담이 줄어들게 된다. 회사의 세금이 줄면 주요 주주인 프라이빗 에쿼티도 득을 보게 될 것이다.

그런데 이런 모니터링 수수료가 사실은 비용이 아니라 '배당금(dividend)'이라는 주장이 제기되고 있다. 그 이유는 모니터링 수수료가 사모 투자 회사(private equity)의 컨설팅 제공과 별로 관련이 없고, 보통 지분 비율(ownership stakes) 또는 순이익의 일정 비율(percentage of earnings)에 따라 지급되기 때문이다. 특히, 지분 비율에 따라 지급된다는 것은 모니터링 수수료를 배당금으로 봐야 하는 강력한 증거일 수 있다. 배당금으로 보게 된다면, 이는 비용으로서 공제가 허용되지 않으며, 회사는 그만큼 세금 부담을 지게 된다.

프라이빗 에쿼티 업계는 모니터링 업무가 피인수 기업의 가치를 증진시키는 데 기여하고 있으며, 이런 서비스에 대해 제공되는 모니터링 수수료는 당연히 비용으로 공제되어야 한다는 입장이다. 현재까지 미국의 세정 당국은 프라이빗 에쿼티가 받는 모니터링 수수료를 비용으로 인정하고 공제를 허용하고 있다.

배당과 주식 재매입의 차이

애플(Apple)의 CEO였던 스티브 잡스(Steve Jobs)와 투자 명인인 워렌 버핏(Warren Buffet)은 회사가 아무리 돈을 벌어도 주주들에게 배당을 하지 않는 것으로 유명했다. 미국에서 회사가 배당을 하게 되면, 배당금에 대한 소득세만큼을 회사가 공제하고 남은 돈을 주주에게 주게

워렌 버핏(Warren Buffet)

되며, 배당에 대한 소득세율은 역사적으로 계속 올라가는 추세를 보여왔다. 따라서 회사든 주주든 세금을 많이 뜯기는 배당보다는 오히려 주주들이 가진 주식을 회사가 다시 사 주는 방법이 인기를 끌어왔다. 주주가 주식을 회사에 대해 다시 팔 때 내는 세금은 자본 이득(capital gain)이 있어야만 세금을 내게 되어 있고, 과거에 본 손실을 이용해 추후에 얻은 자본 이득을 일정 부분 상계할 수 있는 까닭에 회사의 자사주 매입이 주주 입장에서 훨씬 유리한 것으로 알려져 있다. 워렌 버핏이 회장으로 있는 버크셔 해서웨이(Berkshire Hathaway)는 지난 47년 동안 현금 배당 없이 회사 주식을 다시 사들이는 방법을 통해 주주들에게 보상을 해왔다.

애플의 CEO였던 스티브 잡스

한편 애플은 2012년 초 배당금 지급 대신 100억 달러 규모의 자사주 매입을 발표했다. 세상을 떠나기 전 스티브 잡스는 기자들로부터 왜 주주들에게 현금 배당을 하지 않느냐는 질문을 많이 받았다. 이때마다 잡스가 한 얘기는 현금이 있어야 위험에 대비할 수 있다는 것이었다. 회사가 새로운 제품을 개발해야 하거나, 다른 회사를 인수해야 할 경우 회사가 가진 현금 자산(cash blanket)을

이용하는 것이 은행에서 돈을 빌리는 것보다 훨씬 낫다는 것이 그의 논리였다. 잡스의 이러한 생각은 1997년 그가 애플로 다시 돌아왔을 때, 회사가 현금 부족으로 거의 파산 상태에 있었던 개인적 경험도 많은 영향을 미친 것으로 알려져 있다. 현금 배당이 주로 성숙된 업종에서 더 이상 성장의 여지가 없는 회사들이 쓰는 방법이라는 점도 그가 현금 배당을 선호하지 않는 요인이 된 것으로 보인다.

기업 사냥꾼 아이칸과 애플의 싸움

기업 사냥꾼으로 유명한 칼 아이칸(Carl Icahn)은 애플(Apple)이 잠깐 주춤하는 사이를 놓치지 않았다. 2013년 여름부터 애플 주식을 매집한 그는 애플이 보유하고 있는 현금(약 1,600억 달러)이 너무 많다면서 주주를 위해 회사가 주식을 다시 사 줄 것(share buyback)을 요구했다. 아이칸이 애플에 요구한 주식 매입 규모는 무려 500억 달러나 되었다. 물론 이 숫자도 그가 처음에 요구한 1,500억 달러 규모에 비하면 훨씬 줄어든 것이다. 아이칸은 주식 매입을 요구하는 자신의 주장을 주주 제안의 형식으로 애플 주주총회에 올릴 예정이었다.

ISS(Institutional Shareholder Services)는 주주 제안과 위임장(proxy) 분야에서 영향력이 있는 자문 서비스 회사다. 이 ISS가 아이칸의 위와 같은 주주제안에 대해 부정적 평가를 내놓았다. ISS는 애플이 주주들에게 장기적으로 필요한 자본 규모에 대해 자세히 설명하지 않았다고 비판하면서도, 애플의 경영진과 이사회가 충실히 주주를 위해 회사를 운영해 왔다고 평가했다. 그 예로서 주주를 위한 배당을 지속적으로 늘려 왔고, 주식 재매입도 실행해 왔으며, 주주들과도 커뮤니케이션하는 모습을 보여왔다는 점을 들었다. 실제로 애플은 아이칸의 주장이 있기 전후 1년간 회사 주식을 다시 사들였는데, 그 규모가 400억 달러에 이르렀다.

이렇게 아이칸의 주장에 대해 여론이 동조하지 않자, 아이칸은 결국 2014년 2월 10일 애플에 대해 더 이상 주식 재매입을 요구하지 않겠다고 발표했다. 그런데 한 가지 흥미 있는 것은 이렇게 아이칸이 자신의 주장을 접었음에도 불구하고, 그가 손해 보는 장사를 하지 않았다는 것이다. 그 이유는 아이칸이 애플 주식을 보유하고 있다고 공개적으로 밝힌 이후 애플 주가가 전반적으로 상승함으로써 그의 보유 주식 가치가 4억 달러나 증가했기 때문이다.

자사주 매입이 가져온 주식시장 활황

2013년 하반기 미국 증시는 지속적인 상승세를 이어갔다. 다우존스 지수가 16,500포인트를 넘어서고, 나스닥도 4,100포인트를 돌파하는 등 미국 주식시장은 지칠 줄 모르는 힘을 보여주고 있었다. 이렇게 미국 증시가 뜨겁게 달구어진 것은 경기 회복, 기업 실적 개선 등 펀더멘탈 측면의 요인도 있었지만, 미국의 대표 기업들이 자사주 매입과 배당 지급을 크게 늘렸기 때문으로 분석된다.

2013년 3분기만 S&P 500 기업의 자사주 매입과 배당금 지급 규모는 모두 합쳐 2,000억 달러 이상이 되었다고 한다. 같은 분기 애플(Apple)은 49억 달러 규모의 자사주를 매입했으며, 화이자(Pfizer)와 엑슨 모빌(Exxon Mobil)도 30억 달러 이상의 자기 회사 주식을 사들인 것으로 밝혀졌다.

회사들이 자사주 매입을 늘리면서 주식 시장에 대한 투자자들의 열기는 더욱 뜨거워졌다. 또한, 주식의 대체 투자 상품인 채권 수익률이 미국의 저금리 기조로 인해 그리 높지 않은 상황에서 주식의 열기는 한층 더 올라갈 수밖에 없는 상황이었다.

자사주 매입은 주주들에게 현금을 돌려주면서, 회사 입장에서는 유통되는 주식 숫자를 줄여 주당 이익(earnings per share)을 높이는 일석이조(一石二鳥)의 효과가 있는 것으로 알려져 있다. 하지만, 회사들이 자사주 매입을 위해 돈을 쓰기 보다는 신상품 개발을 위한 연구 개발 투자나 영업망 확대를 위한 쪽에 돈을 써야 한다는 의견도 만만치 않다. 그리고 주식 가격이 대폭 오른 상황에서는 자사주 매입에 소요되는 비용이 크게 증가하므로, 자사주 매입보다는 다른 옵션의 선택이 회사의 합리적 대안이 될 수 있다.

자사주 매입의 타이밍

2012년 8월 전자 제품 유통 업체의 거장인 베스트 바이(Best Buy)가 자사주 매입 중단을 선언했다. 계속된 실적 악화로 자사주 매입을 통해 주가를 부양할 여력이 더 이상 없었기 때문이다. 2010년 이후 베스트 바이가 회사 주식 9,800만 주를 다시 사들이기 위해 쓴 돈은 30억 달러라는 막대한 금액이었다. 자사주 매입 중단을 선언하자, 베스트 바이의 주가는 10년 사이 최저인 주당 16.25달러까지 떨어졌고, 시가 총액은 겨우 60억 달러를 넘는 수준을 기록하였다.

월스트리트저널이 1998년 이후 베스트 바이의 주식 재매입 히스토리를 분석한 결과, 이 회사는 주식이 좀 더 쌀 때 살 수 있는 기회가 있었음에도 불구하고 항상 가격이 높을 때 자사주 매입을 실시했다고 한다. 물론 회사의 상황이 안 좋을

미네소타 주 리치필드에 위치한 베스트 바이 본사

때 자사주 매입을 중단하는 경우가 많은 것은 사실이지만, 베스트 바이가 좀 더 자사주 매입의 타이밍을 조절했었더라면 그렇게 많은 돈을 들이지 않아도 됐을 것이다.

일부 전문가들은 베스트 바이가 회사 주식을 다시 사는 것보다는, 회사의 부채를 상환하는 데 돈을 썼어야 한다고 보고 있다. 회사의 현금 흐름이 안 좋아질 경우 가장 문제가 되는 것이 회사가 지고 있는 빚이기 때문이다. 당시 베스트 바이의 부채는 22억달러 수준으로 적지 않은 규모였다.

효과가 의심스러운 미국 은행의 주식 재매입

금융 위기 이후 미 연방준비위원회(Federal Reserve)는 대형 은행들의 위기 대응 능력을 검증하기 위해 다양한 방법을 활용해 왔다. 대표적인 것이 스트레스 테스트(stress test)인데 이는 은행이 충분한 자기 자본을 보유하고 있는지, 자기 자본 관리 과정(capital planning processes) 등이 적정한지를 검사하게 된다. 연준(聯準)은 자사주 매입을 많이 하는 은행의 경우 스트레스 테스트 과정에서 후한 점수를 주어 왔는데, 그 근거는 문제가 많은 은행일수록 자사주 매입을 줄이는 경향이 있기 때문이다. 보통 배당을 줄이는 것은 주주들의 반발 때문에 쉽지 않고, 따라서 은행의 자본 건전성을 판단하는 지표로 배당 성향보다는 자사주 매입 규모의 변화를 금융당국이 선호한 것이다.

그런데 은행의 자사주 매입이 투자자 입장에서 기대하는 효과를 가져오지 못하는 경우가 많다는 것이 밝혀지고 있다. 보통 자사주 매입을 하는 이유는 유통되는 주식 수를 줄여 주당 이익을 높이고 주가를 띄우는 수단으로 생각하기 때문인데, 실제로는 그런 효과가 크지 않다는 것이다.

은행의 자사주 매입이 효과가 크지 않은 이유는 여러 가지가 있을 수 있는데, 그

첫 번째는 미국의 대형 은행들이 시장에서 거래되는 주식 외에 추가적으로 많은 양의 옵션과 제한 주식(restricted shares)을 종업원들에게 발행하고 있다는 것이다. 자사주 매입이 이루어지더라도 이렇게 직원에게 발행된 주식을 재매입하는 정도로 이루어지고 있어, 실제 시장에서 유통되는 주식 수를 줄이는 효과가 크지 않다는 것이다. 두 번째 이유는 은행 주식 가격이 크게 올라 한정된 자사주 매입 재원으로 살 수 있는 주식의 양이 매우 줄어들었다는 것이다. 더군다나 주식 가격 상승은 옵션의 행사를 가져오는 경우가 많아 시장에서 유통되는 주식 수를 더욱 늘리는 효과도 가져왔다.

웰스 파고(Wells Fargo) 은행은 지난 3년간 117억 달러 규모의 자사주를 매입해 왔다. 하지만 시장에서 유통되는 웰스 파고 주식은 오직 0.2%만 감소했다고 한다. 골드만 삭스(Goldman Sachs)의 분석에 의하면 미 연준의 자본금 계획 심사(capital plan review)를 받는 은행의 자사주 매입이 평균 17% 늘더라도, 주당 이익은 단지 3.2% 늘 것으로 예상되었다. 이는 자사주 매입이 실제 유통되는 주식 수를 줄이는 효과가 크지 않다는 것을 의미한다. 그간 미국 대형 은행의 자사주 매입 효과를 감독 당국과 투자자들이 과대평가해 온 것이 아니냐는 지적이 있으며, 미 당국의 은행 건전성 심사에도 이를 반영해야 한다는 의견이 대두되고 있다.

자사주 매입이 문제를 일으키는 경우

회사가 실시하는 모든 주식 재매입이 반드시 주주에게 좋은 것만은 아니다. 특히 회사가 일정 주주의 주식만을 재매입하는 경우, 다른 주주와의 형평성의 측면에서 문제가 발생할 수 있다.

미국에서 주주 운동가(shareholder activist)로 명성이 자자한 칼 아이칸(Carl

Icahn), 키스 마이스터(Keith Meister), 댄 롭(Dan Loeb) 등은 자신들이 투자한 회사에서 경영 전략의 변화를 외친 후, 이사회에 진출해 회사 경영의 핵심에 서 왔다. 그러한 이들이 자신들이 보유한 주식을 회사가 다시 사도록 설득한 후 손을 털고 나가는 사례가 등장하고 있다. 칼 아이칸은 비디오 게임 업체인 테이크 투 인터액티브 소프트웨어(Take-Two Interactive Software)에, 키스 마이스터는 보안업체인 ADT에, 그리고 댄 롭은 야후(Yahoo)에 투자한 후 자신들의 지분을 회사에 다시 판 것이다. 이들 주식의 재매입은 회사와 주주 운동가 간의 합의가 있고 난 후 여타 주주들에게 알려져 빈축을 사고 있다.

주주 운동가들이 이사로서 회사 경영에 참여하게 되면, 일반 주주들이 알지 못하는 많은 고급 정보를 접할 수 있게 된다. 회사의 재무 정보, 투자 계획, 신제품 개발 계획, 경쟁 환경 분석, 법률 및 규제 문제 등 회사의 경영과 관련된 다양한 정보를 알 수 있는 위치에 서게 되는 것이다. 이렇게 정보력 측면에서 우월한 주주 운동가들이 회사의 이사 자리에 있으면서 획득한 정보와 협상력을 바탕으로 다른 주주들에게 알리지 않고 회사와 단독으로 협상해 자신들의 주식을 팔고 나간다면 어떤 문제가 발생할 수 있을까?

우선 회사 경영에 참여했던 주요 주주가 주식을 팔고 나간다는 것은 회사의 가치에 영향을 미치게 되며, 시장에 상당한 정보를 전달하게 된다. 회사를 많이 아는 사람들이 회사 주식을 판다는 것은 회사의 장기 투자 가치가 떨어졌다는 것으로 해석될 수 있으며, 여타 주주들은 이러한 정보가 없는 상태에서 이들의 투자 지분 청산을 사전에 전혀 모르는 상황이 초래된 것이다. 실제로 위에서 설명한 3인의 주주 운동가들이 보유 주식을 팔고 나가면서 각 개별 회사의 주식 가격은 떨어졌다고 한다.

만약 이러한 정보를 일반 주주들이 미리 알았다면 일반 주주들은 회사 주식을 싼 가격에 더 사서 지분을 늘릴 것인지, 아니면 주식을 팔 것인지에 대해 충분한 시간과 정보를 갖고 결정할 수 있었을 것이며, 이렇게 되는 것이 일반 주주의 이익에 부합된다. 회사의 입장에서도 경영진에 몸을 담았던 주요 주주의 주식 매각과 투자 지분 청산이 미리 공지가 된다면, 떨어지는 주식 가격을 이용해 비교적 싼 가격으로 자사주를 매입할 수 있는 기회가 생길 것이다.

이러한 이유로 미국의 일부 전문가들은 연방 증권 거래 위원회(SEC)가 관련 규정을 만들어 이사가 보유한 주식을 회사가 재매입 할 경우 미리 일반 주주들에게 공지를 해야 한다고 주장하고 있다.

(1) 주식의 종류와 보상의 차이

우리는 흔히 우선주 preferred shares가 보통주 common shares에 비해 배당 등에 있어 우선적인 취급을 받는다고 알고 있다. 예를 들어보자. C사가 있다. C사는 총 40만 달러에 이르는 배당을 실시하기로 결정했다. C사에는 보통주 10만 주와 주당 2달러의 배당 우선권 dividend preference이 있는 우선주 2만 주가 있다. 이때 우선주는 말 그대로 우선적인 배당을 받는다. 즉, 주당 2달러의 배당 우선권에 우선주 수인 2만 주를 곱한 금액인 총 4만 달러의 배당이 우선주를 보유한 주주에게 우선적으로 배당되게 된다. 이렇게 4만 달러의 배당이 먼저 우선주에게 이루어지고 나면 나머지 36만 달러는 보통주를 보유한 주주에게 배당된다. 보통주가 10만 주가 있으므로 보통주 1주당 3.6달러의 배당이 이루어지게 될 것이다.

미국에는 우선주이긴 하지만 배당을 한 번 더 받는 주식이 있다. 이렇게 두 번 배당을 받는 주식을 '참여 우선주 participating preferred shares'라고 한다.

가령, 위의 예에서 2만 개의 우선주가 참여 우선주라면 우선주를 보유하고 있는 주주들이 받는 배당액이 늘어나게 된다.

앞의 예처럼 참여 우선주가 4만 달러의 우선적 배당을 받는 것은 똑같다. 결정적인 차이는 보통주에 대한 배당이 이루어질 때이다. 참여 우선주는 배당을 두 번 받으므로 보통주가 배당을 받을 때도 두 번째 배당을 받게 된다. 앞의 예에서 보통주에게 남겨진 36만 달러는 보통주(10만 주)와 참여 우선주의 숫자(2만 주)를 합한 총 12만 주로 나누어지게 된다. 이렇게 되면 보통주와 참여 우선주는 주당 3달러(36만 달러/12만 주)를 받게 된다. 결국, 참여 우선주는 두 번 배당을 받아 주당 총 5달러를 배당받게 된다.

몇 년에 걸쳐 못 이루어진 배당을 한꺼번에 하는 '누적 우선주 cumulative preferred shares'도 있다. 위의 예에서 주당 2달러의 배당 우선권이 있는 우선주가 누적 우선주라고 가정을 해보자. C사가 직전 3년 동안 배당을 하지 못했다면 누적 우선주를 보유한 주주들은 직전 3개년과 금년도를 포함해서 총 4개 연도만큼을 우선적으로 배당받을 수 있는 권리를 가진다. 즉, 주당 2불의 우선 배당권이 4개 연도로 곱해져 주당 총 8달러(2달러×4개년)의 배당 우선권을 갖게 되는 것이다. 그 결과 총 2만 주의 누적 우선주에게는 총 16만 달러(2만 주×8달러)의 배당이 우선적으로 이루어지게 된다. 나머지 24만 달러는 보통주에게 돌아가게 될 것이다.

Corporate Case

우선주와 애플의 배당금 지급

헤지펀드 그린라이트 캐피탈(Greenlight Capital)의 매니저인 데이비드 아인혼

(David Einhorn)은 애플(Apple)이 배당금을 지급하는 우선주 발행을 막고 있다며 소송을 제기했다. 2013년 초에 제기된 이 소송은 애플 이사회가 배당금을 지급하는 우선주를 발행할 수 있는 권한을 보유하고 있음에도 불구하고, 애플이 우선주 발행 시 주주총회의 승인을 요구하는 규정을 만들려고 했기 때문이다. 이렇게 될 경우 우선주 발행이 어려워질 것이며, 이에 따라 배당금 지급도 쉽지 않게 될 것이었다. 아인혼은 당시 애플 주식 130만 주를 보유하고 있었으며, 애플이 '항상 현금이 부족하다는 경기 불황기의 멘탈'을 가지고 있다면서 배당금 지급에 소극적인 태도를 비판했다. 애플이 보유하고 있는 현금 규모가 2013년 당시만 해도 1,370억 달러가 넘었다는 점에서 투자자들의 배당금 지급에 대한 압력은 계속 커져오고 있던 터였다.

아인혼은 뉴욕 맨하탄 연방 법원에 낸 소장(訴狀)에서 애플의 위임장 진술서(proxy statement) 내용이 우선주 발행 시 주주총회의 승인을 요구하는 제안과 여러 다른 제안이 함께 섞여 있어 각각의 제안에 대해 주주 승인을 요구하는 연방 증권 거래 위원회(SEC) 규정에 위반된다고 주장했다. 그의 주장은 우선주 발행 시 주총 승인을 요구하는 제안에 대해 주주들이 별도로 가부(可否)를 판단할 수 있게 해야 한다는 것이었다.

아인혼은 애플에 대해 회사의 영업 현금 흐름(operating cash flow)을 활용해 배당금을 지급하는 '영구 우선주(perpetual preferred stock)' 발행을 요구했다고 한다. 우선주는 보통 고수익 채권에 버금가는 현금을 배당하기 때문에 투자자들에게 인기가 높다. 아인혼이 이렇게 애플의 배당금 지급에 집착한 것은 애플의 경쟁력과 성장 잠재력을 높게 평가했기 때문으로도 볼 수 있다. 그는 애플을 '유능한 인재들이 모여 전 세계 소비자로부터 사랑받는 혁신 제품을 만드는 아주 훌륭한 회사'로 표현했다고 한다.

우선주를 사용한 투자: 블랙스톤의 크록스 투자

구멍이 송송 난 여름용 플라스틱 샌달로 유명한 미국의 크록스(Crocs Inc.)가 사모 투자 회사인 블랙스톤(Blackstone Group LP)으로부터 2억 달러의 투자를 받는다고 2013년 말 발표했다. 잘 나가던 크록스가 이렇게 외부로부터 긴급수혈을 받게 된 것은 크록스 샌달의 인기가 예전만 못하고, 새롭게 내놓은 제품들도 고객들의 관심을 끌지 못했기 때문이다. 이렇게 시들해진 크록스의 인기는 2013년 3분기 순이익이 71% 감소한 1,300만달러에 불과한 것으로도 입증되었다. 2012년 2분기 만해도 크록스의 순이익은 6,000만 달러 수준이었다.

블랙스톤은 크록스에 대한 2억 달러 투자의 대가로 우선주(preferred stock)를 받았으며, 이는 13%에 해당하는 지분이다. 또한, 블랙스톤은 크록스의 이사회에 2명의 이사를 임명할 수 있게 되었다. 아울러, 블랙스톤이 보유한 우선주는 3년 이내 크록

크록스의 플라스틱 샌들

스의 주가가 일정 수준 이상으로 오르면 보통주(common stock)로 전환할 수 있는 조건으로 알려졌다.

크록스는 투자 유치 사실을 알리면서 블랙스톤으로부터 받은 투자금과 회사가 보유한 현금을 활용해 3억 5천만 달러 규모의 자사주 매입을 실시할 계획이라고 발표했다. 이렇게 되면 현재 시장에서 유통되고 있는 크록스 주식의 30% 정도가 퇴장될 것으로 회사는 전망했다.

블랙스톤은 크록스를 되살리기 위해 미국 내 매장을 축소하고, 아시아 지역의 사업을 강화하면서, 신제품 출시에 전력을 다할 계획을 세웠다. 블랙스톤의 새로운 투자가 어떻게 결실을 맺을지 귀추가 주목된다.

(2) 배당은 어떤 돈으로 하나?

회사에서 배당을 하거나 주식 재매입을 하기 위해서는 돈이 필요하다. 그렇다면 회사에서 배당 등을 할 때 어떤 재원을 활용할 수 있는지도 중요한 문제로 등장하게 된다.

배당의 재원은 여러 가지가 있으나 그중 가장 중요한 것은 순이익 earned surplus이다. 순이익은 회사가 벌어들인 수익에서 손실을 뺀 나머지 금액 정도로 생각하면 된다. 이렇게 순이익을 배당할지, 배당하면 얼마나 할지 등의 문제는 앞서 설명한 대로 이사회의 재량에 맡겨져 있다.

회사가 설립되면서 주식 발행의 대가로 전입되는 돈이 있다. 이는 납입 자본금 stated capital이라고 불리는데, 어떠한 일이 있어도 배당의 재원으로 활용될 수 없다. 납입 자본금은 회사가 채권자 creditors에게 빚을 갚을 수 없을 때 최후의 보루 역할을 해야 하기 때문이다.

회사가 주식을 발행할 때 주주로부터 받는 돈이 모두 납입 자본금으로 들어가는 것은 아니다. 가령, C사가 액면가가 2달러인 회사 주식 1만 주를 발행하면서 주주들로부터 5만 달러를 받았다고 치자. 액면가 the par value와 일치하는 2만 달러는 납입 자본금으로 들어가지만, 나머지 3만 달러는 자본 잉여금 capital surplus으로 들어가게 된다. 만약, 액면가가 없이 주식을 발행 no par issuance했다면 이사회가 주주들로부터 받은 돈을 납입 자본금과 자본 잉여금으로 적절히 배분할 수 있다.

이렇게 자본 잉여금에 전입되는 돈은 배당 등을 지급하는 데 사용될 수 있다. 다만 이사회는 자본 잉여금을 배당 등에 활용하겠다는 것을 주주들에게 알려야 한다.

(3) 배당은 언제 할 수 있을까?

배당에는 재원 문제 말고도 회사의 상태 등 전반적인 조건이 문제가 될 수 있다. 미국의 많은 주들은 회사가 '지급 불능 insolvent'의 상태만 아니면 배당을 할 수 있다고 개별 회사법에서 규정하고 있다. 이렇게 배당을 할 수 있는지 여부의 판단 기준이 되는 '지급 불능'은 회사가 만기 도래한 채무를 갚을 수 없거나, 회사의 자산이 회사의 부채보다 작은 경우를 의미하는 것이 보통이다.

(4) 불법 배당에 대한 책임

이상과 같은 조건을 위반하는 배당을 하면 이사는 개인적인 책임을 진다. 주주도 배당을 받을 때 이러한 배당이 위법한 것임을 알았다면 마찬가지로 책임을 질 수 있다. 다만 이렇게 이사가 지는 책임을 엄격하게 과실이나 인지 여부에 관계없이 지우는 주 州도 있고, 신의 · 성실 의무 등을 위반했을 경우에만 책임을 묻는 주도 있다.

06

코포릿 아메리카와 금융 규제
: 기업의 투자자에 대한 의무

미국의 회사 제도는 기본적으로 각 주의 회사법과 이러한 회사법을 해석하는 판례로 구성되어 있다고 할 수 있다. 하지만 연방 증권 관련 법령도 미국의 회사법을 구성하는 중요한 법원 法源이다. 미국의 증권 관련 법령으로서 가장 중요한 것은 1934년에 제정된 증권 거래법 the Securities Exchange Act of 1934이다. 미국의 증권 거래법은 이미 발행된 증권이 거래되는 시장, 즉 2차적 시장 secondary market을 주요 대상으로 하고 있다. 증권 거래법 외에도 1933년에 제정된 증권법 the Securities Act이 증권을 발행하는 1차 시장 primary market 단계에서의 정보 공개와 사기 방지 등을 규정하고 있다.

증권 거래법이 회사법에서 중요한 이유는 많은 수의 대형 기업들이 공개 기업 publicly held corporations으로서 주식시장 또는 채권시장에서 자금을 조달하고 있기 때문이다. 기본적으로 증권은 투자자에게 증권을 팔아서 기업을 운영하는 데 필요한 자금을 조달할 목적으로 발행하는 것이다. 이 과정에서 기업에 대한 정보가 없는 투자자들은 증권을 발행하는 기업들이 제공하는 정보에만 의존할 수밖에 없다. 양심적인 기업이라면 문제가 없겠지만, 그렇지 않은 기업들이 항상 문제를 일으키게 된다. 미국의 증권 거래법은 기업의 증권 발행 및 거래 과정에서 일어날 수 있는 내부자 거래 insider trading, 증권 관련 사기 securities fraud, 위임장 확보를 통한 주주 투표의 규제, 주식 공개 매수 tender offer 등에 대한 사항들을 규정하고 있는 막강한 법이다. 이 법에 의해서 금융 감독 기구인 연방 증권 거래 위원회 SEC: Securities Exchange Commission도 생겼다.

수그러들지 않는 미국의 증권 관련 집단 소송

미국의 기업들은 투자자들이 제기하는 증권 관련 집단 소송(securities class-action lawsuits) 때문에 20년 이상 몸살을 앓아 왔다. 증권 분야의 집단 소송이 활발해지기 시작한 것은 1970년대부터다. 보통은 회사의 주가가 급격히 떨어지는 경우, 투자자를 대변하는 변호사들이 소송 논리를 개발하며 앞장섰다. 소송 제기의 주된 이유는 회사의 주가 하락이 투자자에 대한 기만과 사기에서 비롯되었다는 것이었다. 기업들은 무차별적으로 제기되는 집단 소송의 정당성에 많은 의문을 제기했으나, 대개는 오랜 시간이 걸리고 결과가 불확실한 배심원 재판(jury trial)보다는 신속히 결론을 낼 수 있는 화해(settlement)를 선호해왔다.

근거 없이 제기되는 증권 관련 집단 소송의 폐해를 시정하기 위한 노력이 없었던 것은 아니다. 1995년 공화당 의원들을 중심으로 미국 의회가 제정한 '민간 증권 소송 개혁법(the Private Securities Litigation Reform Act)'이 그 대표적 예다. 이 법은 남발되는 소송을 막기 위해 소장(訴狀) 작성에 필요한 구체적 법 위반 사실 적시 기준(pleading standard)을 높이는 등 소송 제기의 절차적 요건을 대폭 강화했다. 미국의 대법원도 몇 차례의 판결을 통해 원고의 증권 관련 집단 소송 제기가 쉽지 않도록 선례를 만들어 왔다.

이런 노력에도 불구하고 미국의 증권 관련 집단 소송은 수그러들 기미가 보이지 않고 있다. 2013년 총 234건의 증권 분야 집단 소송이 있었으며, 이는 2008년 이후 최고치라고 한다. 또한 같은 해 연방법원이 승인한 주주들과 회사의 증권 집단 소송 관련 합의금액도 총 65억 달러에 이르러 2012년보다 두 배 가량 높았다. 이렇게 소송이 늘어난 것은 회사의 합병과 순이익 예측 등에 대해 주주들이 문제 제기를 많이 했기 때문이다. 소송 건수의 20% 가량이 합병에 대한 것이었고, 41% 가량이 회사의 이익 예측이 잘못되었다는 주장이었다.

최근 증권 관련 소송의 또 다른 특징은 주법원에 소송을 제기하는 경우가 늘고 있다는 점이다. 이는 연방법원에서의 소송 제기 요건이 까다로워졌기 때문이다. 아울러, 주법원에서는 회사(이사회)가 내리는 합병 등의 결정이 주주들에게 불리한 조건으로 이루어졌다는 점을 개별주의 회사법 또는 판례에 근거해 주장할 수 있는 이점이 있다는 것도 그 이유로 들 수 있다.

'뻔뻔한' 골드만 삭스와 분기별 정보 공개

골드만 삭스(Goldman Sachs)는 설명이 필요 없는 미국의 투자은행이다. 금융 위기를 거치면서 다른 금융기관과 마찬가지로 골드만 삭스도 여론의 집중적 비난을 받았다. 금융 공학에만 치우친 파생 상품의 취급으로 세계 경제를 위기로 몰아넣은 데에 대한 불만이 골드만 삭스에 대해서도 예외가 아니었던 것이다. 금융 위기 이후 경제가 회복되는 기미가 조금씩 보이면서 골드만 삭스의 여전한 '뻔뻔함'이 이슈가 된 적이 있다. 골드만 삭스는 금융 위기가 터지자 미국 정부로부터 구제 금융을 지원받았다. 당시 골드만 삭스가 미 재무성의 '문제 자산 구제 프로그램(TARP: Troubled Asset Relief Program)'으로부터 받은 돈은 100억 달러 규모였다. 하지만 얼마 안 가 골드만 삭스는 미국 정부로부터 빌렸던 돈을 조기에 갚아 버린다. 그 이유는 구제 금융을 받은 상태로 정부로부터 이래저래 잔소리를 듣느니 더 이상 정부가 간여할 여지를 없애버리는 게 낫다고 판단했기 때문이다.

골드만 삭스는 한 걸음 더 나아가 자신들의 조기 변제 행위가 크게 잘못된 것이 없다는 태도를 보이고 있어 여론의 비난을 받았다. 다른 금융기관과는 달리, 골드만 삭스는 금융위기 이후에도 고강도로 위험이 내재된 금융 상품을 취급하는 것에 대해 죄의식을 느끼지 않고 있는 것으로 보였다. 실제로 2009년 2분기만 해도 그들은 VAR(Value at Risk)**77**기법으로 측정했을 때, 단 하루에만 2억 4천만 달러 이상의 손실이 날 수도 있는 상황이었던 것으로 파악됐다. (VAR기법은 당시 골드만 삭스가 떠 안고 있는 위험의 5분의 1 정도 밖에 측정하지 못한 것으로 알려져 있다.)

골드만 삭스가 미국 연방 증권 거래 위원회(SEC)에 분기마다 내는 보고서 (quarterly disclosures)에 의하면 2009년 2분기 골드만 삭스는 주식 분야에서 리스크를 좀 더 떠안은 반면, 채권·통화·원자재 분야 등에서는 투자 비중을 줄이고 있는 것으로 나타났다. 위험성 있는 자산으로 분류되는 3순위 자산(level 3 asset)에 대한 골드만 삭스의 투자 규모가 금융 위기 이후에도 500억 달러를 넘었다는 것은 미국 대표적 금융기관의 위험 선호 경향이 여전함을 보여주는

77 VAR은 특정 금융 자산의 손실 위험(risk of loss)을 측정하는 데 많이 쓰이는 금융 공학 기법이다.

것이라고 많은 전문가들은 지적했다.

ⓐ 증권의 정의 | 소극적 투자 vs. 적극적 투자

증권 거래법과 관련된 사건에서 가장 중요한 질문은 과연 당해 사건에 증권 거래법이 적용되는지 여부이다. 증권이라는 목적물이 사건에 개입되지 않았다면 증권 거래법이 적용될 여지가 없게 된다. 그렇다면 미국의 증권 관련법상 증권은 어떻게 정의되고 있을까?

그 해답은 미국의 증권법 제2조[78]에서 찾을 수 있다. 이 법은 증권을 두 가지 방법으로 규정하고 있다. 첫 번째 방법에 의하면 증권은 특정한 금융 도구 specific instruments이며 주식 stock, 어음 notes, 채권 bonds 등을 포함한다. 두 번째 방법은 증권을 좀 더 폭 넓게 정의하고 있다. '채무의 증거 evidence of indebtedness', '투자 계약 investment contracts', '증권으로 일반적으로 알려져 있는 도구' 등으로 증권을 정의하면서 금융시장의 발달과 고도화에 따른 새로운 증권의 출현 가능성을 염두에 두고 있다고 할 수 있다.

증권의 정의와 관련된 사건 하나를 살펴보자. 소개할 이야기는 미국 증권법상 '투자 계약'과 '주식'의 정의에 관한 내용이다. R이라는 사람이 있었다.[79] R은 유한 책임회사 LLC의 주주였다. R은 자신이 회사의 지분을 취득하면서 회사에 속아 불합리하게 높은 가격을 지불했다고 생각했다. 그는 증권 관련 사기를 금지하고 있는 연방 증권 거래법 규정[80]을 걸어

---

78 Section 2(1) of the Securities Act

79 Robinson v. Glynn

80 이 규정은 Rule 10b-5라고 불리며 증권 관련 케이스에서 매우 중요한 규정이다. 뒤에서 다시 상세히 살펴보기로 할 것이다.

회사를 고소했다. R은 자신이 보유하고 있는 지분이 미국의 증권법상 '투자 계약' 또는 '주식'에 해당할 수 있고 따라서 증권 거래법과 관련 규정이 당연히 자신의 사건에 적용이 되어야 한다고 생각했다.

우선, 법원은 R의 주장처럼 R의 지분이 '투자 계약'으로서 증권에 해당되는지 여부를 먼저 검토하였다. 법원은 미국의 판례에서 투자 계약이란 '투자자가 자신의 금전을 하나의 회사에 투자하고, 투자 자금을 받은 회사의 노력만에 의해 투자 수익을 얻을 것으로 기대하는 계약 또는 거래'를 의미한다고 설명했다. 법원은 투자 계약의 핵심을 '소극적인 투자자 passive investor'로 본 것이다. 즉, 자신이 별도의 노력을 들이지 않고 다른 사람(회사의 경영진 또는 제3자)이 취한 행위의 결과로 투자 수익을 확보하는 수동적 투자가 투자 계약의 핵심이라는 것이다. 이러한 관점에서 R은 소극적 투자자가 아니라는 것이 법원의 판단이었다. R은 지분을 획득하면서 자신이 행사할 수 있는 통제력의 정도를 회사와 긴밀히 협의했다. 이러한 R의 행동은 자신의 돈을 회사에 넣고 회사의 성과에 따라 투자 수익만을 획득하는 투자 계약자로 R을 간주할 수 없게 만들었다는 것이다. 결국, R의 지분은 투자 계약이 아니므로 증권이 될 수도 없다.

다음으로 법원은 R이 주장한 것처럼 그의 지분이 주식에 해당되는지도 검토했다. 법원은 주식이 가지는 일반적인 특징을 우선 설명했다. 주식이 가지는 특성은 배당을 받을 권리가 있다는 것, 다른 사람에게 양도가 가능하다는 것, 담보로 제공할 수 있다는 것, 주식 수에 비례해 투표권을 행사할 수 있다는 것, 가치가 올라갈 수 있다는 것 등 다양하다. R이 가지는 LLC의 지분은 이러한 주식의 특성을 갖지도 못했다. 우선, 회사의 멤버들은 자신이 보유한 지분에 비례하여 수익을 나눠 갖지 않았다. 둘째, R이 가지는 지분은 자유롭게 다른 사람에게 양도할 수 있는 것도 아니었다. 마지막으로 R 자신도 소송을 제기하기 전까지는 자신의 지분을 주식으로 보지 않고, LLC의 멤버십에 따른 이권 정도로 이해하고 있었다는 것이다. 결론적으로 이 사건에서 법원은 일반적으로 LLC의 멤버가 유한파트너 limited partners 또는 일반 주식회사의 주주보다 더 '적극적인 투자자 active investors'로서 기능하기 때문에, 소극적인 투자자에게 주로 적용되는 증권 관련 법령이 끼어들 여지가 없다고 보았다.

증권화 securitization의 부활

크레딧 카드, 자동차 할부 대출금 등 여러 채권으로부터 나오는 현금 흐름을 묶어(bundling) 증권(securities)으로 만들고, 이를 위험 정도에 따라 다양한 등급(tranches)으로 나누어 투자자에게 파는 증권화(securitization)가 다시 부활하고 있다. MBS(모기지 담보부 증권), ABS(자산 담보부 증권), CDO(부채 담보부 증권), CLO(대출채권 담보부 증권) 등 다양한 종류의 증권들이 서브프라임 모기지에 발목이 잡혀 2008년 금융 위기를 가져온 것을 아직도 많은 사람들이 기억하고 있는 상황에서 이들 증권의 귀환은 놀랄 만한 일이다.

자동차 관련 매출 채권, 신용카드 채권 등이 기초 자산을 구성하는 ABS의 발행은 최저점이었던 2010년보다 2013년에 2배 이상 늘었고, 비거주용 모기지에 의해 담보되는 MBS 발행액은 2009년 40억 달러 규모에서 2013년 1,000억 달러 규모로 크게 증가했다. 심지어는 태양광 패널(solar panel) 또는 주택 임대(home rental) 등으로부터 나오는 현금 흐름을 담보로 발행되는 증권도 생겼다고 한다.

이렇게 다양한 자산을 배경으로 하는 증권이 다시 등장하고 있는 배경은 우선 경제 회복과 밀접한 관련이 있다. 예를 들어, 자동차 대출금이 증권화되기 위해서는 소비자들이 자동차를 구매해야 하는 것처럼, 활발한 경제 활동은 증권화의 대상인 기초 자산을 증가시키는 효과를 가져온다.

두 번째로 증권화 부활의 배경은 높은 수익률을 찾는 투자자들의 자산 담보부 증권에 대한 수요가 늘었기 때문이다. 자산 담보부 증권은 보통 리스크가 높은 만큼 높은 위험에 상응하는 수익을 제공하게 된다. 최근 투자자들은 과거와는 달리 자산 담보부 증권에 대한 신용도 및 위험도 조사(due diligence)도 철저히 수행하고 있다고 한다.

세 번째 배경은 규제 당국의 태도 변화이다. 금융 위기를 가져왔던 증권화에 대해 규제 당국이 어떻게 입장을 달리 하게 된 것인지 궁금할 수 있다. 이는 증권화가 좀 더 많은 돈을 경제 각 분야로 유통되게 하는 신용 창출의 효과를 가지고 있다는 데 기인한다. 결국 증권화는 돈을 많이 풀어 경제 회복을 뒷받침하는 역할을 할 수 있다는 뜻인데, 이는 정부 당국이 바라마지 않는 것이다. 사실 금융 위기는 증권화의 주된 기초 자산이었던 모기지에 문제가 있었던 것이지, 증권화가 직접적 원인이었던 것은 아니라는 주장도 대두된 바 있다. 또한, 금융 당국은 증권화 과정과 상품을 효율적으로 감독할 경우 금융 위기 때와 같은 실수를 되풀이하지 않을 수 있다고 생각하게 되었다. 예를 들면, 당국은 증권화에 참여하는 기관이 기초 자산에 내재된 위험의 일부를 떠안게 함으로써 도덕적 해이를 막고 금융 위기 때와 같은 무분별한 증권화를 방지하는 길을 찾고 있다. 아울러 증권화된 상품에서 나오는 현금흐름을 다시 증권화하는 재증권화(re-securitizations)를 막는 것도 감독 강화 차원에서 논의되고 있다.

증권화는 금융 위기 이후 자기 자본 비율(capital ratio)을 늘리려고 애써온 은행 등 금융기관에게도 도움이 될 수 있다. 은행은 대차대조표상 자산으로 포함되는 대출금을 묶어 증권화하고, 이를 자산관리회사 또는 보험회사 등에게 팔아 대출금을 줄이면서 자기 자본 비율을 늘리는 효과를 거둘 수 있게 된다.

ⓑ 증권 발행과 정보 공개 | 증권 발행 등록 절차

증권을 발행하는 이유는 발행된 증권을 투자자에게 팔아 기업 활동에 필요한 자본을 조달하기 위한 것이다. 앞에서도 언급한 것처럼 증권을 발행하는 회사에 대한 정보는 투자자가 그 기업이 발행하는 증권을 살 것인지의 여부를 결정하는 데 중요한 영향을 미친다. 경영진이나 사업전망이 시원치 않다면 투자자는 그 기업이 발행하는 주식이나 채권을 사려고 하지 않을 것이다.

미국의 연방증권법 the Securities Act은 5조에서 연방 증권 거래 위원회 SEC에 등록 서류 a registration statement가 접수되고 증권 거래 위원회가 이러한 등록 서류를 승인하지 않는 한 투자자에게 증권을 팔 수 없다고 규정하고 있다. 등록 서류에는 '프로스펙터스 prospectus'라고 하는 중요한 자료가 들어가야 한다. 프로스펙터스는 뮤추얼 펀드, 주식, 채권 등에 투자하는 투자자에게 회사에 관한 중요한 정보를 제공하는 서류이다. 보통은 회사의 사업 내용, 재무제표, 경영진과 이사회의 약력 및 보수, 진행되고 있는 소송, 회사의 자산, 기타 중요한 정보를 제공하게 되어 있다.

미국의 프로스펙터스

결국, 일반 투자자에게 공개적으로 증권을 팔고자 할 때는 투자자의 투자 의사결정에 필요한 중요한 정보들을 프로스펙터스에 담아서 SEC의 승인을 받아야 한다고 결론을 내릴 수 있다. 이러한 프로스펙터스는 판매 전에 증권을 사고자 하는 투자자에게 배달되어야만 한다.

Corporate Case ▶

구제 금융과 프로스펙터스

미국의 블랙락(BlackRock)은 미국 정부가 구제 금융을 제공한 금융기관의 금융 자산을 대상으로 투자자를 모집한 바 있다. 즉, 자산 가치가 급격히 떨어진 모기지 증권을 사들여 나중에 투자 수익을 내는 것이 목표인데, 이는 위험도 큰 투자이다. 왜냐하면 이 부실 모기지 증권들이 미국의 금융기관을 병들게 하고 구제 금융까지 받게 한 주범이기 때문이다.

하지만 블랙락이 투자하고자 하는 증권들이 나중에 가치를 회복하게 되면 개인 투자자들은 상당한 수익을 낼 수도 있는 상황이었다. 구제 금융이 수익만을 쫓는 무책임 경영으로 금융 위기를 자초한 금융기관에 대한 선물이었다면, 블랙락이 시도한 투자는 이제 구제 금융의 재원인 세금을 낸 국민에 대한 보상이라고 할 수 있을 것이다.

SEC에 등록한 프로스펙터스를 통해 블랙락은 펀드의 규모가 얼마나 될지는 밝

뉴욕 맨하탄의 블랙락 본사

히지 않았다. 다만, 전문가들은 이 펀드의 크기가 부실 모기지 증권에 투자하는 펀드 전체에서 극히 적은 부분을 차지할 것으로 전망하고 있다. 사실 부실 모기지 증권에 투자하는 대부분의 투자 자금은 연기금 등과 같

은 전문 기관 투자자들로부터 나오고 있다.

블랙락 펀드는 개인 투자자들에게 최소 5천 달러 내지는 1만 달러 정도의 최소 투자 규모를 요구한 것으로 알려졌다. 블랙락 펀드는 투자자들로부터 모은 자금에다 정부의 출연금을 매칭시켜 구성되었다(이는 정부–민간 투자 프로그램(Public Private Investment Program)의 일환이다). 이러한 구조는 납세자들에게 부실 증권에 대한 투자가 가져올 수 있는 수익을 공유할 수 있게 하기 위해 만들어진 것이며, 오바마 정부와 블랙락의 합작품으로 알려졌다.

(1) 정보 제공 및 등록은 어떤 경우에? 사적 판매 vs. 공적 판매

위에서 설명한 프로스펙터스를 중심으로 한 등록 서류는 증권의 발행 대상이 일반 투자자인 경우에 요구된다. 그렇다면 일반 투자자가 아닌 일부 소수의 투자에게 증권을 발행하는 사적 판매 private offering의 경우는 어떤가?

연방증권법은 제4조에서 증권을 사적으로 판매하는 경우에는 프로스펙터스 등 등록과 관련된 의무를 면제해 주고 있다. 문제는 어떠한 경우를 공적 판매가 아닌 사적 판매로 볼 수 있는가 하는 점이다. 사적 판매의 여부를 판단할 수 있는 기준을 제시한 유명한 판례가 있다.

도란은 석유 시추를 위해 조직된 유한 파트너십 LP의 지분을 취득했다.[81] 이 회사는 도란을 포함하여 8명의 투자자로부터 투자자금을 모집하면서 석유 시추로 막대한 돈을 벌 수 있다고 선전했다. 하지만 아무

---

[81] Doran v. Petroleum Management Corp.

리 시간이 가도 회사가 약속한 석유는 나오지 않았다. 뿐만 아니라, 회사는 투자자들에게 준 약속 어음도 제때 갚지 못했다. 설상가상으로 석유 채굴 허가를 해 준 주정부도 석유가 나오지 않자 면허를 취소하게 된다. 막대한 투자 수익을 기대했던 도란은 배신감에 찬 나머지 회사가 연방증권법상 자신에게 제공해야 할 투자 관련 정보를 제공하지 않았다고 주장하게 되었다. 회사가 도란에게 회사의 실상에 관한 정확한 정보를 제공했었더라면 도란은 자신의 투자가 이루어지지 않았을 수도 있다고 생각했다. 하지만 회사의 생각은 달랐다. 회사는 도란에게 판매한 지분은 공적 판매가 아닌 사적 판매이므로, 연방증권법 4조에 의거하여 프로스펙터스 등 등록 서류를 연방 증권 거래 위원회에 등록하고 투자자에게 배포하여야 할 의무가 없다고 주장했다.

법원은 사적 판매인지의 여부를 판단하기 위해 네 가지 요소를 판단할 필요가 있다고 했다. 그 요소들은 (1) 증권을 제공받는 수령자 offeree의 숫자와 수령자 간 또는 수령자와 증권 발행자 issuer 간의 관계, (2) 제공되는 증권의 숫자, (3) 증권 판매의 전반적 규모, (4) 증권 판매의 방법 등이다.

첫 번째 요소와 관련해서는 다음과 같은 법리가 성립한다. 증권을 제공받는 수령자들이 많을수록, 증권 판매는 공적 판매일 가능성이 높다. 도란의 사건에서는 단지 8명의 투자자들이 유한 책임 파트너로서의 지분을 취득했으므로 공적 판매보다는 사적 판매로 볼 수 있는 개연성이 크다. 그 다음으로 법원이 주목한 것은 증권을 발행한 회사와 도란의 관계였다. 도란이 순진무구한 투자자였느냐, 아니면 여러 가지 정보를 종합해서 세밀한 분석을 한 후에 투자 여부를 결정하는 노련한 투자자 a sophisticated investor였느냐의 여부가 중요해진다고 보았다. 아마, 도란이 노련한 투자자였다면 이는 사적 판매일 가능성이 높고 회사는 정보 제공 의무를 면제받게 될 것이다. 하지만 법원은 투자자가 노련한 투자자인지의 여부만이 아니라, (등록 서류의 등록을 통한 정보 제공이 투자자에게 주었을 정도의) 중요한 정보에 대한 접근이 도란에게 가능했는지 여부도 주요한 고려 사항이라고 설명했다. 즉, 도란이 아무리 똑똑한 투자자이더라도 투자 결정에 필요한 중요 정보에 원천적으로 접근이 불가능했다면 도란을 일반적으로 정보 제공의 혜택을 받아야 하는 투자자와 같이 봐야 한다는 것이다. 법원은 이러한 기준들에 의해 사실관계를 다시 판단해야 한다고 하면서, 1심 법원으로 도란의 사건을 돌려보냈다.

사적 판매인 경우에도 유의해야 할 사항이 있다. 연방증권법 제4조가 등록 서류의 등록 의무를 사적 판매인 경우에 면제해줄지라도 증권 관련 사기를 허락하지는 않는다는 것이다. 즉, 증권 발행 시 투자자에게 충분한 정보를 제공해야 한다는 연방 증권 거래법 규정[82]은 사적 판매인 경우에도 적용된다.

(2) 등록 의무의 면제 | 레귤레이션 D

레귤레이션 D[83]는 증권을 발행하는 사람 issuer이 특별히 연방 증권 거래 위원회에 등록 서류 등의 제출을 통한 등록을 하지 않아도 증권을 발행할 수 있는 경우를 규정하고 있는 일반적인 면제 조항 safe harbor이다. 레

---

82 Rule 10b-5
83 레귤레이션 D는 연방 규정 코드(CFR)의 타이틀 17(Title 17)상 501조부터 508조를 가리킨다.

귤레이션 D는 연방증권법이 규정하고 있는 등록 의무[84]의 세 가지 중요한 예외를 규정하고 있다. 이 세 가지 예외는 룰 504조부터 506조까지 3개 조에 걸쳐 설명되어 있다.

우선 룰 504조는 1년 이내에 1백만 달러 미만의 증권을 발행하는 비공개 기업 non-public companies에 적용된다. 증권을 파는 투자자의 수나 유형에 대한 제한이 없다. 더욱 중요한 것은 이러한 유형에 해당하는 경우에는 연방증권법상의 정보 공개 의무 disclosure requirement가 없다는 것이다. 그렇지만 일반적인 광고나 증권 판매를 위한 판촉 등은 허용되지 않는다.

룰 505조는 5백만 달러까지의 증권 발행에 적용되는 면제 규정이다. 이 규정에 의하면 일정한 정도의 투자 판별 능력과 재력을 가진 공인 투자자[85] accredited investors에게는 이러한 공인 투자자의 숫자에 관계없이 등록 의무를 이행하지 않고 증권을 발행할 수 있다. 그러나 공인된 투자자가 아닌 비공인 투자자 non-accredited investors에 대해 증권을 발행할 경우에는 35명까지만 증권을 발행할 수 있게 된다. 뿐만 아니라 일반적인 광고나 판촉은 역시 허용되지 않는다.

룰 506조는 증권 발행의 금액 규모에 관계없이 등록 의무를 적용받지 않는 경우를 규정하고 있다. 이 조항은, 일반적인 광고나 판촉을 하지 않는다면 무제한의 공인 투자자 또는 35명 수준의 비공인 투자자에게 등록 서류 없이 증권을 발행할 수 있도록 허용하고 있다. 단, 이 조항 하에서는 룰 505조보다 한 가지 조건이 더 추가되어 있다. 비공인 투자

---

84 앞에서 설명한 바와 같이 이는 연방증권법(the Securities Act) 제5조에서 규정하고 있다.
85 보통 은행, 보험회사, 등록된 투자회사, 종업원 복지 플랜, 재력가(순자산 1백만 달러 이상) 등이 공인 투자자가 된다.

자가 충분한 지식과 경험을 가지고 자신이 내리는 투자 결정에 대해 평가를 할 수 있어야 한다는 것이다. 아울러, 증권을 발행하는 회사는 언제라도 투자자들의 질문이 있을 경우 대답할 수 있는 준비가 되어 있어야 한다. 룰 506조에 의해 등록 의무 면책을 받는 증권은 보통 1년간 양도가 제한되어 있는 증권 restricted securities이다.

또한 '2012 일자리 법 the 2012 JOBS Act' 통과로 새롭게 개정된 룰 506조의 내용에 의하면, 공인 투자자로부터만 투자 모집을 할 경우는 일반 광고나 판촉을 할 수 있게 허용되었다. 이때 공인 투자자는 매년 20만 달러 이상의 소득이 있거나, 부동산을 제외한 자산이 1백만 달러 이상이어야 한다.

Corporate Case

헤지펀드, 광고가 허용되다

미국의 헤지펀드는 투자자 모집을 위한 광고와는 거리가 멀었다. 이런 헤지펀드들이 광고를 하기 시작했다. 그 이유는 '2012 일자리 법(the 2012 JOBS Act)'이 발효되면서, 80년 동안 유지되어 왔던 연방 증권 거래 위원회(SEC)의 룰 506조를 바꾸어 놓았기 때문이다. 그동안의 룰은 일반 광고(general advertising)를 하지 않는 경우에만 증권 발행 등록 의무를 면제해주었다. 하지만 새로운 룰은 사적 펀드(private funds)가 일반 광고를 하더라도 등록 의무를 면제받는 사적 판매(private offering)로 볼 수 있도록 했다. 다만 광고는 위의 본문에서 설명한 것처럼 일정한 자격 요건을 갖춘 공인 투자자를 대상으로 투자를 모집하는 경우에만 허용된다.

헤지펀드가 광고를 새로운 시각으로 보게 된 것은 반드시 규정의 개정 때문인 것만은 아니다. 요즘 헤지펀드들은 블랙스톤(Blackstone)이나 휘델리티

(Fidelity)와 같은 대형 자산 관리 회사들과 투자자 모집을 위한 치열한 경쟁을 벌이고 있다. 이들의 공통된 구애 대상은 국부 펀드(sovereign wealth funds)나 연기금(pension funds)과 같은 기관 투자가(institutional investors)다. 대형 자산 관리 회사들이 이미 광고 등 마케팅 비용으로 상당히 많은 돈을 지출하고 있는 점을 감안하면, 광고를 할 수 있게 된 헤지펀드는 새로운 기회를 가지게 되었다고도 볼 수 있다. 실제 새로운 규정이 발효된 2013년 가을 이후 일부 헤지펀드들이 광고 비디오나 판촉물들을 웹사이트에 게재하기 시작했다. 브릿지워터 어소시에트(Bridgewater Associates)와 같은 헤지펀드는 창업자인 레이 데일리오(Ray Dalio)의 30분짜리 돈 버는 방법에 대한 강연을 유튜브(YouTube)에 올려놓기도 했다. 또 다른 헤지펀드들은 웹사이트에 더 많은 정보를 게시함으로써 판촉 효과를 노리고 있는 것으로 보인다. 아울러 새로운 규정이 발효된 이후 헤지펀드의 펀드매니저들은 예전보다 빈번하게 CNBC나 블룸버그(Bloomberg)와 같은 비즈니스 채널에 등장하고 있다.

헤지펀드에 대한 광고 허용을 좋게 보는 사람들은 광고를 통해 헤지펀드가 투자자들에게 많은 정보를 전달할 수 있으며, 광고가 그간 베일에 쌓여왔던 헤지펀드의 운영을 투명하고 책임감 있게 만들 수 있는 계기가 될 것으로 기대하고 있다.

⑶ 증권법 위반 시 민사상 책임 Securities Act Civil Liabilities | 등록 서류를 고의로 허위 작성하면?

미국 의회는 연방증권법 위반으로 인해 피해를 입은 민간 당사자의 권리를 구제하기 위해 다양한 장치들을 만들었다. 그 대표적인 것이 연방증권법 제11조 Section 11 of the Securities Act와 제12조 Section 12 of the Securities Act이다.

우선 제11조는 등록 서류를 통해 등록 의무를 마쳤을지라도 등록 서류에 기재된 내용이 중요한 사실들을 누락했을 경우, 증권을 사서 피해를 입은 투자자가 증권 발행을 한 사람 또는 회사의 이사 등을 대상으로 소송을 제기할 수 있도록 하고 있다. 다만 증권의 발행자가 투자자들을 고의로 속일 목적이 없이 실사 實査, due diligence를 마치고 그 내용을 충실하게 등록 서류에 기재했을 경우에는 민사상 책임을 면할 수 있다.

제12조는 크게 두 가지 규정을 두고 있다. 첫째, 증권을 발행할 때 등록 의무를 규정한 연방증권법 제5조를 위반하면서 증권을 연방 증권 거래위원회에 등록하지 않는 경우에는 증권을 발행·판매하는 자가 자신의 귀책 여부에 상관없이 무조건 책임을 진다.[86]

두 번째 규정은 일반 대중을 대상으로 증권을 발행·판매하는 공개 모집 public offering의 경우에 적용된다. 공개 모집 시 등록 서류를 포함한 관련서류를 작성할 때나, 또는 잠재 투자가들과 대화를 통한 커뮤니케이션 oral communication 등에 있어서 중요한 사실을 그렇지 않은 것처럼 표현 material misrepresentation하거나 누락 omission했을 경우에는 증권 발행자가 민사상 책임 private civil liability을 져야 한다. 단, 이러한 규정은 공개 모집의 경우에만 적용되므로 발행된 증권을 제2차 시장에서 거래하는 단계나 사적 모집 private placements인 경우에는 적용되지 않는다.

그렇다면 이러한 민사상 책임들이 어떤 경우에 구체적으로 적용되는지 살펴볼 필요가 있다. 앞서 연방증권법 제11조가 등록 서류에 중요한

---

86 미국법에서는 이러한 책임을 'strict liability'라고 한다.

사실들을 누락했을 시 져야 하는 민사상 책임을 규정하고 있으며, 그러한 책임을 면하기 위해서는 일정한 기준을 충족하는 실사 due diligence가 요구된다고 설명한 바 있다. 구체적으로는 이러한 실사를 인정할 수 있는 기준 등에 대해 많은 논란이 있었다. 어떤 경우에 제11조의 책임이 적용될 수 있는가?

볼링장을 건설하는 업체가 있었다.[87] 이 업체는 사업 자금을 조달하기 위해 회사채를 발행했다. 문제는 이 회사가 증권을 발행하면서 연방 증권 거래 위원회에 등록한 등록 서류 registration statement에 있었다. 문제의 등록 서류는 회사의 재무적 상황과 손실에 대한 노출 정도를 심각할 정도로 정확히 설명하지 않고 있었다. 투자자들은 나중에 투자가 실패하자 회사를 상대로 소송을 제기했다. 피고 가운데는 회사의 내부자들도 있었고, 회사의 외부 이해관계자들도 있었다.

법원은 사건을 심리하면서 각 피고인들이 맡은 회사에서의 위치, 증권 발행 시 역할, 중요한 정보에 대한 접근 정도 등을 분석했다. 법원은 회사의 내부 정보에 광범위한 접근권을 가지고 있는 회사 내부자 company insiders들이 등록 서류의 정확성에 대해 궁극적으로 책임을 져야 한다고 생각했다. 그렇지만 회사에 자문 역할을 하지 않는 외부 이해관계자들은 단지 등록 서류를 읽고 명백한 오류 obvious discrepancies가 있을 경우에만 그 오류를 시정하고 조치를 취할 의무가 있다고 판시했다. 이 판례의 교훈은 최소 기준을 충족하는 실사도 회사 내부관계자인지, 중요한 정보에의 접근 정도가 어떠한지 등에 따라 그 판단 기준이 달라진다는 것이

---

87 Escott v. Barchris Construction Corp.

다. 결국 회사 안에서 많은 정보를 알고 있는 사람일수록 증권법 제11조에 의한 책임을 질 가능성이 높아지게 된다.

ⓒ 증권 거래와 투자자 보호 | 룰 10b-5

지금까지 살펴본 것은 회사가 투자자 모집을 위해 증권을 발행하는 경우였다. 그런데 투자자를 보호할 필요가 생기는 것은 이렇게 증권이 최초로 발행되어 투자자에게 이전되는 경우만이 아니다. 사실 많은 수의 투자자들은 이미 시장에서 유통되고 있는 증권을 사는 것을 통해 투자를 하는 경우가 많다. 발행된 증권이 거래되고 유통되는 단계에서 투자자를 보호하기 위해 등장한 것이 미국 연방증권거래법 제10조이다.[88]

연방 증권 거래법은 10조에서 증권거래소에 등록되어 있는 증권인지 여부를 불문하고 증권을 구매하거나 판매하는 데 있어서 중요한 정보 등을 조작하거나 거래 상대방을 속일 수 없다고 규정하고 있다. 내부자 거래 insider trading나 중요한 정보를 누락하거나 허위로 알리는 행위 등이 중요한 규제 대상이 된다. 연방 증권 거래법 제10조는 시장에서 거래되는 공개 회사의 증권만이 아니라 비공개 회사 closely held corporations의 증권에도 적용된다. 제10조는 그 자체로 실행이 될 수 있는 규정은 아니다. 따라서 제10조의 규정을 이행하기 위해서는 연방 증권 거래 위원회 SEC가 별도의 규정을 제정할 것이 요구된다. 이렇게 제10조를 이행하게 위해 제정된 것이 룰 10b-5이다.

---

88 정확하게는 연방 증권 거래법(the Securities Exchange Act of 1934) section 10(b)이다.

룰 10b-5는 증권거래 시 발생할 수 있는 사기 securities fraud를 규율하는 아주 강력한 규범이다. 룰 10b-5는 증권 거래 사기를 구성하는 여러 가지 요소들을 설명하고 있다. 첫째, 중요한 사실 material fact을 잘못 기술하거나 누락하여야 한다. 둘째, 중요한 사실이 되려면 합리적인 사람 reasonable person이 투자 여부를 결정하는 데 있어서 중요하다고 여길 만한 정보가 되어야 한다. 셋째, 중요한 사실을 누락하거나 잘못 기술하는 행위는 그러한 행위를 하고자 하는 의도나 의식 culpability이 있어야 한다. 이러한 요건은 범죄 행위를 구성하려면 범죄를 저지르겠다는 정신 상태 가 있어야 한다는 것과 비슷한 것이다. 마지막으로 룰 10b-5에 의해 소송을 제기하려면 원고가 위와 같은 잘못된 기술 또는 누락에 의존하여 투자를 하였어야 하고, 그 결과 피해를 입었어야 한다. 그렇다면 룰 10b-5와 관련된 몇 가지 유명한 판례를 살펴보자.

Corporate Case

열흘의 5% 지분 취득 신고 기간과 형평성

스케줄 13D는 공개 회사의 지분을 5% 이상 취득하는 경우 SEC에 신고해야 하는 서식이다. 이렇게 공개 회사의 지분을 5% 이상 매집하는 주체는 10일 내에 당해 사실을 신고해야 한다. 이는 일반 투자자들이 회사의 대주주가 누구인지, 그리고 누가 회사의 지배 구조에 도전하고 있는지를 알리는 효과가 있다. 보통 스케줄 13D가 SEC에 접수되면, 적대적 인수 · 합병과 기업 통제권에 대한 다툼이 시작되는 전주곡이라고 보면 된다.

그런데 주식 매집 후 신고 기한인 10일이라는 기간에 대해 문제를 제기하는 사람들이 늘고 있다. 그 이유는 헤지펀드를 필두로 한 기업 사냥꾼 또는 행동주의

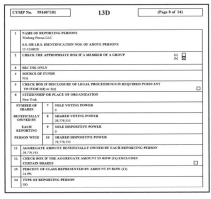

CUSIP No. 591467101	13D	(Page 8 of 14)

1	NAME OF REPORTING PERSONS Warburg Pincus LLC S.S. OR I.R.S. IDENTIFICATION NOS. OF ABOVE PERSONS 13-3536050		
2	CHECK THE APPROPRIATE BOX IF A MEMBER OF A GROUP	(a) (b)	☐ ☒
3	SEC USE ONLY		
4	SOURCE OF FUNDS N/A		
5	CHECK BOX IF DISCLOSURE OF LEGAL PROCEEDINGS IS REQUIRED PURSUANT TO ITEM 2(d) or 2(e)		☐
6	CITIZENSHIP OR PLACE OF ORGANIZATION New York		

NUMBER OF SHARES BENEFICIALLY OWNED BY EACH REPORTING PERSON WITH	7	SOLE VOTING POWER 0
	8	SHARED VOTING POWER 29,779,553
	9	SOLE DISPOSITIVE POWER 0
	10	SHARED DISPOSITIVE POWER 29,779,553

11	AGGREGATE AMOUNT BENEFICIALLY OWNED BY EACH REPORTING PERSON 29,779,553	
12	CHECK BOX IF THE AGGREGATE AMOUNT IN ROW (11) EXCLUDES CERTAIN SHARES	☐
13	PERCENT OF CLASS REPRESENTED BY AMOUNT IN ROW (11) 24.9%	
14	TYPE OF REPORTING PERSON OO	

스케줄 13D

투자가들이 5% 이상의 주식을 사들이면서 이를 일반에 공개하기 전에 자신들이 선호하는 소수의 투자자들에게 주식 매집 사실을 먼저 알리고 있다는 의혹이 있기 때문이다. 5% 이상의 지분 매입 사실이 일단 대외로 발표되면 주가가 크게 뛰든지 아니면 크게 떨어지기 때문에, 발표되기 전 정보를 입수한 사람들은 회사의 주식을 미리 사든지 아니면 팔든지 해서 시세 차익을 얻거나 손실을 면할 수 있다. 이러한 의혹을 제기한 월스트리트저널은 10일의 신고 기간이 1968년에 만들어진 규정으로 거래 기술의 발전과 시대 상황의 변화를 반영하지 못하고 있다고 비판했다. 증권 거래 전문가들도 5% 이상의 지분 매입 이후에 이를 공개하기까지 10일이나 되는 시간적 여유를 줌으로써 시장을 조작할 여지를 남기고 있다고 스케줄 13D 관련 규정을 비난하고 있다.

증권 거래법과 금융 감독의 생명은 일반 투자자가 거액의 자본과 고도의 노하우를 가진 프로 투자자보다 손해를 보지 않게 하는 것이다. 이런 관점에서 보면 어쨌든 일반 투자자보다 소수의 투자자가 이득을 볼 가능성이 있는 현행 13D 관련 규정은 문제가 많다고 하겠다. SEC의 위원장을 역임했던 매리 샤피로(Mary Schapiro)는 "10일의 기회는 소수의 투자자가 증권을 몰래 매입하는 것을 허용함으로써 일반 대중에게 (회사의 대주주 변화와 관계된) 중요한 정보를 적기에 알리지 못하고 있다"고 언급한 바 있다. 만약 현행 10일의 기간이 5일로 줄어들 경우 회사를 방어하는 경영진 입장에서는 관련 자원을 효율적으로 동원해 기업 사냥꾼에 대해 좀 더 효과적으로 대응할 수 있다는 주장도 나오고 있다.

월 스트리트를 뒤흔든 모기지 증권의 악몽

2008년 월 스트리트의 대혼란과 세계적인 금융 위기의 도화선이 된 모기지 증권(mortgage securities)의 악몽은 금융 위기가 발발한 지 수년이 지날 때까지도 그 여파가 계속되었다. 실례로 2014년 2월 모건 스탠리(Morgan Stanley)는 연방 주택 금융 공사(Federal Housing Financing Agency)에 금융 위기 전 판매한 모기지 증권과 관련해 12억 5천만 달러에 이르는 거금을 물어내는 것으로 합의했다. 이러한 합의는 모건 스탠리가 2005년부터 2007년 사이 모기지 금융기관인 훼니 매(Fannie Mae)와 프레디 맥(Freddie Mac)에 모기지 증권을 팔면서 이 증권에 내재된 위험을 제대로 설명하지 않았다는 이유로 주택 금융 공사가 2011년 소송을 제기한 것이 발단이 되었다. 당시 주택 금융 공사는 모건 스탠리를 포함 18개 금융기관을 상대로 모기지 증권 투자에 따른 손실을 배상받기 위해 소송을 제기했다. 금융 위기 이전에 증권으로 만들어져 판매된 모기지론

뉴욕 맨하탄의 모건 스탠리 본사

은 소위 '서브프라임 렌더(subprime lender)89'가 보유한 모기지 채권이 많았으며, 일부 모기지론은 채무 불이행률이 70%가 될 정도로 부실함의 정도가 컸다.

모건 스탠리에 앞서 제이피 모건

---

89 신용 등급이 낮고 지불 능력이 빈약한 채무자를 주된 상대로 모기지 자금을 대여하는 금융기관

(JPMorgan Chase)은 주택 금융 공사와 40억 달러 규모의 합의를 하였고, 도이치 뱅크(Deutsche Bank)는 19억 달러의 합의금을 내는 등 월 스트리트 금융 기관의 모기지 악몽은 지속되었다. 계속되는 소송 관련 비용을 대느라 모건 스탠리는 2013년 4분기 12억 달러의 법률 비용을 따로 책정했는데, 이로 인해 모건 스탠리의 모기지 대여 담당 부서는 11억 달러의 세전 손실(pretax loss)을 냈다고 한다. 또한 모건 스탠리는 주택 금융 공사 등과의 합의를 염두에 두고 추가적으로 1억 5천만 달러의 법률 비용 충당금을 따로 준비했는데, 이에 따라 모건 스탠리의 순이익도 크게 줄어들 것이라는 전망이 나왔다.

한편 2014년 2월 제이피 모건은 연방 검찰이 별도로 제기한 모기지 증권 불법 판매 민사 소송과 관련, 검찰과 6억 달러에 합의(civil settlement)를 했다. 검찰은 제이피 모건이 금융 위기가 발생하기 전 문제가 많은 모기지론을 증권으로 만들어 판매하면서도 정부에 이를 알리지 않아, 미국 정부가 부실화된 모기지 증권의 손실을 커버하느라 엄청난 손해를 봤다는 점을 부각했다. 제이피 모건은 합의 과정에서 정부의 가이드라인에 부합되지 않는 모기지 증권 판매가 있었음을 시인했으며, 합의를 계기로 부실 모기지 증권과 관련된 '오명의 역사'를 끝내고 싶다는 뜻을 밝혔다.

수상한 월 스트리트의 모기지 증권 거래

모기지 증권은 2008년 미국의 금융 위기를 가져온 주범이다. 금융 위기 전 투자은행을 비롯한 월 스트리트의 금융기관들은 주택 담보 대출인 모기지 론(mortgage loans)을 투자 규모와 위험별로 구분해서 묶은 후, 이를 증권화(securitization) 과정을 통해 투자 상품으로 만들고 이를 투자자들에게 팔았다. 주택 시장이 붕괴되면서 이들 증권의 가격은 폭락했고, 금융 위기의 기폭제로 작용했던 것이다. 금융 위기를 극복하는 과정에서 월 스트리트의 모기지 증권 판매는 이미 미국 연방 및 주정부로부터 여러 차례에 걸친 조사를 받은 바 있으며, 2013년 미 정부와 제이피 모건(JPMorgan Chase)의 130억 달러에 달하는 합의로 관련 수사가 일단락되는 듯 보였다.

월 스트리트의 금융기관들이 금융 위기 직후의 모기지 증권 거래와 관련해 다시 조사를 받는다고 알려진 것은 2014년 초다. 조사의 핵심은 금융 위기 이후 2009년부터 2011년까지 모기지 증권을 투자자들에게 팔고 사는 과정에서 월 스트리트의 금융기관들이 모기지 증권의 가격을 인위적으로 조작해 투자자들에게 실제와 다른 정보를 제공(misrepresentation)했는지 여부이다. 조사 대상은 바클리(Barclays PLC), 시티(Citigroup Inc.), 도이치 뱅크(Deutsche Bank AG), 골드만 삭스(Goldman Sachs Group Inc.), 제이피 모건(J.P. Morgan Chase & Co.), 모건 스탠리(Morgan Stanley) 등 쟁쟁한 금융기관을 포함하는 것으로 알려졌다.

앞서 설명한 것처럼 투자자들의 투자 또는 매매 결정에 영향을 미치는 중요 정보를 투자자에게 제대로 설명하지 않는 것은 불법이다. 주식시장에서 공개적으로 거래되는 주식과 달리, 모기지 증권에 투자하는 투자자들은 금융기관의 트레이더가 제공하는 가격과 커미션에 대한 정보에 크게 의지할 수 없는 상황인지라, 연방 증권 거래 위원회(SEC)가 조사에 나선 이유를 짐작하게 한다.

위와 같은 조사가 시작된 계기는 뉴욕의 투자은행인 제프리(Jefferies LLC)의 트레이더로 일하던 제시 리트박(Jesse C. Litvak)의 체포로 보인다. 리트박은 투자자들에게 모기지 증권을 사고 파는 과정에서 가격을 속여 불법 이득을 챙긴 혐의를 받고 있다. 그의 혐의는 결국 증권 사기(securities fraud)이며, 만약 유죄가 확정되면 20년을 감옥에서 보내게 될 것으로 보인다.

이번 조사의 핵심인 가격 조작은 투자자들에게 증권을 팔 때나 증권을 투자자로부터 살 때, 정확한 정보를 제공하지 않는 상태에서 지나치게 높은 가격으로 팔거나(markups), 지나치게 낮은 가격으로 샀는지(markdowns) 여부이다. 이번 미 당국의 수사는 월 스트리트의 모기지 증권에 얽힌 고통이 앞으로도 계속될 여지가 있음을 보여주는 징후다.

(1) 시장 market을 속이지 마라!

B사와 C사는 합병 협상을 진행 중이었다.[90] B사와 C사의 대표자들은 합병 가능성을 탐색하기 위해 2년여에 걸친 물밑 협상을 벌였다. 2년에 걸친 합병 협상 기간 동안 B사는 세 차례에 걸쳐 공식적으로 합병 가능성을 부인하는 발표를 하였다. 뿐만 아니라 B사는 공개되지 않은 합병 협상 기간 동안 발생한 주식 거래 행위의 증가에 대해서도 아무것도 모른다는 입장을 취하였다. 2년에 걸친 합병 협상이 끝나고 마침내 B사는 합병 사실을 발표하게 되었다. 그러자, B사의 주가는 급상승하게 된다. 문제는 B사가 합병 사실을 공식적으로 발표하기 전에 주식을 팔고 떠났던 B사의 옛 주주들에게 있었다. B사가 공식적으로 세 번에 걸쳐 합병협상 진행 사실을 부인했던 바람에 이들은 낮은 가격에 B사의 주식을 팔고 떠났던 것이다. 만약 B사가 합병 사실을 부인하지 않았더라면 이 주주들은 더 높은 가격에 주식을 팔 수 있었을 것이다. 이렇게 B사가 합병 사실을 부인하던 기간 동안에 주식을 팔았던 주주들은 B사의 세

---

90 Basic Inc. v. Levinson

번에 걸친 합병 협상 부인 행위가 연방 증권 거래법 규정인 룰 10b-5를 위반한 것이라고 주장하며 소송을 제기했다.

우선 법원은 B사가 '중요한 사실'을 투자자인 주주들에게 속였는지를 검토했다. 앞에서도 설명했지만 중요한 사실이 되기 위해서는 그러한 사실이 증권을 살지 말지를 결정하는 데 영향을 미쳐야 한다. 이 사례에서 법원은 B사가 거짓으로 합병 협상 사실을 부인한 것이 B사의 주가에 영향을 미쳤으므로 그러한 정보는 중요한 사실이라고 판단했다.

다음으로 법원이 관심을 둔 것은 과연 주주들이 회사가 공식적으로 발표한 합병 협상 부인 내용을 믿었는지 여부와 만약 믿었다면 그러한 믿음으로 인해 주식을 팔았는지 여부였다. 즉, 의존 reliance과 인과관계 causation에 대한 판단이었다.

이러한 판단을 위해 법원이 사용한 법리는 '시장에 대한 사기 fraud on the market'이론이었다. 이는 세 가지 단계에 기초한 논리적 추론 과정에 기반하고 있다. 우선 이 이론은 투자자들에게 이용 가능한 모든 정보가 주가를 결정한다고 전제한다. 둘째, 잘못된 기술이나 정보는 주가에 영향을 미친다. 마지막으로, 이러한 잘못된 기술이나 정보가 있게 되면 결국 투자자를 속이게 되는 것이다. 결국, 시장에 대한 사기 이론은 '진실한 정보가 공개되었더라면, 투자자들은 정보가 공개되지 않은 상태에서 결정된 가격에 의존하여 거래를 하지 않았을 것'이라는 점을 전제하고 있다. 사례에서 원고인 주주들은 B사가 합병 협상 사실을 공개했더라면 처음부터 주식을 팔고 나가지 않았으리라는 것이다.

이러한 상황에서 원고인 주주들이 전개한 주장, 즉 '자신들이 주식을 팔고 나가기로 한 결정은 B사가 합병 사실을 숨기고 공식적으로 부인한 것에 의존했다'는 주장을 피고인 B사가 반박할 수 있는 두 가지 방법이 있다. 이러한 반박은 넓게는 시장에 대한 사기 이론을 공박하는 데도 사용될 수 있다. 우선 B사는 시장이 비효율적이었고 B사가 합병 사실을 부인한 것이 주식의 가격에 영향을 미치지 않았다는 주장을 할 수 있다. 그 다음으로 B사는 원고가 잘못된 사실 공표 misrepresentation에 관계없이 주식을 거래했을 것이라는 입증을 할 수가 있다. 즉 원고가 B사의 합병 협상 부인이 거짓임을 알았을지라도 주식을 팔고 나가고자 한 사실만 입증이 된다면 B사는 책임을 질 이유가 없는 것이다.

그러나 이 사건에서 B사는 반박에 실패했고, 법원은 B사가 합병 협상 사실을 부인한 것이 주가에 영향을 미쳤으며, 잘못된 정보에 근거해 주주들이 주식을 매각함으로써 손실을 입었음을 인정하였다.

'시장에 대한 사기 이론'의 명암

경제학의 효율적 시장 가설(the efficient market hypothesis)과 결합된 '시장에 대한 사기(fraud on the market)' 이론처럼 많은 소송을 유발한 이론도 없다. 회사의 주가가 갑자기 비정상적으로 움직일 경우 이 이론을 이용해 많은 주주들이 회사를 상대로 배상을 요구하는 소송을 제기해 왔고, 이는 많은 미국 기업들에게 골칫덩어리였다.

이렇게 주식시장과 기업을 뒤흔들어 왔던 시장에 대한 사기 이론이 미국 최고 법원의 재검증을 받게 되었다. 발단이 된 것은 핼리버튼(Halliburton)이라는 석유 채굴 서비스 회사에 투자한 한 자선 기금이 제기한 소송이었다.91 원고인 자선 기금은 핼리버튼이 회사가 관계된 합병, 석면 관련 소송, 기타 문제가 된 계약 등에 대한 정보를 제대로 공시하지 않아 자선 기금의 보유 주식 가치가 하락하는 손실을 입었다고 주장했다. 회사가 정확한 정보를 전달하지 않거나 아예 정보를 알리지 않음으로써 모든 주주들을 실질적으로 속이는 효과가 있다는 것이 시장에 대한 사기 이론이며, 이 소송도 이러한 이론을 바탕으로 제기된 것이었다.

1988년 미 대법원에 의해 시장에 대한 사기 이론이 정립된 이후, 이 이론에 근거하는 주주 집단소송이 빈번히 제기되어 왔다. 일단 소송이 제기되면 원고인 주주를 대표하는 변호사는 회사를 상대로 엄청난 양의 방대한 회사 내부 자료를 요구할 수 있으며, 이러한 자료는 과연 회사가 잘못된 정보를 전달해 주가에 영향을 미쳤는지를 검토하는 데 쓰이게 된다. 이렇게 많은 양의 자료 요구는 회사로 하여금 마지못해 재판 대신 화해(settlement)를 선택하는 계기로 작용해 왔다. 미국 상공회의소에 의하면 1996년 이후 이러한 소송 제기로 인해 주주들이 입은 경제적 손실은 7,000억 달러 이상이며, 전체 미국 상장기업의 40% 이상이 이와 같은 소송의 타겟이 되었다고 한다. 한번 소송이 제기되면 법률 비용은 물론이고, 회사를 운영해야 할 경영진까지 많은 시간을 소송 대응에 소비하게 되어 폐해가 크다는 것이 경제계의 주장이다. 또한 많은 기업들이 소송을 회피하기 위해 주식시장 상장을 기피하게 되는 부작용도 있다고 한다.

한편, 미 법무부를 포함한 법률가들은 시장에 대한 사기 이론이 적용될 경우 회사의 경영진이 주주를 상대로 거짓말을 하지 못하게 되며, 결과적으로 이는 주식시장의 투명성을 높여 오히려 미국 증시의 매력을 높이는 요소가 된다고 반박했다. 2014년 6월 미 대법원은 핼리버튼 소송의 결론을 내리면서 증권 사기

---

91 Halliburton v. Erica P John Fund

의 성립 요건인 '투자자의 잘못된 정보에 대한 의존(reliance)'을 입증하는 방법으로서 시장에 대한 사기 이론이 여전히 유효하다는 것을 확인하였다. 다만 미 대법원은 피고인 회사가 '부족한 정보 공시가 실제 주가에 영향을 미치지 않았다'는 사실을 집단소송(class action)의 원고 확정 단계에서 입증함으로써 원고들의 주장을 반박할 수 있다고 설명했다. 만약 회사 측의 이러한 반박이 성공한다면 어떻게 될까? 투자자들은 집단소송이 아닌 개별소송을 통해 부족한 정보 공시에 의존해 주식을 매매했다는 사실을 개인별로 직접 입증해야만 한다.

(2) 시장가격에 영향을 미치지 않는 경우

지금까지 소개한 판례는 시장에 대한 사기가 성립한 사례였다. 하지만 잘못된 정보의 공개가 반드시 이 이론을 성립시켜 룰 10b-5를 발동할 수 있게 하는 것은 아니다. 시장에 대한 사기가 성립하기 위해서는 잘못된 정보가 널리 대중에 영향을 미치는 대중적 정보여야 한다.

호프만이라는 주식 중개인 stock broker이 있었다.[92] 그는 자신의 고객 11명에게 P사가 곧 엄청난 프리미엄에 인수될 것이라고 거짓말했다. 물론 그의 거짓말은 고객들로 하여금 P사의 주식을 구입하게 하기 위한 것이었다. 나중에 호프만의 말이 거짓이었음을 알게 된 투자자들은 P사와 호프만을 상대로 소송을 제기했다. 원고인 투자자들이 제시한 논거는 호프만의 거짓말이 시장에 대한 사기 이론을 성립시킨다는 것이었다.

이 사건을 담당한 법원은 이 이론이 성립하기 위한 요건을 명료하게

---

92 West v. Prudential Securities, Inc.

제시하였다. 시장에 대한 사기가 성립하기 위해서는 공개된 정보가 전문적인 투자자 professional investors들에게 다다르고, 이러한 정보를 이용하는 투자자들의 행위에 의해 신속히 증권의 가격에 영향을 미쳐야 한다는 것이었다. 그런데 호프만은 일반 대중에게 정보를 공개하지 않았다고 법원은 판단했다. 왜냐하면 그가 한 거짓말은 그의 고객인 11명에게만 전달된 공개성이 없는 비대중적 정보였기 때문이다. 호프만이 한 거짓말은 전문적인 투자자들에게는 전달되지도 못했고, 그 결과 시장가격에 영향을 미치지도 못했다. 호프만이 아무리 거짓말을 했더라도 그의 거짓말이 회사의 주가에 영향을 미치지 못했으므로 시장에 대한 사기 이론이 성립되지 않고 따라서 룰 10b-5도 적용될 여지가 없다.

⑶ 증권 사기의 또 다른 요건: 원고 적격과 피고의 심리 상태

소송을 제기하기 위해서는 원고가 될 자격이 있어야 한다. 우리나라에서 원고 적격이라고 하는 것을 미국법에서는 '스탠딩 standing'이라고 한다. 룰 10b-5를 근거로 재판을 걸기 위해서는 실제로 주식을 사거나 팔았던 실거래자 actual purchasers or sellers이어야 한다. 따라서 잘못된 정보의 공개로 주식을 사거나 팔지 않았던 사람은 원고 적격이 없게 된다.

원고가 원고 적격을 가지고 소송을 제기하더라도 또 하나의 장벽은 남아 있다. 그 장벽은 원고가 피고의 정신적 상태 또는 범죄의 의도를 입증해야 한다는 것이다. 즉, 원고는 피고가 원고를 속이거나 또는 정보를 조작하려는 의도가 있었음을 입증해야 한다. 이렇게 피고의 불순한 의도를 입증해야 한다는 것은 상당한 의미가 있다. 그 이유는 단순한 과실 negligence로서는 룰 10b-5를 위반했다고 소송을 제기할 수 없다는 것을 의미하기 때문이다. 하지만 고의적인 의도는 없었을지라도 단순한 과실을 넘어서서 과실의 정도가 지나친 경우[93]에는 룰 10b-5의 적용 대상이 된다는 견해도 있다.

⑷ 정보 공개 vs. 형평성 | 형평성은 연방 federal이 아닌 주 state에서

룰 10b-5가 요구하는 바는 명료하다. 정보는 진실되게 그리고 충분하게 공개되어야 한다는 것이다. 결국 룰 10b-5는 정보 공개에 대한 규정 disclosure rule이라고 할 수 있다. 그런데 간혹 이런 룰 10b-5의 본질을 모르고 소송을 제기하는 경우가 있었다.

그런 사례 중에서 가장 대표적인 것은 지배주주 또는 경영진의 신의·성실 의무 위반 행위 또는 불공정 거래 행위에 대해 룰 10b-5를 걸어 소송을 제기하는 경우이다. 예를 들면, 모회사가 자회사와 합병을 하면서 자회사의 주주에게 지급한 합병 대가가 자회사 주주가 기대했던 금액보다 훨씬 낮은 경우가 있었다.[94] 모회사는 델라웨어 주 회사법에 의해 세워진 회사였다. 문제의 모회사는 자회사 지분의 절대 다수를 보유하고 있는 대주주였고, 따라서 델라웨어 간이합병규정[95]에 의거하여 자회사 주주총회의 의결을 거치지 않고 자회사를 합병할 수 있었다. 간이 합병 규정은 합병으로 영향을 받게 되는 자회사의 주주들에게 주주들의 권리 등을 설명하는 정보 공개를 하도록 의무화하고 있다. 문제의

---

93 미국법에서는 이렇게 과실의 정도가 지나치고 행위의 파장을 전혀 고려하지 않는 심리 상태를 'recklessness'라고 한다.

94 Santa Fe Industries, Inc. v. Green

95 이를 'short form merger statutes'라고 부른다.

모회사는 정보 공개 서한에서 자산 실사 결과 합병 대상인 자회사의 주당 가격은 640달러이지만, 모회사의 자문사인 투자은행의 의견에 의거하여 주당 가격을 150달러로 책정했음을 밝혔다. 이런 내용을 받아 든 자회사의 소액주주들은 발끈했다. 불만에 가득 찬 소액주주들은 모회사가 룰 10b-5를 위반했다며 소송을 제기했다.

법원의 판단은 냉철했다. 모회사는 정보 공개 서한을 통해 충분한 정보를 공개했으므로 룰 10b-5에 의해서는 책임을 물을 수 없다는 것이다. 룰 10b-5가 칼날을 휘두를 수 있는 것은 정보 공개가 불충분하거나 진실하지 못해 증권을 사거나 파는 사람들에게 피해를 입힌 경우에만 해당된다는 것이다. 문제의 사례에서는 모회사가 아무리 낮은 가격을 책정해 자회사의 주주들을 화나게 했을 지라도 정보를 숨기거나 거짓말을 하지는 않았다. 모회사가 자회사 주주로부터 주식을 사면서 형평성을 잃을 정도로 싼 가격으로 사거나, 배임 행위가 있었다면 이는 연방 증권 거래법 사건이 아니라 신의·성실 위반 행위 등을 다루는 주별 회사법과 주법원에 의해 판단되어야 한다고 법원은 판시했다.

월 스트리트의 정보 선점 행위에 대해 칼을 빼든 뉴욕 검찰

2014년 초 뉴욕 주 검찰은 월 스트리트의 자산 관리 회사, 헤지펀드 등이 월 스트리트에서 활동하는 여러 기관의 애널리스트 등과 접촉해 주요 경제 및 산업 정보를 미리 알아내는 행위에 대해 조사를 시작했다고 발표했다. 경제 보고서, 애널리스트 의견, 기타 데이타 등 시장을 움직일 수 있는 정보(market-moving data)가 일반 대중에게 알려지기 전에 월 스트리트의 투자자들에 의해 활용될 경우 그들이 부당한 이득을 취할 수 있기 때문이다.

뉴욕 검찰의 조사 대상은 이러한 정보를 주는 애널리스트와 정보를 받는 기관들로 알려졌으며, 월 스트리트의 대표적 자산 관리 회사인 블랙락(BlackRock)도 조사를 받았다고 한다. 조사 결과 블랙락은 회사의 서베이 프로그램을 이용해 리서치 애널리스트들과 접촉했으며, 이를 통해 대중에게 공개되기 전의 정보를 입수했다고 한다. 블랙락은 형사 처벌을 받지는 않았으나, 수사 비용에 해당하는 40만 달러를 납부하기로 검찰과 합의했다. 블랙락이 거대 자산 관리 회사로서 한 분기에만 7억 달러가 넘는 순이익을 내는 회사라는 점을 고려할 때, 이정도 금액의 합의가 놀랄만한 규모는 아니다. 하지만 뉴욕 검찰은 블랙락이 적극적으로 검찰 조사에 협조했다고 하면서 만족감을 표시했다. 블랙락은 검찰 조사를 계기로 논란이 되었던 애널리스트 서베이 프로그램을 중단시켰다.

에릭 슈나이더맨(Eric Schneiderman) 뉴욕 주 검찰총장은 위와 같은 조사를 통해 좀 더 많은 금융기관들이 그간의 정보 수집 행태를 소상히 밝히고, 시장보다 정보를 먼저 얻어내는 행위가 근절되길 바란다고 밝혔다.

(5) 옵션을 산 사람은?

B사는 투자자들에게 스톡옵션을 팔았다.[96] B사는 보험 사업도 하고 있었는데 이 분야는 다른 사업 분야와는 달리 손실로 고전하고 있었다. 하지만 B사는 보험 사업 분야가 손실로 어려움을 겪고 있다는 얘기를 하지 않았다. 투자자들을 위한 공시에서도 이런 내용을 빠뜨렸다.

---

96 Deutschman v. Beneficial Corp.

P는 B사가 발행한 옵션 계약을 매입한 사람이었다. B사가 보험 사업 부실을 얘기하지 않고 옵션 계약을 판매함에 따라 P는 상대적으로 높은 가격을 부담하고 콜옵션을 매입할 수밖에 없었다. P는 B사가 룰 10b-5를 위반했다고 하면서 소송을 제기했다. B사는 P가 주식이 아닌 옵션을 보유하고 있는 사람으로서 룰 10b-5에 의한 보호를 받을 수 없다고 반박했다. 또한 옵션은 일반 주식과 달리 도박성이 있어 보호할 가치가 적다는 것이 B사의 주장이었다.

법원은 옵션도 증권의 일종이고, B사가 의도적으로 보험 사업의 손실을 숨긴 것도 중요한 사실의 누락으로서 정신적 상태 요건을 충족한다고 보았다. 결국 주식이 아닌 옵션을 산 P도 룰 10b-5에 의해 원고 적격이 인정되었던 것이다. 룰 10b-5에 의해 보호되는 증권의 종류는 상당히 넓게 인정되고 있다.

07

인사이더 트레이딩과 처벌
: 금융 감독의 핫 이슈

우리는 가끔 회사의 내부 정보를 이용해 주식을 싸게 사서 비싸게 팔거나 하는 방법 등을 통해 수익을 올리다가 적발되는 일을 보아왔다. 미국에서도 이러한 내부 정보 이용 거래 행위를 규제하는 것은 증권 관련법의 중요한 임무이다. 물론 이러한 내부자 거래 insider trading에 대한 규율이 연방증권법이나 연방 증권 거래법만을 통해 이루어지는 것은 아니다. 주법 state law에서도 회사 내부 관계자가 내부 정보를 이용하여 거래한 경우를 신의 · 성실 의무를 위반하였다고 판단한 사례가 있었다. 내부 정보 이용 거래 행위에 대한 미국의 대표적 판례와 사례들을 차례차례 살펴보자.

어느 CEO의 기가 막힌 주식 매각 타이밍

회사의 경영진, 이사, 또는 주요 주주는 대중에 공개되지 않은 중요 정보(MNPI: material nonpublic information)를 가지고 있는 경우가 많으며, 따라서 이들이 회사 주식을 사고 팔 때는 내부 정보(inside information)를 이용한 거래가 아니냐는 의혹을 받는 경우가 많다. 그렇다고 해서 이들에게 회사 주식을 아예 사거나 팔지도 못하게 하는 것은 가혹할 것이다. 이런 상황을 염두에 두고 등장한 것이 연방 증권 거래 위원회(SEC)의 룰 10b5-1이다. 이 룰은 회사의 오피서 또는 이사 등 내부자가 주식 매매의 수량과 가격, 그리고 매매가 일어나는 날을 사전에 미리 정할 경우, 내부 거래 혐의를 받지 않고 주식을 매매할 수 있게 허용하고 있다.**97**

그런데 이러한 규정도 남용될 여지가 있다. 가령 좋은 소식의 발표를 특정 주식 매각일 직전까지 늦추거나, 나쁜 소식의 공표를 특정 주식 매각일 직후에 하는 경우는 내부자가 부당한 시세 차익을 얻을 가능성이 커지는 것이다. 실제로 미국 바이오 의약품 회사인 퀘스트코 제약(Questcor Pharmaceuticals)의 CEO인 돈 베일리(Don Bailey)는 룰 10b5-1에 근거한 자신의 정기 주식 매각 플랜(regular selling plan)을 부당하게 이용했다는 의혹을 받았다. 돈 베일리의 주식 매각 플랜은 매달 중순 정기적으로 주식을 팔게끔 되어 있으며, 2011년부터 시행되어 왔다.

문제는 이 회사의 좋은 소식 발표가 그가 주식을 팔 수 있는 매월 중순이 되기 직전에 이루어졌다는 것이다. 몇 가지 예가 있다. 2013년 10월 10일, 이 회사는

97 The Harvard Law School Forum on Corporate Governance and Financial Regulation(blogs.law. harvard.edu/corpgov/2013/02/05/rule-10b5-1-plans-what-you-need-to-know)

현금 상황(cash balance)을 공표했는데, 월 스트리트의 분석가들은 회사의 현금 자료를 볼 때 3분기 실적이 예상을 뛰어넘을 것이라는 전망을 내놓았다. 그러자 발표 전날 54달러에 불과했던 회사의 주가는 발표 당일 59달러까지 뛰었다. 4일 후 돈 베일리는 자신이 보유한 회사 주식 4만 주를 주당 62달러에 팔았으며, 이러한 가격 수준은 10월 중 가장 높은 것이었다. 또한 2013년 12월 11일, 회사는 이사회에 새로운 위원회를 구성할 계획이며, 위원회가 회사의 가치를 높이기 위한 전략적 자문을 할 것이라고 밝혔다. 월 스트리트에서 '전략적 자문'이라는 단어는 회사가 매각을 고려하는 것이 아니냐는 관측을 불러일으키기에 충분한 것이었다. 이러한 소식을 접한 투자자들은 회사 주식을 대거 매입했으며, 그 결과 주가는 뛰었다. 이틀 후 베일리는 4만 주를 주당 53달러에 팔았다. 당시 12월 회사 주가는 계속 하락 추세였는데, 12월 9일 주가는 51달러 수준이었다. 이 뿐만이 아니다. 2013년 6월 11일. 퀘스트코는 라이벌 제약 회사인 시넉센(Synacthen)을 인수하고 있다고 발표했다. 경쟁자를 M&A한다는 것은 좋은 소식이며, 회사의 주가는 발표 당일 15%나 올랐다. 이틀 후인 6월 13일, 베일리는 자신의 정기 주식 매각 플랜에 따라 주식 4만 주를 매각했다.

룰 10b5-1에 의한 주식 매각 플랜은 투자자와 규제 당국이 추적하기가 쉽지 않고, 매각 플랜의 상세 내용을 당국에 보고할 의무도 없어, 감독의 사각 지대에 있다는 비판을 받고 있다. 좋은 소식을 묵혀놓았다가 발표한 후, 투자자들이 회사 주식을 사려고 달려들 때, 내부자가 보유한 주식을 파는 것은 불법의 소지가 다분하다. 미국 증권 거래법은 회사가 좋은 소식이든 나쁜 소식이든 그 소식을 알게 되자마자 일반 투자자에게 공표할 것을 요구하고 있다.

ⓐ 내부 정보 이용 행위와 신의 · 성실 의무

D는 A사의 회장이었다.[98] A사는 여러 지역에 땅을 소유하고 있었다. D는 A사가 소유하고 있는 부지 중에 가치가 큰 동광 銅鑛, copper deposits이 있다는 소식을 접하게 되었다. 이 소식은 회사가 비밀리에 고용한 지질 학자가 제공한 정보였다. 이러한 정보가 공개되면 주가가 뛸 것을 기대한 D는 그 소식을 듣자마자 보스턴 주식 거래소 BSE[99]에서 중개인을 통해 P라는 주주로부터 700여 주의 회사 주식을 매입하게 되었다. 나중에 P는 D가 내부 정보를 이용해 자신이 보유하던 주식을 싼 값에 사서 높은 시세 차익을 챙겼다며 소송을 제기했다. 당시 P는 매사추세츠 주의 최고 법원에 D가 주주인 자신에 대한 신의 · 성실 의무를 위반해 내부 정보를 이용한 거래에 가담했다고 주장했다. 법원의 판단은 어땠을까?

위 사례의 배경이 된 시기에는 회사의 경영자나 이사들이 기존 주주로부터 주식을 살 때 '특별한 사실 special facts'이라고 불리는 사항을 공개하도록 하는 의무가 일반적으로 부과되고 있었다.[100] 물론, 이러한 특별한 사실은 중요한 가치가 있는 비공개 정보 highly material, non-public corporate information를 의미했다. 하지만 법원은 이러한 의무가 회사의 회장이었던 D에게 적용되지 않는다고 판시했다. 그 이유는 D가 P로부터 직접 주식을 산 것이 아니라 다양하고 무수히 많은 거래가 이루어지는 주식시장에서 중개인을 통해 주식을 샀기 때문이었다. 따라서 주식의 매수자와 매도자

---

98 Goodwin v. Agassiz

99 보스턴 주식 거래소(BSE)는 1834년에 설립된 미국에서 세 번째로 오래된 주식 거래소였다. 나스닥 (NASDAQ)은 2007년 6,100만 달러에 BSE를 인수한다.

100 미국법에서는 이를 '특별한 사실 테스트(special facts test)'라고 불렀다.

간에 일대일 대응 관계[101]가 성립하지 않는다는 것이다. 뿐만 아니라, 법원은 D가 지는 신의·성실 의무는 회사에 지는 것이지, 일반 개인 주주들에게 지는 것은 아니라고 보았다. 또한 D의 내부 거래 정보 이용 행위가 회사에게 직접적으로 손해를 끼친 것은 아니므로 신의·성실 의무 위반을 이유로 소송을 제기하는 것은 맞지 않다고 했다.

ⓑ 내부 정보를 이용한 거래는 외부자도 처벌을 감수해야

증권 거래에 있어서 룰 10b-5의 영향력은 엄청나다. 내부 정보를 이용한 증권 거래에서도 이 말은 똑같이 적용이 된다. 룰 10b-5는 기업 내부의 이해관계자가 자신들만이 아는 정보를 이용하여 주식을 사거나 파는 행위를 엄격히 규제하고 있다.

TGS라는 회사가 있었다.[102] 이 회사는 캐나다의 온태리오 주에 광산을 보유하고 있었는데, 이 광산에서 엄청난 양의 광맥이 발견되었다. 이 사실을 안 회사의 경영진과 일부 종업원들은 이러한 빅 뉴스가 대중에 공개되기 전 회사 주식을 사들였다. 정보가 공개되자 TGS의 주가는 3배 이상 뛰었고, 그 결과 미리 주식을 사둔 경영진과 종업원들은 엄청난 시세 차익을 챙기게 되었다.

법원은 빅 뉴스가 공개되기 전에 주식을 산 경영진과 종업원들이 증권 거래에 있어서 사기 등을 일반적으로 금지하고 있는 룰 10b-5를 위반했다고 판단했다. 그러나 이 중요한 사건의 특징은 이러한 내부 관계

---

101 미국법에서는 이를 'privity'라고 부른다.
102 SEC v. Texas Gulf Sulphur Co.

자만을 처벌하지 않았다는 점에 있다.

주식을 미리 샀던 경영진과 종업원들은 자신들이 가진 공개되지 않은 회사의 고급 정보를 개인적으로 친분이 있는 사람들에게도 귀띔을 해주었다.[103] 이 사람들도 얘기를 듣자마자 TGS의 주식을 샀다. 법원은 이 사람들도 마찬가지로 룰 10b-5를 위반했다고 결정했다.

이 사건의 판례가 가져온 파장은 엄청났다. 내부 정보를 가진 사람은 그 정보가 공개되어 시장이 반응하기 전까지는 증권을 사거나 팔 수 없다는 중요한 교훈을 남긴 사건이었다. 룰 10b-5가 모든 사람에게 정보에 대한 동일한 접근 권한을 보장한다는 점을 선언한 의미 있는 판결이기도 했다. 회사와 관련하여 중요한 정보를 알게 된 사람은 내부인이든 외부인이든 상관없이 거래를 아예 하지 말든지, 아니면 대중에게도 자신이 알고 있는 정보를 공개해야 한다는 것이 미국법의 입장이다. 이러한 증권거래자의 의무를 미국에서는 '절제 또는 공개 의무 a duty to abstain or disclose'라고 한다.

🅒 우연히 고급 정보를 알게 된 사람은 괜찮나?

C는 인쇄소의 직공이었다.[104] C가 몸을 담고 있던 인쇄소는 A라는 회사의 B사에 대한 공개 인수 제안 takeover bids 발표문을 인쇄하고 있었다. 인쇄문안에는 인수 대상인 B사의 실제 이름이 나타나지 않았다. 하지만 C는 똑똑한 사람이었다. 자신이 신문 등을 통해 알고 있는 정보와 상상

103 이렇게 귀띔을 받은 사람을 미국법에서는 'tippee'라고 한다.
104 Chiarella v. United States

력 등을 동원해 실체가 숨겨진 회사가 B사라는 것을 알아냈다. C는 당장 B사의 주식을 샀고, A사의 공개 인수 제안이 발표되자마자 자신이 샀던 주식을 팔아서 3만 달러 이상의 시세 차익을 챙겼다. 그렇다면 C는 룰 10b-5상의 절제 또는 공개 의무를 위반했는가?

미국의 연방대법원은 C에게 무죄 판결을 내렸다. 그 이유는 C가 인수 대상이었던 B사의 내부관계자가 아니기 때문이라는 것이었다. 내부관계자가 아닌 사람이 단순히 공개되지 않은 중요 정보를 이용하여 거래했다는 사실만으로는 처벌할 수 없다는 판결이었다. 절제 또는 공개 의무는 내부관계자가 회사 또는 회사의 주주들에게 위임자와 수탁자의 관계 fiduciary relationship에 기초하여 중요 정보를 내부관계자만이 독점할 수 없다는 것을 천명한 것이다. 따라서 내부관계자가 아닌 사람은 회사 또는 주주와 위임자와 수탁자의 관계에 있지 않으므로 정보를 동등하게 공유할 의무를 지지 않는다는 것이 판결의 논리였다. 단순히 다른 사람보다 나은 정보를 가지고 있다는 이유만으로는 내부정보를 이용했다고 처벌할 수 없다는 것이다.

d 귀띔을 하는 사람과 귀띔을 받는 사람의 책임

D는 보험 회사들의 실적과 전망을 분석하여 투자자들에게 투자 상담을 해주는 증권사의 애널리스트였다.[105] D가 담당하는 보험사 중에는 A사가 있었다. D는 A사의 전직 임원인 S와 친분 관계가 있었는데, S는 D에게 A사가 가지고 있는 모든 문제를 털어 놓았다. S가 털어놓은 A사의

---

105 Dirks v. SEC

문제는 가공할만한 것이었다. A사는 엄청난 규모의 보험 사기에 연루되어 있었고, 곧 도산에 처할 운명이었다. 이러한 소식을 전해 들은 D는 가만히 있을 수 없었다. D는 곧장 A사의 주식을 보유한 자신의 고객들에게 이 사실을 알렸고, 그 고객들은 A사의 문제가 공개되기 전에 A사의 주식을 팔아 치웠다.

미국의 연방 증권 거래 위원회 SEC는 D가 룰 10b-5를 위반했다는 이유로 기소했다. 이 사건은 미국의 연방대법원까지 올라갔다. 그 이유는 피고인 D 때문이었다. D는 자신의 행위가 의로운 것이었고, 자신과 거래관계를 맺고 있던 고객에 대한 의무를 다한 것이라고 생각했다.

연방대법원은 D에게 무죄를 선고했다. 그 이유는 S가 D에게 정보를 제공한 이유가 S 자신의 이득을 얻기 위한 목적이 아니었기 때문이었다. 법원은 또한 정보를 제공받는 사람이 룰 10b-5를 위반하는 경우는 정보 제공자 tipper가 정보 이용자 tippee에게 정보를 제공함에 있어서 신의·성실 의무를 위반했을 때만 해당된다고 판시했다. 정보 제공자인 S가 신의·성실 의무를 위반하지 않았다면, 그러한 S로부터 정보를 제공받은 D도 룰 10b-5를 위반할 수 없다는 것이다. 이 사건에서 S는 회사의 현직 임원이 아니라 전직 임원이었으므로 A사에 대해 신의·성실 의무를 부담하지도 않는다. 따라서 S는 신의·성실 의무를 위반하지 않았고, 그 결과 D도 무죄라는 것이다.

이 사건에서 연방대법원은 내부자 거래로 처벌받기 위해서는 내부자가 직·간접적인 개인적 이득이나 명예상의 이득을 얻어야 한다고 보았다.[106] S는 앞에서도 설명한 것처럼 개인적 이득을 얻기 위해 행동한 것

---

106 미국법에서는 이를 '개인적 이득 테스트(personal benefit test)'라고 한다.

은 아니었다. 따라서 S도 당연히 처벌받을 수 없게 된다.

외부 전문가로부터 내부 거래 관련 정보를 얻는 경우

SAC 캐피탈(SAC Capital Advisors)은 미국에서 서른다섯 번째 부자인 스티브 코헨(Steve Cohen)이 세운 유명한 헤지펀드이다. SAC가 운영하는 자산 규모만 해도 150억달러에 이르는 것으로 알려져 있다. 이렇

SAC 캐피탈 창업자 스티브 코헨

게 잘 나가던 SAC와 창업자 스티브 코헨이 내부자 거래 연루 혐의로 치명타를 맞았다. 혐의 내용은 SAC의 직원들이 내부 정보를 이용해 회사에 부당 이득을 가져다줬다는 것이다. SAC는 2013년 11월 혐의를 인정하고 미국 정부에 12억 달러에 달하는 벌금을 내기로 한다.

관련 사례를 들어보자. SAC에서 근무했던 내부 거래 연루자 중 A는 알츠하이머 치료제 개발을 위해 시험 중이던 모 의과대학의 B 교수로부터 임상 실험이 성공적으로 진행 중이라는 정보를 입수하게 된다. B 교수로부터 정보를 입수하자마자, A는 SAC의 계정을 이용해 관련 회사의 주식을 사게 되고, 그 결과 2억 7천만 달러의 돈을 벌었다는 혐의를 받았다. B 교수는 미 검찰과 연방 증권 거래 위원회(SEC)에 협력하는 대가로 형사 처벌을 면하는 것으로 알려졌다.

검찰은 B 교수가 A의 내부자 거래 관련 재판에서 검찰 측을 위해 결정적 진술을 해 줄 것으로 기대했다. 검찰이 원하는 것은 B가 그만이 아는 정보를 A에게 전달했다고 법정에서 진술하는 것이다. 또한 검찰은 A가 B로부터 나중에 취득한 추가 내부 정보도 SAC와 스티브 코헨에게 전달한 것으로 보고 있다. 추가

내부 정보는 B가 진행 중이던 알츠하이머 치료제 임상 실험에 문제가 발생했다는 것이며, A는 이 정보를 B로부터 입수하자마자 SAC의 스티브 코헨에게 이메일을 보내 전달했다는 것이다. 검찰의 주장에 의하면 이 정보를 입수한 SAC는 즉시 관련 주식을 모두 처분해 손실을 면했다고 한다. 만약, A의 내부 정보 이용 거래 혐의에 대한 유죄가 확정되면 그는 20년 이상을 감옥에서 보내게 될 것으로 전망된다. A는 본인의 결백을 계속 주장했으며, 검찰이 원하는 스티브 코헨의 연루 혐의도 부인해 왔다. 그러나, A는 결국 배심원들로부터 2014년 2월 유죄 평결을 받았으며, 재판 과정에서 그의 과거 이력까지 들통 나게 되었다. A는 하버드 로스쿨 재학 시 연방법원 인턴십을 위해 성적표를 위조한 것이 적발되어 학교로부터 퇴학 처분을 받았으며, 그 이후 이름을 바꿔 스탠포드 비즈니스 스쿨에 진학한 '전과' 있는 인물이었다.

❷ 비공개 정보를 이용한 변호사의 말로

O는 미국 미네소타 주 미네아폴리스에 있는 D라는 로펌의 파트너로서 잘 나가는 변호사였다.[107] O가 속해있는 로펌은 G라는 회사를 대리하고 있었는데, G는 P라는 회사를 인수할 준비를 하고 있었고 그 과정에서 D 로펌의 자문을 받고 있었다. O는 로펌의 파트너라는 지위에서 G사가 P사를 인수하고자 한다는 사실을 당연히 알 수 있었다. 거기까지는 좋았는데, 문제는 O가 그것보다 더 많이 나갔다는 것이다. O는 G사가 P에 대해 공개적인 인수 제안 tender offer을 하기에 앞서 P의 보통주와 콜옵션을 대거 매입했다. 그 이유는 당연히 인수 제안이 발표되면 P사

United States v. O'Hagan

의 주가가 뛸 것을 기대했기 때문이었다. 인수 제안의 발표와 함께 O는 즉시 자기가 샀던 P사의 주식 등을 팔았다. O는 430만 달러라는 거액의 돈을 시세 차익으로 챙겼다.

이 사건도 미국의 연방대법원까지 올라간 유명한 사건이었다. 연방대법원은 O가 변호사의 직무를 위반했음은 물론이고 룰 10b−5도 위반했다고 결론 내렸다. 법원은 O가 정보를 제공해준 로펌과 G사를 속이고 그 정보를 이용해 개인적인 이득을 추구했다는 사실만으로 룰 10b−5의 위반이 성립한다고 결론을 내렸다. 결국, 정보를 제공해준 정보원에게도 비공개 중요 정보를 자신의 이득을 위해 이용하지 않을 의무를 진다고 본 것이다. 비록, O가 인수 대상이었던 P사의 주주에 대해 신의 · 성실 의무 fiduciary duty를 지지 않는 외부인이지만, 정보원에 대해서는 정보를 함부로 유용하지 않을 의무를 지게 된다. 미국법에서는 이러한 논리를 '정보의 유용 流用 금지 법리 misappropriation theory'라고 한다. 1997년에 나온 이 판례는 앞서의 사례 Dirks. v. SEC가 신의 · 성실 의무가 성립하지 않는 경우 정보제공자와 수령자를 무죄로 본 것과 달리 신의 · 성실 의무를 지지 않는 외부인도 시장에서 보는 정의 관념에 배치되는 행동을 할 경우 처벌을 받을 수 있다는 교훈을 남겼다.

취중 醉中 변호사가 전달한 내부 거래 정보

내부 정보를 전달하는 주체와 유형이 매우 다양해지고 있다. 최근 미국 사법 당국의 관심을 끌고 있는 것은 변호사, 과학자 등 전문가들이 전달하는 내부 정보다.

워싱턴의 로펌인 헌튼앤윌리엄스(Hunton & Williams)에 근무하는 로버트 슐만(Robert Schulman)은 특허 변호사였다. 슐만은 친구이자 클라이언트인 티보 클라인(Tibor Klein)과 오랜만에 만나 술을 마시게 되었다. 슐만의 친구인 클라인은 뉴욕에서 투자 자문을 하고 있었는데, 그는 술자리에서 슐만으로부터 '고급 정보'를 우연히 듣게 된다. 몇 잔의 와인을 걸친 후 기분 좋게 술이 취한 슐만은 친구인 클라인에게 "오늘 하루는 '킹(King)'이 되는 게 좋을거야(It would be nice to be King for a day)"라는 말을 내 뱉는다. 당시 슐만이 소속되어 있던 로펌인 헌튼앤윌리엄스는 킹 제약(King Pharmaceuticals)이라는 회사의 인수·합병 거래를 대리하고 있었는데, 거대 제약 메이저인 화이자(Pfizer)는 이 회사를 인수하기 위해 협상을 진행하고 있는 중이었다.

술 자리에서 슐만이 내던진 말은 결국 킹 제약이라는 회사에 대해 자신이 무언가 중요한 정보를 알고 있다는 것을 암시하는 것이었고, 이러한 암시를 놓치지 않은 클라인은 다음날 킹 제약의 주식을 대량 매집하게 된다. 그의 주식 매입은 자신의 계정과 고객의 계정을 통해 이루어졌으며, 클라인은 또 다른 친구인 쉐히트만(Shechtman)에게도 전화해 자신이 슐만으로부터 취득한 고급 정보를 전달하게 된다.

연방 증권 거래 위원회(SEC)는 2013년 9월 클라인의 내부 정보 이용 행위를 대상으로 민사소송을 제기했으며, 클라인이 내부 거래 행위로 얻은 이득은 8,824 달러인 것으로 알려졌다. 한편 클라인으로부터 얻은 팁을 이용해 주식을 샀던 쉐히트만은 10만 달러 정도의 시세 차익을 챙겼으며, 내부 거래 혐의를 인정하고 증권 거래 위원회와 2013년 12월 합의를 했다고 한다. 뉴욕 브루클린의 미 연방 검찰은 클라인 사건에 있어서 슐만의 역할에 주목하고, 슐만에 대해 조사를 개시하면서 클라인에 대한 민사소송을 잠정적으로 중단할 것을 법원에 요청했다. 이 사건은 월 스트리트의 내부 거래 행위에 대해 광범위한 수사를 벌이고 있는 미 사법 당국이 변호사와 같은 전문직 종사자들의 위법 행위에 대해 감시의 촉각을 곤두세우고 있음을 보여주는 사례라고 하겠다.

🄵 내부자가 단타 매매를 하면?

때로는 회사의 내부 이해관계자가 내부 정보를 이용해 단기간에 주식을 매매함으로써 이득을 보고 회사와 다른 투자자들에게 손해를 끼칠 수 있다. 이러한 내부자의 단타 매매를 규제하기 위해 등장한 것이 연방 증권 거래법 제16조(b)이다. 이 조항에 의하면 회사는 일정한 내부 이해관계자가 단기간에 주식을 매매함으로써 얻은 이익을 회수할 수 있다. 보통 회사가 직접 소송을 제기할 수 없으므로 주주들이 회사를 대신하여 소송을 제기하는 주주 파생소송의 형태로 제기된다. 이렇게 내부자의 단기 주식 거래로 인한 수익을 박탈할 수 있는 기회를 회사에 주는 것은 내부자가 자신의 지위를 이용해 획득할 수 있는 내부 정보를 활용해 자신이 속해 있는 회사의 주식을 사고 팔아 이득을 얻는 행위가 시장의 신뢰에 나쁜 영향을 준다고 보기 때문이다.

제16조(b)에 의하면 이렇게 내부자의 단타 매매로 인한 수익을 다시금 회복할 수 있는 회사는 최소한 500인 이상의 주주와 자산 1,000만 달러가 넘는 상장 기업이어야 한다. 소송의 피고가 되는 내부 이해관계자는 이사, 임원, 10% 이상의 주식을 보유한 주주 등이 될 수 있다. 특히 주주에 대한 10% 이상의 주식 보유 요건은 주식을 살 때와 팔 때 동시에 만족시켜야 한다. 그 이유는 10% 이상의 주식을 보유한 주주이더라도

내부 정보에 대한 접근에 있어서는 임원이나 이사보다 열등할 수 있기 때문에 엄격한 요건을 요구하는 것이다.

규제의 대상이 되는 거래는 앞에서도 누누이 얘기한 것처럼 단타 매매이다. 6개월 이내에 주식을 사고 파는 행위가 이에 해당된다. 주식을 짧은 기간 안에 사고 파는 내부 이해관계자는 특별한 정신적 상태 또는 의도가 있을 것이 요구되지 않는다.[108] 만약, 피고가 소송에서 지게 되면 회사는 단타 매매로 인해 피고가 얻은 '모든' 수익을 회복할 수 있다.

---

[108] 앞에서도 설명한 것처럼 미국법에서는 이러한 책임을 'strict liability'라고 한다.

08

보상과 보험
: 회사를 위해 일한 자에 대한 대우

보상 indemnification은 회사의 이사 등이 회사를 위해 일을 하다 소송 등을 당해 비용을 지불하게 된 경우 회사가 이를 보상해 주는 것을 의미한다. 예를 들어 델라웨어 주 회사법 제145조[109]는 피고인이 회사의 이사, 임원, 종업원 등이었다는 이유로 소송을 당한 경우에 피고가 지불한 소송비용, 벌금, 기타 비용 등을 회사가 보상해 줄 수 있도록 하고 있다. 다만 아무 때나 회사가 비용을 보상해주는 것은 아니고 피고가 문제된 행동을 하면서 자신의 행위가 회사를 위해 필요하다고 믿었을 정도의 진정성은 있을 것을 요구하고 있다. 그리고 형사 사건의 경우에는 피고가 자신의 행위가 범죄 행위에 해당하지 않는다는 합리적인 믿음을 가졌어

---

109 DCL §145. Indemnification of officers, directors, employees and agents; insurance

야 한다고 규정하고 있다.

　보험은 회사가 회사를 위해 일하는 이사, 임원, 종업원 등을 위해 구
입하는 것이 일반적이다. 보통 보상이 가능한지 여부에 관계없이 이사,
임원, 종업원 등의 직무상 행위로 인해 발생한 법적 책임에 대응하기 위
해서 회사가 구매하게 된다.[110]

---

110 DCL §145(g) 참조

09

회사 조직의 변경: 인수 · 합병과 기업 인수

기업은 성장해 가면서 조직 변경을 겪을 수 있다. 그 방법은 다른 회사와의 합병일 수도 있고 다른 회사의 자산이나 사업 부문을 인수하는 것일 수도 있다. 합병이나 기업 인수는 단순히 조직을 키우기 위한 방법만이 아니다. 경제 불황기에는 비용을 줄이고 핵심 부문에 기업 역량을 집중하는 방법이 될 수도 있다.

우리나라도 외환 위기 이후 기업의 인수 · 합병 M&A에 관한 논의가 활발히 이루어져 왔다. 많은 기업들이 인수 · 합병을 시장 개척, 기술 확보 등을 위한 수단으로 여기고 있으며 앞으로도 인수 · 합병을 통해 기업을 성장시키고자 하는 시도는 지속될 것이다. 뿐만 아니라, 금융 위기 이후 불어 닥친 전 세계적인 경기 침체도 산업과 기업의 끊임 없는 군살 도려내기와 구조 조정을 요구하는 계기가 되었다. 따라서 경제 불황기에도 인수 · 합병 등 기업 조직 변경의 수요는 계속된다고 볼 수 있다.

미국의 회사법에도 기업의 조직 변경을 절차적으로 또는 내용적으로 규율하는 다양한 규정과 판례들이 있다. 인수 · 합병의 절차적 요건과 기업인수 과정상 경영권 방어 등이 이 분야에 있어서 미국 회사법의 주요 관심사이다.

기업 조직 변경과 주주의 권리

인수 · 합병과 같이 기업의 조직이 근본적으로 변경될 경우에는 이사회의 의결 뿐만 아니라 주주들의 동의도 필요하다. 이렇게 회사 조직 자체가 바뀔 때는 투표권이 있는 주식의 다수가 조직 변경을 승인할 것이 요구된다. 이러한 조건은 일반적인 주총의 승인 조건보다 강화된 것이다. 일반적으로 주총에서 어떤 안건이든 승인을 얻으려면 실제 주총에 참여한 주식 또는 실제 투표한 주식의 다수이기만 하면 되기 때문이다.

ⓐ 인수와 합병 Mergers and Acquisitions

인수 · 합병은 기본적으로 두 회사가 하나로 합쳐지는 것이다. 따라서, 미국 회사법에서는 인수 · 합병 시 합병의 당사자인 양쪽 회사의 이사회와 주주들이 합병을 승인할 것을 요구하고 있다. 이는 합병이 기존 회사와 그 주주들의 이해관계에 미치는 영향이 크기 때문이다. 주주의 승인은 앞서 설명한 것처럼 주주총회에서 투표할 자격이 있는 주식의 과반수 찬성이 있으면 획득된 것으로 간주된다.

이러한 주주총회의 승인 요건이 모두 다 적용되는 것은 아니다. 예를 들어 모기업이 지분의 90% 이상을 보유하고 있는 자회사를 합병할 경우에는 주주총회의 승인을 얻을 필요가 없다.[111]

다른 회사를 인수하고자 하는 기업(인수 기업)은 인수 대상이 되는 기업(피인수 기업)의 주식을 받고 피인수 기업의 주주에게 인수 기업의 주식을 제공하는 것이 일반적이다. 그러나 일정한 경우에는 주주가 합병의 대가로 현금을 받을 수가 있다. 미국 회사법에서 합병에 반대하는 주주는 회사에 대하여 자신의 주식을 현금을 받고 팔 수 있는 권리가 있다. 이러한 권리를 주식 매수 청구권 appraisal right이라고 하며 이는 우리나라에서도 인정되고 있다.[112]

인수·합병의 한 방법으로 자산 인수 assets acquisition도 이용되고 있다. 인수 기업은 피인수 기업의 자산을 사는데, 이때 인수 기업의 주식 또는 현금이 대가로 지급된다. 보통은 인수 기업이 피인수 기업과 직접 거래하는 것이 일반적이고 피인수 기업의 주주들과 직접적인 거래는 없다. 자산 인수에서 또 한 가지 중요한 것은 인수 기업이 피인수 기업의 자산만 인수하고 예측하지 못한 채무[113] unforeseen liabilities는 인수하지 않는다는 것이다. 자산인수의 결과로 피인수 기업은 대가로 받은 인수 기업의 주식만을 가지게 되며, 이러한 주식을 주주들에게 분배하고 청산에 들어가게 된다.

---

111 미국법에서는 이러한 합병을 'short form merger(간이 합병)'라고 한다.
112 우리나라 현행법상으로는 주식 교환(상법 제360조의5), 영업 양도 또는 양수(상법 제374조의2), 증권 거래법 제191조 등에 매수 청구권에 관한 규정이 있다.
113 이러한 채무를 우리나라에서는 '우발 채무'라고 한다.

합병과 비슷하지만 약간 다른 것이 통합 consolidation이다. 통합은 두 개 회사가 합병하여 새로운 회사로 탄생하는 것이다.[114] 미국에서는 많은 수의 중소기업이 통합을 통해 덩치를 키워 경쟁력을 높이는 경우가 많다.

합병과 통합의 효과는 잔존하는 회사 surviving company가 합병과 통합에 참여했던 모든 회사의 권리와 의무를 승계한다는 것이다. 그 이유는 다분히 통합과 합병으로 사라진 회사의 채권자를 보호하기 위한 것이라고 보면 된다. 합병과 통합으로 소멸한 회사의 채권자는 새롭게 등장한 회사를 상대로 채권을 확보하기 위한 소송을 제기할 수 있게 된다.

Corporate Tip

주식 매수 청구권

주식 매수 청구권(the right of appraisal)은 주주가 회사로 하여금 자신의 주식을 사줄 것을 요구할 수 있는 권리이다. 주주의 뜻과 반대로 회사가 다른 회사와 합병을 한다든지 하는 근본적 조직 변경이 있을 때 이에 반대하는 주주가 행사할 수 있는 거의 유일한 구제 수단이라고 할 수 있다.

주식 매수 청구권을 주주가 행사하기 위해서는 합병이 있다든지, 회사의 거의 모든 자산이 다른 회사로 이전이 된다든지, 주식 교환으로 회사의 주식이 다른 회사로 이전된다든지 하는 등의 특별한 상황이 요구된다.

이렇게 조직 변경에 반대하는 주주가 주식 매수 청구권을 행사하기 위해서는 반대 주주가 주주총회 전에 회사의 조직 변경에 반대한다는 뜻을 서면으로 통지해야 한다. 뿐만 아니라 투표에 아예 참여하지 않거나, 참여하여 조직 변경에

---

114 통합은 A와 B라는 회사가 합병하여 C라는 새로운 회사를 만드는 것이다. (A+B=C)

반대하는 뜻의 표를 던져야 한다. 이렇게 투표를 한 후에는 주식을 되사달라는 뜻을 서면으로 다시 요구해야 한다.

주식 매수 청구권의 행사에 있어서 현실적으로 가장 문제가 되는 것은 과연 얼마의 가격에 회사가 주주의 주식을 사주느냐 하는 것이다. 만약 가격에 대해 회사와 주주가 합의를 하지 못하면 회사나 주주는 소송을 제기할 수 있고, 이렇게 되면 법원이 적정한 주식 매수가격을 산정하는 평가인 또는 감정인(appraiser)을 임명하게 된다.

미국의 일부 주에서는 회사의 주식이 상장되어 있다든지, 주주가 많을 경우(대략 2,000명 이상)에는 아예 주식 매수 청구권을 인정하지 않고 있다. 그 이유는 주식이 상장되어 있거나, 다수의 주주가 있을 때는 굳이 주식 매수 청구권을 행사하지 않고도 반대 주주가 자신들의 주식을 팔 수 있는 시장이 있기 때문이다. 이는 논리적으로 상당히 타당한 측면이 있다.

Corporate Case

마이크로소프트의 스카이프 인수

2011년 5월, IT 업계의 거인인 마이크로소프트(Microsoft)는 무려 85억 달러라는 현금을 주고 스카이프(Skype)를 인수한다. 이 거래는 양측 이사회의 승인을 얻었다. 스카이프는 인터넷을 이용한 음성 및 비디오 커뮤니케이션 분야의 리더로서 매월 1억 명이 넘는 사용자가 스카이프의 서비스를 이용하고 있었다. 이렇게 넓은 사용자 기반은 마이크로소프트가 거금을 주고 스카이프를 인수하는 배경이 되었다.

스카이프 인수를 계기로 마이크로소프트는 인터넷 커뮤니케이션 분야에서 구글(Google)을 견제할 수 있는 기반을 마련했다고 평가받았다. 2009년 5천만 달러에 달하는 스카이프 지분을 매입한 벤처 캐피탈 안드레센 호로위츠 (Andreessen Horowitz)의 공동 창업자인 마크 안드레센(Marc Andreessen) 도 마이크로소프트의 제품 기반이 넓어 스카이프의 기술을 마이크로소프트의 제품에 융합시킬 경우 합병의 효과가 크게 나타날 것으로 낙관했다. 이에 호응해 마이크로소프트의 CEO인 스티브 발머(Steve Ballmer)는 인수를 계기로 스카이프가 가진 음성 및 비디오 기술을 엑스박스(Xbox) 및 오피스 소프트웨어와 같은 마이크로소프트 제품 전반에 접목시키겠다는 계획을 밝혔다.

스카이프는 마이크로소프트에 앞서 전자 상거래 업체인 이베이(eBay)에 의해 2005년 26억 달러에 인수된 바가 있다. 이베이는 스카이프의 기술을 이용해 매출을 늘리길 희망했으나 큰 효과를 보지 못했으며, 결국 14억 달러의 장부상 손실을 본 것으로 알려져 있다. 몇 년 후, 스카이프는 다시 몇몇 투자자들로 구성된 컨소시엄에 팔리게 된다. 이 컨소시엄은 기술 분야 전문 사모 투자 회사인 실버 레이크 파트너스(Silver Lake Partners), 벤처 캐피탈인 인덱스 벤처스 (Index Ventures)와 안드레센 호로위츠 등으로 구성되었다. 전문 투자자로 구성된 컨소시엄은 투자 회수를 위해 스카이프의 기업 공개(IPO)를 추진했다. 2011년 초 스카이프의 기업 공개가 추진된다는 소식을 접한 마이크로소프트는 CFO인 피터 클라인(Peter Klein)을 실리콘 밸리로 급파해 투자자인 실버 레이크와 안드레센 호로위츠를 접촉하고, 바로 스카이프 인수를 제안했다고 한다.

스프린트와 티모바일의 통합에 필요한 숙제

인수·합병을 위해 소요되는 돈을 조달하기 위해서는 은행의 도움이 절실하다. 미국 내 이동통신 및 인터넷 서비스 업계 3위인 스프린트(Sprint)는 업계 4위인 티모바일(T-Mobile) 인수를 위해, 2014년 초 최소 2개 은행으로부터 자금 조달

티모바일 매장

관련 제안을 받은 것으로 알려졌다. 제안 내용은 티모바일의 기업 가치(enterprise value)를 500억 달러로 추산하면서, 300억 달러는 티모바일에 지급될 비용으로, 나머지 200억 달러는 티모바일의 부채를 리파이낸싱115하는 비용으로 계산했다고 한다. 리파이낸싱이 필요한 이유는 티모바일의 회사채를 보유하고 있는 채권자들이 티모바일의 주인이 바뀔 경우 채권을 현금화할 수 있기 때문이다.

하지만 은행으로부터 M&A를 위한 파이낸싱 제안을 받았다고 해서 모든 것이 끝난 것은 아니다. 우선 스프린트는 티모바일 인수를 위해 스프린트의 최대주주인 일본의 소프트뱅크(SoftBank Corporation)와 티모바일의 최대 주주인 도이치텔레콤(Deutsche Telekom)과 인수 조건에 대한 협상을 진행해야 한다. 또한 합병에 대해 당국으로부터 두 회사의 합병이 경쟁을 제한하고 소비자들에게 해(害)가 되는지 여부를 살피는 반독점 심사를 받게 된다.

스프린트의 티모바일 인수 의사가 알려진 후, 티모바일 주가는 28% 이상 올랐으며, 이는 인수 관련 비용을 증가시킬 것으로 보인다. 두 회사는 2015년으로 예정된 정부의 이동통신 주파수 경매 전에 합병을 성사시키길 희망하고 있으며, 반독점 심사 등 정부의 승인을 받는데 약 12개월에서 18개월이 소요될 것으로 전망했다. 스프린트의 최대주주인 소프트뱅크는 합병을 통해 덩치를 키워 업계의 대형 라이벌인 버라이즌(Verizon) 및 AT&T와 경쟁할 수 있는 기반을 조속히

---

115 리파이낸싱(refinancing)은 기존의 채무(existing debt)를 다른 조건을 가진 새로운 채무(another debt obligation)로 변경하는 행위를 말하며, 금리 조건 변경 · 채무 상환 기간 연장 · 리스크 축소 · 부채 통합 · 기존 채권자의 현금 상환 요구 등 다양한 이유에 의해 행해지게 된다.

구축하길 희망했다. 버라이즌 및 AT&T 양사는 미국 이동통신 시장의 3분의 2를 차지하고 있다. 티모바일의 최대 주주인 도이치텔레콤도 양사의 통합이 필요하다는 데 인식을 같이했다고 한다.

하지만 새롭게 만들어질 회사가 어떻게 구성되고, 경영 관리를 누가 맡을지 등등에 대해서는 아직도 이견을 좁혀야 할 부분이 많다. 가령 티모바일의 CEO인 존 레저리(John Legere)는 양사가 합병될 경우 통합 회사의 경영은 티모바일이 주도해야 한다는 입장을 밝혀 통합 협상이 만만치 않을 것이라는 전망이 나오기도 했다. 또한 반독점 당국의 심사가 길어질 경우 은행으로부터의 자금 지원도 어려워질 수 있다. 그 이유는 인수 · 합병을 위한 은행의 자금 지원이 최대 9개월간 이루어지는 것이 보통이기 때문이다.

두 회사가 합병까지 가기 위해 풀어야 할 또 다른 숙제는 스프린트와 티모바일이 모두 각각 회사의 정상화를 위해 해야 할 일들이 너무 많다는 것이다. 우선, 스프린트는 수년 동안 가입 고객의 수가 감소해 온 가운데 회사 네크워크를 일대 정비해야 하는 과제를 가지고 있다. 티모바일의 경우는 독자 네크워크 구축을 위해 에너지를 쏟아 왔으며, 다른 회사 가입 고객이 티모바일로 갈아 탈 경우 650달러까지 지원하는 새로운 마케팅 프로그램의 정착에 심혈을 기울여왔다. 또한 두 회사는 그동안 각각 M&A를 통해 인수한 회사들과의 통합 작업에도 박차를 가해야 하는 상황이다. 스프린트는 동종 업계 업체인 클리어와이어(Clearwire Corp.)를 2013년 7월 인수했으며, 티모바일은 업계 5위였던 메트로PCS(MetroPCS Communications Inc.)와 2012년 10월 합병을 한 바 있다.

크라이슬러를 인수했던 사모 투자 회사의 회한

스티브 파인버그(Steve Feinberg)는 미국의 프라이빗 에쿼티(사모 투자 회사)

인 서버러스 캐피탈(Cerberus Capital Management)의 회장으로 2007년 크라이슬러를 인수했다. 크라이슬러를 인수하면서 파인버그는 미국 자동차 산업의 상징적 기업인 크라이슬러를 다시 한번 살려보겠다는 다짐을 한다. 하지만, 크라이슬러는 금융 위기 이후인 2009년 4월 파산 보호 신청을 하게 되었고, 그 결과로 파인버그와 그의 회사는 수십 억 달러의 손해를 보게 되었다. 뿐만 아니라 대중이나 언론에 잘 나타나지 않던 그와 그의 회사도 여론의 집중 조명을 받으면서 프라이버시까지 잃게 되는 상황이 초래되었다.

파인버그가 크라이슬러를 인수할 때까지만 해도 시장에서 그에 대해 거는 기대는 상당했었다. 독일의 다임러가 물러나면서 새로운 투자자가 필요했던 크라이슬러와 미국인에게는 자국 자본인 서버러스 캐피탈이 새 주인으로 등장했다는 것에 대해 흡족해할 수밖에 없었다.

미시간 주 크라이슬러 본사

서버러스는 크라이슬러에 거의 74억 달러를 투자했으나, 2009년 이 투자금액은 14억 달러 정도의 가치만 가진 것으로 평가되고 있었다. 서버러스는 크라이슬러의 금융 자회사를 서버러스가 지배주주로 있는 GMAC116과 통합하고 싶어했다. 하지만 이러한 서버러스의 꿈은 실현되지 못했다. GMAC과 크라이슬

116 서버러스는 GMAC(General Motors Acceptance Corporation)의 지분 51%를 2005년 GM으로부터 인수했다. 금융 위기 전까지만 해도 GMAC은 GM의 자회사 중에서 돈을 가장 잘 버는 회사였다. GMAC은 소비자들에 대한 자금 대여(lending)가 주된 수입원인 회사였다.

러 모두 극도의 자금난을 겪게 되었고 구제 금융을 통해 양사는 226억 달러나 되는 정부의 지원을 받은 바 있다.

파인버그는 아직도 그가 크라이슬러를 살리기 위해 많은 노력을 했다고 말한다. 외부의 많은 전문가들은 실제 파인버그가 크라이슬러를 인수한 이유는 자동차 산업에 대한 관심이 아니라 크라이슬러 금융 부문의 가치를 높이 평가했기 때문이라고 보고 있다. 어쨌든 파인버그와 서버러스는 크라이슬러를 인수한 이후 홈디포(Home Depot)의 CEO였던 로버트 나델리(Robert Nardelli)를 영입하여 과잉 설비를 감축하고 고정 비용을 줄이면서 일정 부분 경영 혁신에도 성과를 나타냈다. 하지만 크라이슬러가 생산하는 자동차에 대한 미국인의 수요는 갈수록 감소했고, 금융 위기가 발생하면서 크라이슬러는 돌아올 수 없는 강을 건넌 형국이 됐다.

파인버그와 서버러스도 기세 좋게 크라이슬러를 인수했지만, 당시 크라이슬러의 몰락을 막기에는 역부족이었다. 파인버그와 서버러스의 사람들은 아직도 그들이 크라이슬러에 투자했던 시간들이 애국심의 발로였다고 주장하고 있다. 파인버그는 "우리가 좀 더 터프하고 강하게 밀어붙였더라면 수익을 낼 수도 있었다. 하지만 그렇게 하는 것이 국익에 도움이 되지 않을 것 같아 그러지 않았을 뿐이다"라고 말했다고 한다.

프라이빗 에쿼티와 볼커 룰

프라이빗 에쿼티(private equity)는 기업을 M&A해서 가치를 키우고 다시 되팔아 수익을 챙기는 회사다. 미국의 프라이빗 에쿼티는 독립적인 프라이빗 에쿼티와 금융기관 또는 투자은행의 자회사로서 운영되는 프라이빗 에쿼티의 두 종류로 구분될 수 있다. 그런데 큰 금융기관의 자회사로 운영되는 프라이빗 에쿼티의 경우 금융 위기 이후 등장한 볼커 룰이 큰 영향을 미치고 있다. 무슨 영향일까?

금융기관이 자본금을 이용해 위험한 투자를 하는 것을 최소화하기 위해 등장한 것이 볼커 룰이다. 프라이빗 에쿼티가 실행하는 기업 인수와 구조조정 투자는 리스크가 없는 투자라고는 할 수 없다. 그 결과 볼커 룰은 대형 은행들이 자체적으로 보유하고 있는 프라이빗 에쿼티에 대한 지분을 줄이거나, 아예 프라이빗 에쿼티를 금융기관으로부터 분사(spin-off)시킬 것을 요구하고 있다.

제이피 모건(J.P.Morgan Chase & Co)은 2014년 2월 현재 프라이빗 에쿼티 자회사인 원 에쿼티 파트너스(One Equity Partners)의 분사를 추진하고 있으며, 원 에쿼티 파트너스가 모집하고 있는 펀드에도 돈을 투입하지 않을 계획이다. 골드만 삭스(Goldman Sachs)는 프라이빗 에쿼티 비즈니스를 계속 수행할 계획이나, 기존 바이아웃 펀드에 대한 골드만 삭스의 지분을 축소하겠다고 밝혔다. 이렇게 월 스트리트의 대형 금융기관들이 프라이빗 에쿼티 비즈니스를 분사하거나 축소하자, 새롭게 분사해 나온 바이아웃 회사들은 기존의 대형 독립 프라이빗 에쿼티와 투자자 모집 경쟁을 벌여야 하는 상황이 되었다. 아폴로(Apollo Global Management LLC)나 워버그 핑커스(Warburg Pincus LLC)와 같은 대형 독립 프라이빗 에쿼티는 다양한 투자 포트폴리오와 높은 수익률을 자랑하고 있는 터라 은행권에서 새롭게 분리되어 나온 회사들이 이들을 상대하기가 만만치 않을 것이라는 전망이 많다.

한편, 은행권에서 분리되어 나온 프라이빗 에쿼티가 새로운 기회를 가질 수 있다는 견해도 만만치 않다. 그 이유는 은행이 프라이빗 에쿼티 펀드(private equity fund)에 영향력을 행사했을 때는 투자포트폴리오 구성에 제약이 많았고, 모회사인 은행이 파는 기업을 프라이빗 에쿼티 자회사가 인수하는 경우도 있어 이해 상충(conflicts of interests) 문제가 발생할 소지가 컸기 때문이다.

프라이빗 에쿼티 펀드의 M&A 전략

미국의 대표적 프라이빗 에쿼티인 블랙스톤(Blackstone Group LP)은 2014년 4월 초 자동차 부품 회사인 게이츠 글로벌(Gates Global Inc.)을 54억 달러에 인수한다고 발표했다. 게이츠는 콜로라도 덴버에 소재하고 있는 회사로 자동차용 변속기 벨트와 유체 호스를 만들며 29개 국가에 걸쳐 약 1만 5,000여 명을 고용하고 있는 세계적 기업이다. 블랙스톤이 게이츠에 관심을 갖게 된 배경은 중국 등 신흥 국가의 경제가 지속적으로 성장할 경우, 자동차를 보유하고 있는 중산층의 자동차 관련 부품 교체 수요가 크게 증가할 것으로 보았기 때문이다.

블랙스톤의 게이츠 인수는 근 4년간 프라이빗 에쿼티가 실시한 가장 큰 제조기업 인수였다. 인수에 들어가는 돈 중 16억 달러는 블랙스톤이 자기자본으로 조달(equity contributions)하고, 나머지 필요한 돈은 차입에 의해 조달할 계획이다. 블랙스톤의 16억 달러 자기 자본 투자에 동참할 투자자는 블랙스톤이 운영하고 있는 바이아웃 펀드(buyout funds)에 이미 투자하고 있는 유한 책임 투자자(limited partners)들이다. 현금이 많은 이들 유한 책임 투자자들은 프라이빗 에쿼티의 M&A 투자에 많은 관심을 보여 왔다. 주로 공적 연기금(public pension funds)과 국부 펀드(sovereign wealth funds)가 그 예가 되겠다.

게이츠의 대주주인 캐나다계 프라이빗 에쿼티 오넥스(Onex Corp.)와 캐나다 펜션(Canada Pension Plan Investment Board)은 골드만 삭스(Goldman Sachs Group)를 고용해 회사를 매각하는 방안과 기업 공개(IPO)를 하는 방안 사이에서 고민하다. 결국 블랙스톤에 게이츠를 매각하는 것으로 결론을 내렸다고 한다. 오넥스와 캐나다 펜션은 게이츠의 전신인 탐킨스(Tomkins PLC)를

2010년에 50억 달러를 주고 인수했는데, 이 중 21억 달러는 자기자본으로 나머지는 부채를 조달해 채웠다. 게이츠를 인수한 이후 4년 동안 오넥스와 캐나다 펜션은 게이츠와 탐킨스의 다른 사업 부문들을 매각하면서 79억 달러에 달하는 막대한 돈을 벌어들인 것으로 알려졌다.

🄱 실질적 합병 독트린

앞에서 설명한 자산인수는 인수 · 합병 M&A과는 달리 이사회와 주주 등의 승인을 요구하지 않는다. 그러나 어떤 경우에는 자산 인수가 실질적인 인수 · 합병과 마찬가지로 기존 주주들의 지위를 변하게 하는 결과를 가져올 수 있다. 이렇게 주주들의 경제적 이해관계에 영향이 있을 때는 자산 인수도 실질적인 인수 · 합병으로 간주하여 주주들에게 동의를 요구하고 반대 주주에게는 주식 매수 청구권도 부여하자는 것이 '실질적 합병 독트린 the De Facto Merger Doctrine'이다.

GA라는 펜실베니아의 석탄 채굴 회사가 있었다.[117] 또 다른 L사는 부동산, 영화, 섬유 등에 투자하는 지주 회사였는데, L사는 GA사의 지분 38.5%를 인수하게 된다. 지분 인수 후 GA사와 L사는 GA사가 L사의 자산과 부채를 인수하고, L사는 청산하는 것으로 합의했다. 새롭게 남는 회사도 아예 이름을 바꾸고, 경영진은 두 회사의 이사들로 구성하기로 했다. 자산 인수의 대가로 GA사는 자사의 새로운 주식을 발행하여 L사의 주주들에게 지급했다. 자산 인수로 GA의 자산은 두 배로 증가했으

---

117 Farris v. Glen Alden Corporation

나, 신주 발행으로 GA의 기존 주주는 소액주주로 전락하게 되었다. 물론, 자산 인수는 GA주식을 보유하고 있던 주주들에게는 승인을 받지 않고 이루어졌다.

법원은 자산 인수의 결과로 GA사가 과거와는 다른 실체가 되었고, GA의 주주 간의 관계 및 주주와 회사 간의 관계도 근본적인 변화가 일어났다고 보았다. 이러한 경우에는 기존 GA의 주주가 기존 회사와의 관계가 절연되었다고 보고 자신의 주식을 회사로 하여금 다시 사게 하는 주식 매수 청구권을 행사할 수 있다고 판단을 내렸다. 아울러 주주는 합병과 비슷한 효과가 있는 자산 인수가 일어나기 전에 관련 사실을 통지받고 반대 및 의견을 표시할 수 있는 기회도 주어져야 한다고 결정을 내렸다. 이는 자산 인수도 주주의 지위에 변화를 일으킬 경우에는 합병시 주주에게 인정되는 것과 동일한 권리를 준다는 뜻이다.

실질적 합병 독트린은 최근에 와서 그 빛을 잃고 적용을 거부당하는 추세이다. 그 이유는 현대적인 금융시장에서 주주가 주식을 살 때는 통제권의 이전 control transfer을 예상하고 주식을 취득하는 것이 일반적이기 때문이다.

🅒 지배주주의 횡포

어떤 회사든 지배주주는 다수의 지분을 보유함으로써 회사의 경영에 대해 영향력을 행사할 수 있다. 더러는 지배주주가 회사를 완전히 장악하는 것이 수익을 창출하는 데 도움이 된다고 판단할 경우가 있다. 이때 지배주주는 회사를 완전히 컨트롤하기 위해 소액주주들이 가진 지분을 매입하게 되는데, 이렇게 소액주주의 지분을 매입하는 과정에서 정당한 가격을 지불하지 않거나, 강압적인 방법을 동원하거나, 충분한 정보를 제공하지 않는 것 등이 미국 회사법상 문제가 되어 왔다. 다음은 이 분야의 대표적인 판례이다.

(1) 소액주주에 대한 충분한 정보 제공과 적정한 가격 지불

미국에는 UOP라는 대표적인 석유 화학 회사가 있다.[118] 이 회사의 대주주는 시그널이라는 회사였는데 시그널은 UOP 주식의 50.5%를 보유하고 있었다. 시그널은 소액주주들이 보유하고 있는 나머지 지분 49.5%를 현금을 주고 매입하는 계획을 세웠다. A와 C는 시그널에 고용된 사람이었지만 동시에 UOP의 이사로도 재직하고 있었다. A와 C는 시그널의 명을 받아 비밀리에 소액주주에게 지급할 적정한 주당 가격에 대해 고민하고 있었다. 그들은 결국 시그널에 좋은 투자가 될 수 있는 UOP의 적정 주당가격이 24달러라는 보고서를 만들고 이를 시그널에 보고했다. 하지만, A와 C의 보고서는 시그널을 제외한 UOP의 다른 주주들에게는 공개되지 않았다.

시그널은 (금융 위기를 불러오면서 파산한) 미국의 유명 투자은행 리먼 브라더스로부터 소액주주에게 지급할 적정 주당 가격이 21달러라는 자문을 받고,[119] 이 조건으로 소액주주 지분 매입 계획을 UOP의 이사회에 제시했다. 시그널에 속해 있는 7명의 이사들을 제외한 6명의 이사들이 이러한 계획을 승인했다. 시그널의 소액주주 지분 합병 계획은 UOP 소액주주들의 다수로부터도 승인을 받았다. 겉으로는 모든 것이 적정한

---

118 Weinberger v. UOP, Inc.
119 당시 UOP의 주식은 증권시장에서 주당 14~15달러 수준에서 거래되고 있었다.

절차에 의해 이루어진 것처럼 보였다.

UOP의 소액주주였던 W는 시그널, UOP, 기타 여러 이사들을 대상으로 신의·성실 의무를 위반했다면서 여타 소액주주들을 대표하여 집단소송 class action을 제기했다. W는 소액주주들이 충분한 가격을 받지 못하고 주식을 팔았다고 주장했다.

델라웨어 최고법원은 이 사건을 심리하면서 소액주주의 지분을 매입하는 과정이 공정하게 이루어졌는지를 심사했다. 이 과정에서 적용된 법리가 '전 숲과정의 공정성 테스트 entire fairness test'이며, 이는 소액주주들을 취급하는 과정이 공정했는지 fair dealing와 소액주주들에게 공정한 가격을 지불했는지 fair price에 그 초점이 맞추어져 있다. 법원은 시그널의 인수 과정이 이 두 가지 포인트의 테스트를 모두 만족시키기 못했다고 결론 내렸다.

우선, 시그널은 인수 과정에서 소액주주들에게 공정한 취급을 하지 않았다. 시그널이 인수 계획을 UOP 이사회에 승인하라고 준 시간은 불과 4일 밖에 되지 않았다. 리먼 브라더스의 적정 주당 가격에 대한 의견이 급하게 만들어졌다는 점도 법원은 주목했다. 더욱 치명적인 결함은 A와 C가 24달러가 주당 가격으로 적정하다고 했던 보고서가 UOP의 이사들과 소액주주들에게는 아예 공개도 되지 않았다는 것이었다. 대주주는 소액주주에게 지분 인수에 관련된 모든 정보를 제공해야 할 신의·성실 의무가 있다고 법원은 판단했다.

가격에 대한 부분도 법원의 심사 요건을 만족시키지 못했다. 법원은 적정한 가격을 산정하기 위해서는 금융 분야에서 일반적으로 수용 가능한 기법을 사용해야 하고, 이러한 기법에 의해 가치를 산정했다는 증거가 법원에 제출되어야 한다고 판시했다.

Corporate Case

GM과 크라이슬러의 부활

금융 위기 이후 미국 정부의 구제 금융 지원과 구조 조정으로 부활의 계기를 마련한 미 자동차 산업은 지속적인 판매 실적과 재무지표 등의 개선을 바탕으로 자사주 매입과 회사채 발행, 기업 공개 등을 추진하면서 자신감을 찾아 가고 있다. 우선, GM은 2013년 9월 노조(UAW Retiree Medical Benefits Trust)가 보유하고 있는 32억 달러 규모의 우선주(preferred stock)를 매입하기로 결정하였으며, 매입 자금은 신규 회사채를 발행해 조달할 계획으로 알려졌다. GM은 노조가 보유한 우선주 매입을 위해 도산 절차를 졸업한 이후 최초로 발행하는 우선 순위 무담보 채권(senior unsecured notes) 발행을 통해 매입 자금을 조달할 계획이며, 우선주 매입이 완료되면 전미(全美) 자동차 노조(UAW)의 GM 보유 지분은 10%로 축소되게 된다. 노조는 금융 위기 당시 GM의 도산 과정에서 임금 채권 등의 일부를 양보하는 대가로 주식을 배정받았으며, 2010년 11월 GM의 기업 공개(IPO) 시 이렇게 배정받은 주식 때문에 큰 이득을 보기도 했다.

크라이슬러는 최대 주주인 이탈리아의 피아트(Fiat, 지분 58.5% 보유)와 2대 주주인 전미 자동차 노조(UAW: 지분 41.5% 보유) 간 지분 매매 협상이 주식 가격에 대한 의견 차이로 결렬되자, 기업 공개(IPO)를 추진한 바 있으며, 이러한 사례는 지배주주와 소액주주 간의 주식 거래에 있어서 적정 가격에 대한 문제가 항상 제기될 가능성이 있다는 것을 알려주고 있다.

(2) 지배주주의 소액주주에 대한 신의 · 성실 의무

신의 · 성실 의무는 회사의 경영진이 주주와 회사에 대해서만 지는 의무는 아니다. 주식 취득 또는 합병 과정에서 지배주주는 소액주주의 이익을 해쳐서는 안 된다는 의미에서 지배주주도 소액주주에게 신의 · 성실 의무를 진다는 것이 미국 판례법의 태도이다.[120]

지배주주가 소액주주의 지분을 매입해서 경영권을 완전히 장악하는 과정이 사법 심사를 통과하기 위해서는 단순히 법령에 규정된 절차를 따랐다는 것만으로 충분하지 않다. 법원은 지배주주의 동기와 행동을 엄밀하게 따져서 이러한 것들이 소액주주에게 불법적이거나 사기에 해당하는지를 검토하게 된다. 특히, 소액주주를 몰아 내고 지배주주가 경영권을 장악하는 과정은 지배주주가 소액주주에 대한 신의 · 성실 의무를 위반할 가능성이 크므로, 소액주주로부터 소송을 당한 지배주주가 자신의 행동이 결백하다는 것을 입증해야 한다.

보통 지배주주는 소액주주로부터의 지분매입 행위가 적법한 사업 목적 하에서 이루어졌고, 그러한 지분 매입이 소액주주에게 공정했다는 것을 증명해야 한다.[121]

d 기업 인수 | 적대적 인수 · 합병과 경영권 방어

기업 인수는 하나의 기업이 다른 기업을 사들이는 것을 의미한다. 기업 인수가 미국 회사법에서 큰 관심을 끈 이유는 적대적 기업 인수 hostile takeovers가 유행하면서부터라고 보여 진다. 주식이 시장에서 거래되고 있

---

120 Coggins v. New England Patriots Football Club, Inc.
121 미국법에서는 이를 'business purpose test'라고 한다.

는 공개 기업의 경우 주식시장에서 회사의 주식을 공개적으로 사들임으로써 회사를 인수하는 것이 가능하다. 자본주의와 금융시장이 발달한 미국에서 기업 인수는 거의 상시적으로 일어나는 일이 되어 버렸다.

기업 인수에 대한 법적인 쟁점은 주로 인수 대상 기업을 지키려는 경영진의 경영권 방어 행위가 적정하게 이루어졌는지에 초점이 두어져 왔다. 특히 경영권 방어가 인수 대상 기업의 주인인 주주의 이익과 일치되는지가 사법 심사의 기준이 되어왔다고 해도 과언이 아니다. 가령 회사의 경영진이 반대하는 기업 인수 제안을 주주들이 받았을 경우, 인수 대상 기업의 이사회가 어떠한 역할을 해야 하는지 문제가 될 수 있다. 즉 이사회가 수동적으로 가만히 있어야 하는 것인지, 아니면 적극적으로 나서서 인수 제안을 검토해야 하는지가 이슈가 될 수 있다는 것이다.

초기의 미국 판례들은 회사의 이사회가 어떠한 동기를 가지고 경영권 방어에 임했는지를 경영권 방어의 적법성을 판단하는 기준으로 활용했다.[122] 이러한 사법 심사 기준은 '지배적 동기 기준 dominant motive review'으로 칭해져 왔으며, 이사회의 경영권 방어 행위가 특별한 불법적 목적이 있었는지를 주로 살펴보았다.

Corporate Case ▶

기업 인수 파이낸싱에 대한 미 당국의 규제

기업을 인수하기 위해서는 돈이 필요하다. 기업 인수를 전문으로 하는 월 스트리트의 프라이빗 에쿼티들도 은행의 도움 없이는 기업 인수에 소요되는 자금을

---

122 Cheff v. Mathes

조달하기가 쉽지 않은 것이 현실이다. 기업인수의 대가라고 할 수 있는 뉴욕의 블랙스톤(Blackstone Group LP)도 게이츠 글로벌(Gates Global Inc.)이라는 회사를 인수하기 위해 제이피 모건(J.P. Morgan Chase & Co.)에게 지원을 요청했다. 하지만 제이피 모건의 대답은 노(No)였다. 왜 그랬을까?

원인은 미국 금융 당국의 규제였다. 美 재무성 외청 조직으로 OCC(the Office of the Comptroller of the Currency)라는 곳이 있다. OCC는 은행의 건전성을 감독하는 기관이다. 이런 OCC가 인수 과정에서 지나치게 빚을 많이 쌓게 되는 기업에 대한 은행의 자금 지원을 규제하기 시작한 것이다. OCC는 기업의 에비타(Ebitda: 이자 법인세 감가상각비 차감 전 영업 이익)보다 부채가 6배 이상이 되는 경우를 그 기준으로 삼고 있다고 한다.

2014년 3월 현재 약 30%의 신규 LBO(leveraged buyouts)가 OCC 기준에 근거할 경우 위험한 거래(즉, 부채가 에비타의 6배 이상 되는 경우)로 분류되었다고 한다. 금융 위기 직전인 2007년에는 이렇게 위험도가 높은 LBO거래의 비중이 무려 52%나 되었다. 아무튼, 채권자인 은행이 위험도가 높은 기업에 노출되는 것을 막기 위한 금융 당국의 우려는 이해할만 하다. 부실화된 대출이 가져오는 경제 금융 시스템 전반에 대한 부정적 파급 효과가 크기 때문이다.

제이피 모건이 파이낸싱을 거부한 블랙스톤의 게이츠 글로벌 인수 건은 부채가 에비타보다 무려 7배가 넘는 거래라고 한다. 아울러, OCC는 은행이 기업 인수를 위한 자금을 지원하고 채권자로서 제대로 된 보호를 받고 있는지 여부도 감시하고 있는데, 이를 위해 파이낸싱 계약이 채권자 보호 조항인 카버넌트(covenant)를 포함하고 있는지를 주로 보는 것으로 알려졌다.

어느 기업 사냥꾼의 죽음

브루스 와서스타인

브루스 와서스타인(Bruce Wasserstein)이 2009년 10월 숨을 거두었다. 그는 1980년대 적대적 인수 · 합병(hostile takeover)을 선도했고 M&A의 열풍을 주도했던 유명한 투자은행가였다. 그가 작고(作故) 전 맡고 있던 직책은 뉴욕의 M&A 전문 자문 회사인 래저드(Lazard)의 CEO였다.

와서스타인은 변호사로 출발했으나, 인베스트먼트 뱅킹 쪽으로 재빠르게 커리어를 쌓아 갔다. 그가 지난 30여 년 간 다뤄왔던 M&A는 KKR(Kohlberg Kravis Robert)의 나비스코(RJR Nabisco) 인수와 같은 굵직한 건이 많다.

와서스타인은 브루클린에서 태어났는데, 19살에 미시건 대학을 졸업한 후 하버드 로스쿨과 비즈니스 스쿨에서 수학한 천재였다. 그는 하버드 재학 기간 중 유명한 정치 운동가인 랄프 네이더(Ralph Nader)의 수제자로 일했는데, '네이더의 레이더(Nader's Raders)'로 이름을 날렸다.

그는 하버드 졸업 후, 영국 케임브리지로 유학을 갔는데 그 곳에서 영국의 M&A를 공부하면서 인수 · 합병 쪽에 본격적인 관심을 갖기 시작했다. 케임브리지에서 공부를 마치고 돌아와, 와서스타인은 크래버스(Cravath)라는 로펌에서 일했는데 그의 능력과 열정은 많은 사람들을 감동시키기에 충분했다. 그렇게 감동을 받은 사람 중의 하나는 조셉 페렐라(Joseph R. Perella)였다. 페렐라는 즉시 와서스타인을 고용하고 페렐라가 주니어 뱅커로 일하던 훠스트 보스턴(First Boston)을 M&A의 본산으로 키우는 과정에서 와서스타인의 능력을 최대한 활용했다. 텍사코(Texaco)의 게티 오일(Getty Oil)인수, 방송사 ABC의 캐피탈 시

래저드 본부가 위치한 락펠러 센터

티(Capital Cities)로의 매각 등이 그들의 작품이다.

와서스타인이 딜 메이커로 명성을 날린 계기는 1980년대 초반에 있었던 듀폰(Dupont)의 코노코(Conoco)인수다. 당시 그는 모빌(Mobil)과 시그램(Seagram)을 제치고, 듀폰이 석유 회사인 코노코를 인수하는데 혁혁한 공을 세웠다. 당시 그가 사용한 전략은 'front-end loaded two step tender'[123]로 오늘날도 M&A를 공부하는 로스쿨과 비즈니스 스쿨에서 가르쳐지고 있다.

와서스타인이 기업 사냥꾼으로만 일한 것은 아니었다. 그는 1980년대 적대적 인수·합병으로 이름을 날렸던 마이클 밀켄(Michael Milken)에 맞서 몇몇 회사를 방어하는 데도 사력을 기울인 것으로 알려져 있다.

1988년 퍼스트 보스턴(First Boston)과의 의견 대립으로 와서스타인과 페렐라는 회사를 박차고 나와 그들만의 회사를 차린다. 회사는 M&A 부띠크 펌으로 이름은 '와서스타인 페렐라 앤 컴퍼니(Wasserstein Perella & Company)'였다. 1990년대 페렐라는 회사를 떠났고 와서스타인은 회사를 지키다 2000년 14억 달러를 받고 독일계 '드레스너 뱅크(Dresdner Bank)'에 회사를 팔았다.

2002년 당시 래저드(Lazard)의 회장이던 미셸 데이비드 월(Michel David

---

123 인수 대상 기업을 100% 인수하기 위해 2단계의 전략을 사용한다. 1단계는 현금을 주고 인수 대상 기업 주식의 일부를 취득하고, 2단계에서는 잔여 주식을 취득하는 대가로 1단계에서 사용된 현금보다 가치가 적게 나가는 증권을 교부하게 된다. 이 방법은 1단계에서 주는 현금 때문에 기존 주주들이 쉽게 응할 가능성이 높고, 비용 측면에서도 유리한 것으로 평가 된다.

Weill)은 와서스타인을 고용하고 그에게 래저드의 경영을 맡겼다. 래저드는 와서스타인이 평상시 숭배해 마지 않던 투자은행이었다. 래저드는 현재 뉴욕시의 락펠러 센터에 본부가 있으며, 전 세계 26개국 · 40여개 도시에서 M&A 자문, 구조 조정, 자본 구조, 자산 관리 분야의 서비스를 제공하고 있다. 2013년 6월 현재 래저드가 관리하는 자산 규모만 해도 약 1,630억 달러에 달하고 있는 것으로 알려져 있다.

미국에도 M&A를 막는 법이 있다!

캐드베리(Cadbury)는 영국의 캔디 제조 회사로 2009년 미국 식품 회사인 크래프트(Kraft)로부터 167억 달러에 상당하는 인수 제안을 받은 바 있으며, 결국 2010년 크래프트에 합병되게 된다. 한 가지 재미 있는 것은 당시 캐드베리의 인수를 위해 뛰어든 회사가 크래프트 뿐만이 아니라는 것이다. 미국의 대표적 초콜릿 회사인 허쉬(Hershey)는 최소 170억 달러에 달하는 인수 제안을 준비하고 있었고, 스위스의 네슬레(Nestle)와 이태리의 페레로(Ferrero)도 인수전에 뛰어들 준비를 하고 있었다. 당시 캐드베리는 크래프트의 적대적 인수 · 합병 의도를 막기 위해 수개월을 보냈는데, 캐드베리의 회장인 로저 카(Roger Carr)는 그 어느 누구에게도 회사를 팔고 싶지 않다는 의사를 피력한 바 있다. 그러면서도 그

캐드베리(Cadbury)의 로고

는 인수 제안이 매력적일 경우 매각을 고려해 볼 수도 있다는 말을 해 여운을 남긴 것으로 알려지고 있다. 그는 또 인수 제안을 한 몇몇 회사가 캐드베리의 비즈니스 모델과 상당히 연계성이 있어 오퍼가 괜찮을 경우 우선적으로 살펴볼 수 있

다고도 얘기한 것으로 보도되었다.

2009년 9월 크래프트가 공개적으로 캐드베리를 인수하겠다고 나섰을 때, 많은 전문가들은 미국의 초콜릿 거인인 허쉬가 가만히 있지는 않을 것으로 예견한 바 있다. 그러나 허쉬가 캐드베리를 인수하기 위해서는 몇 가지 넘어야 할 장벽들이 있었다. 허쉬의 대주주는 불우 청소년 학교를 감독하는 트러스트(trust)이다. 이러한 지배 구조 때문에 허쉬는 캐드베리 인수전에 있어서, 정치적 · 법적 · 재무적 문제가 있을 수 있고 이러한 문제들이 크래프트와 경쟁하는 데 불리하게 작용할 수 있다고 전문가들은 전망했다.

우선, 허쉬의 첫 번째 난관은 규모와 재무적 능력이었다. 당시 허쉬의 시장 가치는 85억달러 정도인데, 이는 캐드베리의 시장 가치인 182억 달러의 반에도 못 미치는 규모였다. 또한 허쉬의 시장 가치는 크래프트의 시장 가치인 400억 달러에 비하면 턱 없이 부족했다. 허쉬는 인수에 필요한 자금을 구하기 위해 제이피 모건(JP Morgan) 및 뱅크 오브 아메리카 메릴린치(BoA Merrill Lynch)와 작업을 했으며 회사의 자산을 팔 준비도 하고 있었던 것으로 알려졌다.

1976년 허쉬의 초콜렛 공장

하지만 허쉬가 당면했던 가장 큰 문제는 돈 문제가 아니었다. 펜실베니아에서 100년 전에 밀튼 허쉬(Milton Hershey)에 의해 설립된 허쉬는 오랜 세월 동안 지역민의 사랑을 받았으며, 펜실베니아 자부심의 표상이었다. 회사의 1대 주주인 허쉬 트러스트(Hershey Trust)는 허쉬의 창업자인 밀튼 허쉬의 뜻에 따라 장애인 학교를 운영했으며, 회사 보통주의 상당 부분과 클래스 B주식의 대다수를 보유하면서 회사를 실질적으로 통제하고 있었다. 펜실베니아 주의 법에 의하면, 허쉬 트러스트가 그 경영권의 유지에 위협이 될 만한 거래를 할 경우에는 펜실베니아 주 법무장관(the state attorney general)의 승인을 얻어야 하는 것으로 되어있으며, 이 법은 허쉬가 캐드베리 인수를 위해 발행할 수 있는 신주의 수를 제한할 수 있었다. 더군다나 허쉬의 정관에도 대주주인 허쉬 트러스트의 지분율이 일정 비율 이하로 떨어지면, 클래스 B주식이 자동적으로 보통주로 전환되게 되어 있다.

허쉬는 캐드베리의 인수를 위해 부채에 의존하기도 힘든 상황이었다. 그 이유는 지역 주민들이 반대하기 때문이었다. 하버드 로스쿨(Harvard Law School)의 로버트 시코프(Robert Sitkoff)교수는 문제의 펜실베니아법이 대주주인 허쉬 트러스트가 다변화 할 수 있는 길을 막고 있을 뿐만 아니라, 합병으로 인한 시너지를 누릴 수 있는 기회까지 박탈하고 있다고 혹평했다.

당초 대주주인 허쉬 트러스트는 2002년 미국의 또 다른 제과 회사인 리글리(Wrigley)에게 허쉬를 팔고자 했으나, 당시 펜실베니아 주의 법무장관이자 주지사 후보였던 마이클 피셔(Michael Fisher)의 반대로 뜻을 이루지 못한 경험이 있다. 반대 진영의 논리는 허쉬의 매각이 허쉬 트러스트 산하에 있는 장애인 학교들을 위험에 빠뜨릴 것이라는 이유였다. 그 이후로 허쉬는 M&A 노력에 소극적일 수밖에 없게 된 것으로 분석된다.

⑴ 유노칼 테스트 the Unocal test | 경영권 방어는 어떤 경우에 허용되는가?
　경영권 방어에 대한 현대적 사법 심사 기준을 세운 계기가 된 것은 미국의 유명한 석유 회사였던 유노칼이 연루된 기업 인수였다.[124] 지금은

---

124 Unocal Corporation v. Mesa Petroleum Co.

과거 유노칼의 캘리포니아 본사

쉐브론 Chevron에 인수된 유노칼은 1985년 유노칼 지분의 13%를 보유하고 있던 메사 Mesa로부터 조금 복잡한 지분 인수 제안을 받았다. 메사의 인수 계획은 2단계에 걸친 것이었다. 1단계로 메사는 당시 유노칼 주식의 총 37%에 해당하는 총 6천 4백만 주를 현금으로 인수하고자 했고, 메사가 제시한 주당 인수 가격은 54달러였다. 2단계 계획의 주요 내용은 현금으로 인수한 지분 외의 나머지 지분에 대해 증권[125]을 주고 매입하는 형식으로 시장에서 거래되는 주식들을 매집한다는 것이었다.

유노칼의 이사회는 메사의 인수 제안을 논의하기 위해 1985년 4월 13일 모였다. 13명의 이사가 참석한 가운데 회의는 9시간 반이나 계속됐다. 이사회는 골드만 삭스 Goldman Sachs에서 나온 피터 삭스 Peter Sachs로부터 메사의 인수 제안에 대한 의견을 들었다. 삭스의 의견은 메사의 인수 제안이 터무니없다는 것이었다. 삭스는 유노칼의 주식을 순차적으로 매각할 경우 최소한의 주당 가격은 60달러 이상이라고 밝혔다. 삭스는 석유와 가스 산업을 분석한 도표와 최신의 금융 기법을 통해 자신의 견해를 당당하게 밝혔다.

이 회의에서 삭스는 유노칼이 취할 수 있는 다양한 방어 기법 defensive tactics에 대해서도 이사회에 자문을 해 주었다. 그중 하나는 유노칼이 자

---

125 Mesa는 이러한 증권의 가격도 주당 54달러 정도에 해당한다고 주장했다.

신의 주식을 사들이는 자기 인수 제안 self tender offer이었다. 삭스가 유노칼의 자기 인수 제안을 위해 제시한 가격은 주당 70~75달러 사이였다.

삭스의 권고에 대해 고민을 거듭하던 이사회는 8명의 사외이사를 중심으로 메사의 인수 제안이 회사와 주주의 이익을 위해 부적합하다는 결론을 내리고, 회사가 삭스의 제안에 바탕을 둔 자기 인수 제안을 실행할 것을 결정했다. 이사회는 이틀 뒤 메사의 제안에 대한 역공으로서 주주들로부터 주식을 매입하기 위한 계획을 세웠다. 이 계획에 의하면, 유노칼은 메사가 유노칼 주식 6천 4백만 주를 인수할 경우, 주주들에게 부채 증권 debt securities을 교부하고 나머지 49%의 지분을 주주들로부터 매입한다는 것이었다.[126] 이러한 증권의 가격은 주당 72달러 정도의 가치를 가지는 것으로 평가되었다. 유노칼은 이러한 주식 인수 제안을 만들면서 메사는 이러한 제안에 참여할 수 없다고 못을 박았다. 이는 메사에게 지배권을 넘겨주지 않겠다는 유노칼 이사회의 반격 선언이자 메사에게는 폭발적인 위력을 지닌 역제안이었다.

이사회의 이러한 결정이 있고난 며칠 뒤 유노칼은 공개적으로 메사의 참여를 배제하는 자기 인수 제안을 실행에 옮겼다. 발끈한 메사는 결국 소송을 제기하고 자신이 배제된 것이 부당하다고 주장했다.

델라웨어 주 최고법원은 결국 유노칼 이사회의 손을 들어주었다. 그 이유는 유노칼의 이사회가 외부 금융 전문가와 변호사로부터의 도움을 바탕으로 메사의 인수 제안을 충분히 검토하고 그것이 부당하다는 판단을 내렸기 때문이었다. 법원은 이러한 판단을 하면서 인수 대상 기업 경

---

126 이렇게 회사가 주주들에게 부채 증권을 교부하고 주식을 취득하는 것을 미국에서는 'debt for equity restructuring'이라고 부른다.

영진의 경영권 방어가 사법 심사를 통과하기 위한 기준을 제시하였는데, 이 기준이 바로 그 유명한 유노칼 테스트 the Unocal test이다.

유노칼 테스트는 다음의 사항에 대한 입증 책임을 경영권을 방어하고자 한 회사의 이사회나 경영진에게 부과하고 있다. 첫째, 경영진의 경영권 방어가 회사와 주주를 위해 도움이 된다는 순수한 믿음을 가졌을 것이 요구된다. 둘째, 이러한 순수한 믿음은 회사의 이익에 위협이 있다는 인식을 바탕으로 한 합리적 조사에 기반하고 있어야 한다. 마지막으로 경영진이 취한 경영권 방어 조치 defensive measures는 경영진이 인식한 위협과 합리적 비례관계가 있어야 한다. 법원은 유노칼 이사회가 취한 조치들이 이러한 기준에 부합했다는 판단을 내린 것이다.

월 스트리트의 M&A 자문 회사들

골드만 삭스(Goldman Sachs Group Inc.)는 자타가 공인하는 월 스트리트의 대표주자이며, M&A 자문에 있어서도 선두 위치를 지켜왔다. 하지만, 2014년 2월 중순에 발표된 450억 달러 규모의 컴캐스트(Comcast)—타임워너케이블(TWC) 합병에 있어서는 골드만 삭스가 뒷짐을 지고 봐야할 형편이 되었다. 그 이유는 골드만 삭스가 타임워너케이블을 인수하고자 했던 또 하나의 회사인 차터 커뮤니케이션(Charter Communications)의 자문을 맡았기 때문이다. 만약 컴캐스트와 TWC의 합병이 성사되면, 골드만 삭스는 M&A 자문 거래 순위가 현재 4위에서 8위로 떨어지게 될 것으로 보인다. 골드만 삭스 외에도 차터를 자문하기 위해 줄을 서 있던 회사들은 크레딧 스위스(Credit Suisse Group AG), 뱅크 오브 아메리카(Bank of America Corp.), 도이치 뱅크(Deutsche Bank AG)

펜실베니아 주 컴캐스트 본사

와 함께 부띠크 M&A 자문 회사인 라이온트리 어드바이저스(LionTree Advisors LLC)로 알려졌다.

골드만 삭스가 컴캐스트와 TWC의 합병 과정에 자문 역할을 못하게 된 것이 더욱 쓰라린 경험이 될 만한 이유가 또 있다. 그것은 영원한 라이벌인 제이피 모건(J.P. Morgan Chase & Co.)과 모건 스탠리(Morgan Stanley)가 양사 합병 과정에서 일정한 역할을 수행할 것이기 때문이다. 딜의 규모가 큰 만큼 M&A 자문을 통해 벌어들이는 수수료가 만만치 않을 것으로 전망된다.

컴캐스트의 TWC 인수 과정에서 컴캐스트의 자문을 맡을 회사는 제이피 모건과 바클리(Barclay PLC)이며, TWC를 위한 자문은 모건 스탠리, 앨런엔코(Allen & Co.), 시티그룹(Citi Group Inc.), 센터뷰 파트너스(Centerview Partners) 등이 수행할 예정이다. 컴캐스트의 자문 그룹에는 모건 스탠리에서 30년간 일하고 은퇴한 'M&A 제왕' 폴 타우브먼(Paul Taubman)도 끼어 있었다. 그는 2013년 버라이즌(Verizon Communications)이 보다폰(Vodafone PLC)으로부터 버라이즌 와이어리스(Verizon Wireless)를 인수할 때도 자문 역할을 했는데, 당시 거래 규모는 무려 1,300억달러 규모였다.

영국계 투자은행인 바클리는 당초 차터가 TWC 인수를 위해 준비하고 있던 200억 달러 규모의 부채 조달(debt package) 중 일부를 지원할 계획이었으나, 결국 컴캐스트 편에 서게 되면서 큰 기쁨을 누리게 되었다. 컴캐스트-TWC 딜에 끼어듦으로써 바클리의 M&A 자문 업계 순위는 7위에서 3위로 껑충 뛰어오르게 되었으며, 양사 간 합병이 순전히 주식 거래(all stock deal)로만 이루어지는 결과, 바클리 입장에서는 (차터 사례와 같이) 부채 조달을 통한 M&A 자금 마련을 도와줘야하는 부담도 없었다.

(2) 유노칼 결정과 포이즌 필 Poison Pills

델라웨어 주 최고법원의 유노칼 결정이 있은 후 연방 증권 거래 위원회 SEC는 주주들을 차별하는 자기 인수 제안에 대해 거부감을 드러냈다. 이러한 SEC의 정책은 연방 증권 거래 위원회 규정이 개정되며 나타났다. 그 내용은 어떤 회사든 자기 인수 제안을 할 때는 그 문호가 모든 주주들에게 개방되어야 한다는 것이었다.[127] 하지만 SEC는 회사가 경영권 방어를 위해 취하는 포이즌 필 Poison Pills을 금지하지는 않고 있다.

포이즌 필은 '주주 권리 계획 shareholder rights plan'으로 불리기도 하는데, 보통은 주주총회 등의 의결 절차 없이 이사회의 결의만으로 채택된다. 포이즌 필을 회사가 발행하는 신주를 구매할 수 있는 권리인 '워런트 warrant'의 일종으로 보는 견해도 있다. 포이즌 필이 채택되면 회사의 보통주 common stock 소유자들은 적대적 인수 · 합병 등에 대항하기 위해 일정한 권리를 행사할 수 있게 된다. 포이즌 필의 핵심은 이렇게 주식에 부가된 권리이다. 이러한 권리는 일정한 시점[128]에 다다르면 그 권리를 행사할 수 있고, 보통주와는 별개로 거래될 수도 있다. 포이즌 필은 회사가 인

---

127 이 규정은 Rule 13e-4(f)(8)이다.
128 이러한 시점을 'distribution event'라고 한다. 보통 회사의 인수 또는 인수 의향 등이 발표되는 시점을 말한다.

수되거나 인수 의향의 발표 등을 계기로 행사되는 경우가 많다. 보통 포이즌 필이 행사되려면 일정한 지분율 이상으로 기업 인수가 시도될 것이 요구된다. 일반적으로 20% 이상 지분의 인수 제안이 포이즌 필을 발동시키는 계기가 된다.

포이즌 필이 발동되면 인수 대상 기업의 주주(적대적 인수·합병 시도자 제외)는 인수 대상 기업의 주식을 2주 이상 살 수 있거나, 다른 형태의 증권을 반 정도의 가격만 주고 살 수 있다.[129]

만약 인수 대상 기업이 인수 의향자 또는 인수 의향자의 소속 회사에게 합병되거나 인수될 경우 포이즌 필의 권리를 보유한 사람은 인수 기업 acquiring company의 보통주를 50% 가격만을 지불하고 살 수도 있다.[130] 이렇게 되면, 인수 기업 기존 주주들의 이익은 크게 침해될 수밖에 없고 자본 구조 capital structure도 당초 의도한 바와는 다르게 왜곡될 수 있다. 포이즌 필의 본질은 이렇게 달콤한 줄 알고 삼킨 것이 독약이 되는 것이다.

인수 대상 기업의 주주 다수가 인수 제안에 동의하더라도 포이즌 필이 보통 주식과는 별개로 거래되는 한, 인수 주체는 포이즌 필의 독약에 상시로 노출되게 된다. 이렇게 포이즌 필의 위협에 노출되면 잠재적인 인수 의향자는 인수 대상 기업 이사회와 교섭을 통해 포이즌 필의 독약 효과를 아예 없애거나 완화시키는 방법을 모색하고자 하는 유인이 강해진다. 이렇게 포이즌 필의 파괴력을 완화시키기 위해 등장한 것이 '회수 조항 redemption provision'이다. 회수 조항은 인수 대상 기업의 이사회가 포이즌 필이 행사되기 전에 명목상의 가격 nominal price만을 지불하고 포이즌 필

---

129 미국법에서는 이러한 특성을 포이즌 필의 'flip-in element'라고 한다.
130 이는 'flip-over element'라고 지칭되는 포이즌 필의 또 다른 특성이다.

을 다시 사들일 수 있는 권리를 부여하고 있다.

포이즌 필을 둘러싼 소더비와 헤지펀드의 대전 大戰

경매 회사로 유명한 소더비(Sotheby's)가 기업 사냥꾼 댄 롭(Dan Loeb)에 의해 소송을 당했다. 댄 롭이 소송을 제기한 이유는 소더비의 포이즌 필 때문이었다. 그는 소장(訴狀)에서 소더비의 포이즌 필이 그가 추진하는 소더비 이사

기업 사냥꾼 댄 롭

회의 개편을 부당하게 막고 있다고 밝혔다. 소더비의 포이즌 필은 댄 롭과 같은 기업 사냥꾼의 지분 취득을 10% 이내로 제한하고 있는 반면, 기업 지배 구조에 대해 도전하지 않는 일반 투자자의 지분 취득에 대해서는 비교적 관대한 태도를 취하고 있다.

2014년 3월 현재 댄 롭이 운영하는 행동주의 헤지펀드 써드 포인트(Third Point)는 소더비 지분의 9.6%를 보유하고 있는데, 2013년 10월 이후 댄 롭은 소더비에 대한 공격을 감행해 왔으며,131 그의 심복 3명을 소더비 이사회에 앉히는 데 성공했다. 댄 롭은 보유 지분을 20%로 늘려 소더비에 대한 압박을 강화하고자 했으나, 10% 이상의 지분 취득을 제한하고 있는 포이즌 필에 의해 발목이 잡혔던 것이다.

전통적으로 포이즌 필은 원하지 않는 적대적 인수 · 합병에 대항하기 위한 것이었으나, 최근에는 행동주의 헤지펀드와 기업 사냥꾼에 대응하기 위한 포이즌 필

---

131 2014년 5월 5일 주주총회 직전 소더비는 결국 댄 롭의 공격에 무릎을 꿇고 그가 15%까지 회사의 지분을 취득하는 것을 허용했다.

뉴욕 소더비 본사

도 많아지는 추세다. 따라서 과거에는 포이즌 필의 발동 요건이 20% 이상의 지분 취득인 것이 보통이었으나, 요즘에는 발동 요건이 10%로 완화되고 있다. 현재 미국 기업들에 의해 운영되고 있는 포이즌 필의 4분의 1이 10%의 발동 요건을 가지고 있는 것으로 보고되고 있다.

또한 최근 도입되고 있는 포이즌 필의 특징은 적극적으로 기업 지배 구조에 도전하는 헤지펀드와 소극적 투자자(passive investors)를 구별해 양자에게 다른 대우를 한다는 것이다. 앞서 설명한 것처럼 소더비의 포이즌 필도 행동주의 헤지펀드의 지분 취득은 10%로 제한하고 있는 반면, 수동적 투자자의 지분 취득은 20%까지 허용하고 있다. 수동적 투자자들을 우대하는 이유는 이들이 보통 타겟으로 지목된 회사를 지지하는 경향이 있기 때문이다.

한국의 포이즌 필 도입에 대한 외국의 시각

수년 전 한국의 포이즌 필 도입이 거론되자 외국 언론은 이렇게 평했다.

"한국이 적대적 인수·합병 위협으로 시달리는 국내 기업의 보호를 위해 포이즌 필을 도입하기로 결정했다. 한국의 대표적 기업인 삼성전자와 포스코의 경우 각각 47%와 49%의 지분을 외국인 투자자가 보유하고 있을 정도로 한국은 그동안 외국인의 투자에 문호를 개방해 왔다.

일부 전문가들은 적대적 인수·합병을 통제하고자 하는 시도가, 소액주주들이 합병으로 인한 프리미엄(merger and acquisition premiums)을 통해 누릴 수 있는 권리를 빼앗을 수도 있다고 우려하고 있다.

한국의 재계는 그 동안 적대적 합병의 위험에 노출된 기업이 일정한 주주에게 미리 정해진 낮은 가격에 신주를 발행할 수 있도록 허용해야 한다고 주장해 왔다. 그렇게 되면 적대적 인수 · 합병을 하고자 하는 측의 소유 지분 가치를 희석시켜 인수 · 합병 시도 자체를 무산시킬 수 있기 때문이다.

한국의 인수 · 합병은 1997년 외환 위기 이후 급격한 규제 완화가 이루어졌다. 2003년에는 SK그룹이 그룹의 회장을 쫓아내고자 시도했던 사버린(Sovereign Asset Management)과 한판 싸움을 벌인 바가 있고, 2006년에는 투자가인 칼 아이칸(Carl Icahn)과 헤지펀드인 스틸 파트너스(Steel Partners)가 한국의 대표적 공기업 중의 하나인 담배 인삼 공사를 인수 · 합병하겠다고 공공연히 밝힌 바 있다. 이러한 사례들은 적대적 인수 · 합병에 대한 한국 기업들의 공포를 불러 일으키기 충분했고, 삼성과 포스코를 비롯한 많은 상장 기업들이 경영권 방어를 위해 수십억 달러를 지출하는 결과를 초래했다.

포이즌 필의 도입은 기업의 투자 확대와 고용 창출을 통해 경제 회복을 이어나가고자 하는 한국 정부의 의지도 반영된 것으로 보인다. 미국과 일본은 이미 적대적 인수 · 합병에 대한 방어 장치를 도입했다. 일본에서는 포이즌 필의 광범위한 사용과 수십 년간 지속된 상호 출자(cross shareholdings)가 소액주주들의 권익을 침해한다는 우려가 높아지고 있다."

렌터카 업계 대부인 허츠의 포이즌 필

미국 렌터카 업계의 대표적 기업인 허츠(Hertz)는 2013년 말 1년 기간을 가진 포이즌 필을 도입하기로 결정했다. 허츠가 도입한 포이즌 필은 발동 조건(trigger)을 10% 이상의 지분 인수로 정해 놓고, 이사회와의 협의 없이 공개 시장에서 허츠를 적대적으로 인수하려는 개인 또는 그룹에 대항할 예정이다. 이렇게 허츠가 포이즌 필을 도입하기로 한 것은 허츠 주식에 대한 비정상적이고 수

상한 거래가 크게 늘어났기 때문이다. 허츠는 포이즌 필을 도입하면서 주요 주주132와 협의했으며, 포이즌 필 도입을 통해 주주 가치를 증진시킬 수 있을 것이라고 발표했다.

허츠가 도입한 포이즌 필은 적대적 인수 · 합병 시도가 있을 경우, 추가적인 주식 발행과 유통을 통해 인수자가 인수 대상 기업의 지배적 지분(controlling stake)을 매집하기 힘들게 만드는 효과를 발휘하도록 설계되었다. 허츠의 포이즌 필 도입 발표 이후 회사의 주가는 주식시장 마감 후 3.1% 상승한 주당 26.75 달러까지 거래된 것으로 알려졌다.

허츠의 시가 총액은 116억 달러 규모로 경쟁사인 에이비스(Avis)의 43억 달러 규모보다 훨씬 크다. 하지만 2013년 한 해 동안 허츠 주가가 59% 상승한 것에 비해, 에이비스 주가는 99%가 올라 에이비스가 허츠의 실적을 압도했다. 지난 수년 동안 허츠와 에이비스는 레저 및 비즈니스 여행 수요의 증가로 매출이 크게 늘었으며, 관련 기업까지 인수 · 합병하면서 양사 모두 사세(社勢)를 확장해 왔다. 허츠는 달러 쓰리프티(Dollar Thrifty)를, 에이비스는 집카(Zipcar)를 인수한 것이 그 예이다.

(3) 레브론 테스트 the Revlon test | 경영권 방어의 한계

유노칼 케이스는 경영권 방어가 용인되는 기준을 제시한 판례로서 유명하다. 그렇다고 경영권 방어가 무한정 용인되는 것은 아니다. 이제 설명할 레브론 케이스는 경영권 방어의 한계가 무엇인가를 보여주는 또 다른 기념비적 판례이다.

---

132 허츠의 주요 주주는 Wellington Management Co. (9.2%), Vanguard Group, Fidelity Management & Research Co., T.Rowe Price Associate Inc. 등이다.

레브론 Revlon은 유명한 미국의 화장품 회사다.[133] 이런 레브론에 대해 적대적 인수를 시도한 회사가 있었는데 그 이름은 팬트리 프라이드 Pantry Pride였다. 팬트리는 주당 45달러의 인수 가격을 제시했는데 레브론의 이사회는 이러한 제안이 터무니 없이 낮은 가격이라고 생각했다. 팬트리의 황당한 인수 제안에 대해 역공을 펴기로 한 레브론은 포이즌 필을 도입하고 자기 주식의 33% 이상(5백만 주)을 인수하겠다고 선언했다. 레브론의 포이즌 필에 의하면 주주들은 65달러의 액면가격에 12%의 이율을 지닌 회사채 Revlon note와 주주들이 보유한 보통주를 교환할 수 있게 되어 있었다. 팬트리도 가만 있지 않았다. 팬트리는 레브론에 대한 인수 제안 가격을 더욱 높였다. 팬트리와 전면전에 돌입한 레브론은 이제 외부의 원군이 필요한 상황이 되었다.[134] 레브론이 찾은 '백기사 white knight'는 포스트만 리틀 Forstmann Little & Co.이라는 LBO전문 사모 투자 회사 private equity firm였다. 레브론은 포스트만과 LBO를 추진했다. 이렇게 LBO를 추진한 것까지는 좋았는데, 문제는 이 과정에서 레브론이 포스트만에 준 '락업 옵션[135] lock-up option'에 있었다. 이 락업 옵션에서 레브론은 포스트만에게 레브론의 수익 창출원인 2개의 유망 사업 부서를 인수할 수 있는 옵션을 부여했다. 옵션의 행사 가격은 약 1억 달러 정도였는데 이는 공정한 평가 가격 appraised value에 훨씬 못 미치는 것이었다.

델라웨어 주 최고법원은 이번에는 레브론의 경영권 방어를 용인하지

---

133 Revlon, Inc. v. MacAndrews & Forbes Holdings, Inc.

134 이렇게 기업 인수·합병 과정에서 다른 기업을 도와주는 회사를 'white knight(백기사)'라고 한다.

135 락업 옵션(lock-up option)은 인수 대상기업(target company)이 백기사(white knight)의 추가적인 지분 투자 또는 자산 매입 등에 대한 대가로 지급하는 스톡옵션(stock option)을 말한다.

않았다. 일단 기업 인수가 불가피한 상황이 되면 이사회는 더 이상 경영권 방어에 집착하지 말고 경매를 진행하는 사람 auctioneer의 입장에서 회사를 가장 높은 가격에 살 수 있는 사람을 찾아야 한다고 법원은 판시했다. 인수 대상 기업이나 자산에 대해 가장 매력적인 오퍼를 낼 수 있는 사람에게 기업이나 자산을 팔아야하는 것이 이사회의 역할이라는 것이다. 레브론 사례에서는 팬트리가 레브론에 대한 인수 제안 가격을 더욱 높이면서 기업 인수에 적극적으로 임했고, 이러한 상황에서는 이사회가 팬트리의 인수 제안에 대해 호의적으로 대응하는 것이 주주 가치의 극대화를 위해 필요하다는 것이다.

락업 옵션을 사용해 포스트만에게 유망 사업 부서를 헐값에 넘기려 한 것도 더 높은 가격을 제시한 팬트리를 차별하는 것으로서 이사회가 레브론의 주주에 대해 지는 신의 · 성실 의무를 위반했다고 법원은 판단했다. 뿐만 아니라, 레브론이 팬트리와 싸우면서 발행하기로 한 회사채의 시장가격을 포스트만이 지지하기로 약속한 것도 사법부 입장에서는 문제였다. 그 이유는 이사회가 주주들의 희생을 대가로 계약 조건에 의해 보호되는 회사채 보유자들을 편애할 수 없기 때문이었다.

다윗의 골리앗 인수 작전

차터 커뮤니케이션(Charter Communication Inc.)은 미국 코네티컷 주에 본사를 둔 케이블 TV 및 인터넷 서비스 업체이며, 29개 주에 걸쳐 약 680만 명의 고객을 확보하고 있다. 미국 케이블 TV 업계의 순위는 1위 컴캐스트(Comcast), 2위 타임워너케이블(Time Warner Cable, 이하 TWC), 3위 콕스 커뮤니케이션

뉴욕 타임워너케이블 본사

(Cox Communications)이며, 차터는 업계 4위를 차지하고 있다.

이런 차터가 업계 순위 2위인 TWC를 인수하겠다고 도전장을 던졌다. 차터는 2013년 6월 이후 TWC 인수를 추진하면서, TWC가 지난 수년간 잘못된 경영 전략과 투자 실패로 디지털 네트워크로의 전환에 실패했으며, 그 결과 고객들이 이 회사의 서비스로부터 등을 돌리고 있다고 지적했다. 차터는 TWC를 인수할 경우, 차터의 CEO인 탐 럿리지(Tom Rutledge)가 차터를 키우면서 사용해온 전략을 쓸 방침이다. 그 전략은 신속하고 완벽하게 아날로그 비디오 전송을 디지털로 바꾸고, 더 빠른 인터넷 서비스를 제공하는 것이다.

차터의 TWC 주주에 대한 첫 번째 인수 제안은 주당 114달러였으며, 이중 79달러는 현금으로, 나머지는 차터의 주식으로 준다는 것이었다. 두 번째 제안은 주당 127달러에 현금 82달러를 주는 조건이었으며, 세 번째 제안에서는 주당 132.5달러로 점차 인수 가격을 올렸다. TWC의 경영진은 초기부터 차터의 인수 제안이 TWC의 가치를 제대로 평가하지 않은 '아주 부족한 제안'이라고 평가하고, 차터가 회사를 훔치지 못하게 할 것이라면서 분개해마지 않았다. TWC의 이사회가 생각하는 적정 가격은 최소 주당 160달러 수준으로 알려졌다. 월 스트리트의 전문가들은 차터가 추가로 인수 제안 가격을 올릴 가능성이 높지만, 그렇다고 해도 TWC 이사회가 생각하는 160달러 수준은 지나치게 높다고 평가했다. 2014년 초 차터의 세 번째 인수 제안 이후 TWC의 주가는 주당 136달러까지 올랐으며, 시가 총액은 390억 달러를 기록했다. 차터의 주가도 올라 주당 137달러에 거래가 되었으며, 시가 총액은 140억 달러 규모로 집계되었다.

차터가 세 번째로 인수 제안을 하면서, 적극적인 공략을 서둘렀던 배경은 TWC의 주주들이 2014년 봄에 열리는 주총에서 선임할 새로운 이사회의 멤버들을 지명해야 할 때가 되었기 때문이다. 차터 입장에서는 TWC의 이사회를 장악하기 위해 주주들을 대상으로 위임장 확보 전쟁(proxy battle)을 수행할 수도 있음을 염두에 둔 포석이라고 할 수 있다. 아울러 차터는 자사의 웹사이트에 29장짜리 프레젠테이션 자료를 올려 차터와 TWC의 경영 성과 차이를 비교하면서, 다른 M&A 대안이 없을 경우 TWC가 향후 심각한 주가 하락의 위험이 있다면서 TWC 주주들의 적극적 관심을 유도하기도 했다. 이 케이스는 과연 레브론 테스트가 적용될 수 있는 사례가 될 수 있을까?

골리앗은 결국 더 큰 골리앗과 결합?

결국 타임워너케이블(TWC)을 인수하기로 한 것은 차터(Charter)가 아니라, 케이블 업계 1위인 컴캐스트(Comcast)가 되었다. 2014년 2월 중순 컴캐스트는 450억 달러에 TWC를 인수하기로 양사가 합의했다고 발표했다. 컴캐스트는 TWC를 인수하는 대가로 TWC 1주당 컴캐스트 주식 2,875주를 TWC 주주에게 지급하기로 했으며, 다른 현금 거래는 없는 것으로 알려졌다. 컴캐스트가 TWC 1주를 158달러 정도로 평가해 합의가 이루어진 만큼, 주당 132달러를 제시한 차터의 제안은 이제 의미가 없는 것으로 되었고, 차터는 다른 타겟을 찾아야 할 것으로 보인다.

TWC는 원하는 가격에 근접하는 수준으로 컴캐스트와의 딜을 성사시켰으나, 인수·합병 과정에서 보통 팔리는 회사가 갖게 되는 보호 장치는 없었다. 예를 들면, 향후 컴캐스트의 주가가 떨어지거나, 반독점 규제 당국이 합병을 승인하지 않을 경우 TWC의 주주는 아무런 보상도 받을 수 없는 것으로 되어있다. 보통 인수·합병 거래에서 매각되는 회사는 추후 거래가 불발될 경우를 대비해 '거래 결렬 보상금(break-up fee)'을 받는 것이 일반적이다. 컴캐스트가 이렇게 보상 조항을 넣지 않은 것은 AT&T의 티모바일(T-Mobile) 인수 불발에 따른 학습 효과인 것으로 보인다. 과거 AT&T는 티모바일을 인수하려 했으나, 당국이 합병을 승인하지 않는 바람에 티모바일에게 40억 달러에 달하는 보상금을 지급한 쓰라린 경험이 있다.

컴캐스트가 회사의 주식을 합병의 대가로 제공하기 때문에 컴캐스트 주가의 향방이 큰 관심사가 될 수밖에 없다. 합병을 발표한 날, 컴캐스트의 주가는 4%가 떨어졌는데 이 것만으로도 450억 달러의 합병가액 중 18억 달러가 날아간 셈이었다. 이럴 경우를 대비해 인수되는 회사의 주주들을 보호하기 위한 장치가 '칼라(collar)'라고 하는 장치다. 칼라는 인수 회사(여기서는 컴캐스트)의 주가가 일정 수준 이하로 떨어질 경우, 인수 회사가 주식을 더 많이 발행해 피인수 기업의 주주들을 보상하는 것이다. 그러나 앞서 얘기한 것처럼 컴캐스트와 TWC의 인수·합병 계약(merger agreement)은 칼라를 포함하지 않고 있다.

한편, 인수되는 TWC의 주가는 합병이 발표된 날 예상보다 낮은 7%가 오르는데 그쳤는데, 그 이유는 아무래도 양사의 합병이 연방 정부의 반독점 심사를 통과하기가 만만치 않을 것이라는 우려감 때문인 것으로 분석되었다.

골리앗 인수 불발에 따른 다윗의 항거

차터 커뮤니케이션은 TWC 인수가 컴캐스트의 개입으로 불발에 그치자 양사의 합병선언이 절차적으로 문제가 많다며 2014년 3월말 미국 증권 거래 위원회(SEC)에 이의를 제기했다. 차터의 주장은 TWC의 이사회가 컴캐스트와의 결합에만 급급했던 나머지 차터의 인수 제안과 같은 대안을 제대로 검토하지 않았다는 것이다. 아울러 차터는 미국의 양대 케이블 회사인 두 회사의 합병이 3,300만의 가입자를 바탕으로 미국 인터넷 시장의 40%를 차지하는 거대 공룡 기업의 탄생이 되는지라 독점 규제 당국의 합병 승인을 받기가 힘들 것이라는 점을 강조했다.

차터는 TWC가 컴캐스트와 합병 협의를 하면서 거래 결렬 수수료(break-up fee)를 합병 계약에 포함시키지 않은 점도 비판했다. 양사 간 합병이 당국의 승인을 받지 못할 가능성이 크다는 점을 제대로 평가할 수 있었다면, 거래 결렬 수수료가 들어있지 않은 합병 조건을 TWC 주주들이 수용하지 않을 것이라는 것이 차터의 논리였다.

2014년 2월 TWC와 컴캐스트의 합병 선언이 발표되었을 때만해도, 합병은 TWC 1주당 158달러의 가치를 가지고 있는 것으로 평가되었다. 하지만 그 이후 컴캐스트의 주가가 떨어지면서 합병 가치도 TWC 1주당 140달러 수준까지 크게 떨어졌다.

차터는 TWC와 컴캐스트가 합병을 선언하기 전까지 거의 6개월 동안 TWC 인수를 위해 노력해 왔었다. 만약 차터가 TWC 인수에 성공했었더라면, 업계 4위인 차터는 TWC의 1,100만 가입자와 뉴욕, LA 등의 거점 시장을 확보할 수 있었을 것이다.

(4) 레브론 테스트가 적용되지 않는 경우

타임 Time과 워너 Warner는 주식 교환을 통한 합병 a stock for stock merger을 하기로 합의했다.[136] 주식 교환을 통한 합병은 인수 기업이 인수 대상 기업의 주주에게 인수 기업의 주식을 교부하고 그 대가로 인수 대상 기업의 주식을 받는 방법으로서 현금을 교부하는 방식에 비해 합병에 소요되는 비용을 줄일 수 있는 장점이 있다. 이런 합병 계획을 타임과 워너의 주주들이 승인하기로 한 2주 전에 파라마운트 Paramount는 타임의 주주들에게 주당 175달러를 지급할 것을 약속하는 인수 제안을 내놓았다. 이 인수 제안은 타임이 워너와 합병을 하지 않을 것을 조건으로 했다. 파라마운트의 제안이 타임의 주주들에게 먹힐 만큼 매력적이라는 것을 알게 된 타임과 워너의 이사회는 당초 합병 계획을 수정해서 타임이 워너 주식의 51%를 좋은 조건으로 살 수 있게 했다. 이러한 수정 합병 계획에 의하면 타임은 워너의 주식을 사기 위해서 막대한 부채를 조달해야 했다. 더욱 문제가 된 것은 타임과 워너의 수정 합병 계획이 타임 주주들의 수정 계획에 대한 승인권과 파라마운트 제안에 대한 선택권을 박탈했다는 점이었다.

파라마운트는 타임을 상대로 타임의 이사회가 레브론 기준상의 경매자 의무를 위반했다고 소송을 제기했다. 타임과 워너의 수정 합병 계획이 레브론 기준상 이사회의 경매자 의무를 유발하는 '통제권의 변화 a change in control'를 가져왔다는 것이었다.

법원은 '레브론 의무 Revlon duties'가 촉발되는 상황은 인수 대상 기업이 적극적인 인수 제안 행위를 시작하거나 적대적 인수에 대응하여 회사를 쪼개려 할 때라고 보았다. 타임과 워너의 합병 계획이 회사의 분할을 가져오는 것이 아니었고, 소유권은 여전히 일반 주주들에게 있을 것이기

---

136 Paramount Communications, Inc. v. Time Incorporated.

때문에 법원은 통제권의 변화가 일어나지 않았다고 판단했다. 아울러 타임이 추구한 것은 단순한 자산 매각보다는 장기 성장 계획의 일환으로서 다른 회사와의 합병을 검토한 것이고, 합병 후에도 언론사로서의 정체성을 유지하려했다는 점도 고려되었다. 이렇게 레브론 상황이 초래되지 않은 경우에는, 유노칼 기준에 의해 경영권 방어의 정당성이 평가되어야 한다고 법원은 보았다.

결국 법원은 타임의 이사회가 유노칼 기준에 위배됨이 없이 정당한 경영권 방어의 차원에서 합병 계획을 만들고 수정할 수 있으며, 주주들에게 그러한 내용에 대한 승인권을 제한할 수도 있다고 인정하였다.

(5) 주주 가치의 극대화 vs. 이사회의 짝사랑

1993년 파라마운트 Paramount와 바이어컴 Viacom은 합병을 하기로 합의했다.[137] 합병의 대가로 바이어컴은 파라마운트의 주주들에게 현금과 주당 69달러 정도의 가치를 지닌 바이어컴 주식을 주기로 했다.[138] 바이어컴에게 매료된 파라마운트의 이사회는 회사의 포이즌 필을 개정해서 바이어컴과의 합병이 훨씬 쉬워질 수 있도록 했다. 뿐만 아니라 파라마운트는 바이어컴에게 스톡 락업 stock lockup과 계약 파기 배상금 termination fee 까지도 주기로 약속을 했다. 스톡 락업은 적대적 인수가 어렵도록 인수 대상 기업의 이사회가 우호적인 사람 또는 회사에게 추가적인 주식을 발행하거나 발행하기로 약속하는 것을 말한다.

---

137 Paramount Communications, Inc. v. QVC Network Inc.
138 합병 조건은 파라마운트 주식 1주가 0.1주의 바이어컴 클래스 A 주식(의결주), 0.9주의 바이어컴 클래스 B 주식(무의결주), 9.1달러의 현금으로 교환된다는 것이었다.

두 회사의 합병 계획이 발표되고 나서 며칠 후, QVC라는 회사가 파라마운트를 2단계로 인수하기 위한 제안을 내놓았다. 그 목적은 분명 바이어컴과 경쟁하기 위해서였다. 계획에 의하면, QVC는 1단계로 51%의 파라마운트 지분을 80달러를 주고 사고, 2단계로 파라마운트 잔여 지분을 유사한 가치를 지닌 QVC 주식으로 교환한다는 것이었다. 이러한 제안은 파라마운트가 바이어컴을 위해 만든 스톡 락업을 무효화한다는 것을 조건으로 했다.

QVC의 도전에 접한 바이어컴은 당초의 인수 제안을 주당 85달러까지로 올리면서 대응했다. 이에 질세라 QVC도 주당 90달러의 인수 제안으로 맞불을 놓았다. 파라마운트 이사회는 QVC와 바이어컴의 인수 전쟁이 지속되는 상황에서도 바이어컴에 대한 짝사랑을 버리지 못했다. 파라마운트 이사회는 QVC의 제안이 현실성이 없다고 치부하면서 스톡 락업 등을 포함한 바이어컴에 대한 우대 조건들을 개정하길 거부했다.

법원은 QVC의 손을 들어 주었다. 법원은 QVC와 바이어컴의 인수 전쟁이 결국 파라마운트라는 회사의 통제권을 변화시키는 계기가 되었다고 보았다. 이렇게 통제권이 변화된 상황에서는 파라마운트의 일반 주주들이 자신들의 레버리지를 포기하고 단일의 매수자에게 회사의 통제권을 판매하게 된다. 이 과정에서 이사회는 여러 가지 대안들을 검토하고 다수의 주주들에게 최선의 가치를 제공할 수 있는 인수자를 물색할 의무가 있다. 이사회가 주주를 위해 최선의 가치를 추구할 의무는 레브론에서처럼 인수자가 인수 제안을 시작하거나 회사의 분할이 불가피해졌을 때뿐만 아니라, 이 사례에서 처럼 회사의 통제권에 변화가 있을 때도 발생한다고 법원은 판시했다.

이런 기준에서 파라마운트의 이사회는 주주들에게 진 '최선의 가치 추구 의무 best value duties'를 위반했다고 법원은 보았다. 그 이유는 여러 가지였다. 바이어컴에게 스톡 락업을 부여한 것, 계약 파기 배상금과 같이 바이어컴에게 일방적으로 유리한 조건을 바꾸지 않은 것, QVC와의 교섭에 적극적으로 임하지 않은 것, QVC의 인수 제안이 비현실적이라는 철석같은 믿음 하에 바이어컴과의 전략적 제휴만에 집착한 것 등이 문제로 지적되었다.

e 해산 | 회사는 그냥 없어지지 않는다

해산은 회사가 소멸되는 것이다. 이러한 해산은 자발적인 해산과 비자발적인 해산, 두 가지 종류로 구분되어 진다. 자발적 해산을 하기 위해서는 이사회의 의결과 투표권을 가진 주식 과반수 이상의 승인이 필요하다. 몇몇 주에서는 주주가 만장일치 서면으로 동의할 것을 요구하기도 한다. 해산과 관련된 동의 절차가 끝나면 회사는 해산 등록 articles of dissolution을 주정부에 하고 채권자들에게 해산 사실을 통지해야 한다.

비자발적으로 이루어지는 해산은 보통 법원의 명령에 의해 이루어진다. 회사의 경영 등에 불만이 있는 주주는 법원에 회사의 해산을 청원할수 있는데, 그 요건은 이사가 전횡을 행사한다든지, 회사의 자산을 남용한다든지, 이사가 부도덕한 행위를 하는 경우 등을 포함한다. 또한 이사들끼리 의견이 통일되지 않아 회사가 도저히 해산을 하지 않고서는 교착상태가 해결되지 않는 경우에도 주주는 해산을 법원에 청원할 수 있다.

해산으로 회사가 없어지면 이는 회사를 둘러싼 모든 이해관계자들에게 예측하지 못했던 손실을 입힐 수가 있다. 이런 까닭에 법원은 해산 대신 회사로 하여금 앞에 제시한 이유 등으로 해산을 청원하는 주주의 주식을 사줄 것을 요구할 수도 있다. 이렇게 되면 해산을 피할 수 있는 장점이 있다. 주주의 수가 많지 않은 비공개 기업에서 많이 쓰이는 방법이다.

해산은 주주뿐만 아니라 채권자도 청구할 수 있다. 채권자가 해산을 청원할 수 있는 경우는 회사가 빚을 못 갚아 지급 불능 상태에 있고 회사가 채권자에 대한 채무를 완전히 변제할 수 없을 때이다.

자발적 해산이든 비자발적 해산이든 회사가 곧 바로 없어지는 것은 아니다. 주정부에 해산 등록을 한 후이거나, 법원이 해산을 명령한 후라도 회사는 해산의 목적 범위 내에서 존재한다. 보통 이때 해산 중인 회사는 회사의 자산을 모으거나, 자산을 현금으로 바꾸거나, 우선순위대로 채권자에 대해 빚을 갚거나, 남은 재원으로 주주에게 배당을 하는 일 등을 수행한다. 주주 중에서도 해산시 우선순위를 부여받는 주식을 보유하고 있는 경우139에는 우선적으로 해산 배당을 받을 수 있다.

Corporate Case

파산으로 정부가 주인이 될 때 140

2009년 GM이 도산을 신청하면서 미국 정부는 GM의 최대주주로 등장했다. GM이 본거지를 두고 있는 미국 미시건 주의 의원들은 이제 최대주주가 된 미국 정부를 상대로 로비를 벌이기 시작했다. 가령 도산에 돌입하고 새로 형성될

---

139 이렇게 청산시 배당과 관련된 우선순위를 '청산 선호(liquidation preference)'라고 부른다.
140 'U.S. to walk fine line as major shareholder' (2009.6.3), U.S. Department of the Treasury, 'Treasury Sells Final Shares of GM Common Stock' (2013.12.9)

'뉴 GM(new GM)'의 본부를 디트로이트 밖으로 옮기지 말라고 하는 것도 중요한 민원의 하나였다.

민원도 민원이지만, 최대 주주가 된 미국 정부의 고민은 또 다른 데 있었다. 오바마 정부는 출범 전부터 미국의 자동차 산업이 고연비차, 저공해차 등 친환경차의 개발과 생산에 박차를 가해야 한다고 주장한 바 있다. 하지만 이러한 목표는 조기에 수익을 높여 도산절차를 빠른 시일 내 졸업해야하는 입장에서는 녹녹치 않은 목표일 수밖에 없다. 이미 수준이 높은 일본 등 친환경 차 선진국에 비해 GM의 경쟁력은 그리 높지 않았기 때문이다.

도산 절차를 조기에 졸업하기 위해 또 필요한 것은 생산 비용을 줄이는 것이다. 생산 비용을 줄이는 가장 확실한 방법은 아예 생산 공장을 인건비가 저렴한 해외로 옮기는 것일 수 있다. 최대주주가 된 미국 정부는 GM의 조속한 갱생을 위해 주주로서 생산 공장을 중국이나 인도로 옮기는 것도 검토할 수 있다. 그런데 문제는 여기서 생긴다. 주주의 입장에서는 공장을 해외로 이전하는 것도 회사의 갱생을 위해 필요하지만, 주주인 미국 정부의 뒤에는 정부에 세금을 내는 국민이 있는 것이다. GM 공장을 중국, 인도로 옮기겠다는 데 좋아할 미국인이 얼마나 있을까? 안 그래도 실업 급증으로 골머리를 앓고 있는 미국 정부로서는 생산 기지를 옮겨서 비용을 줄이는 방법을 쉽사리 택할 수 없는 것이다.

정부가 주주가 되면서 등장한 이런 문제는 오바마 정부로 하여금 일상적인 경영 의사결정에는 관여하지 않겠다는 입장을 표명하게 만들었다. 다만 오바마 정부 입장에서 가장 어려운 문제는 GM에 대한 정부의 지원을 언제까지 계속할 것인가였다. GM을 지원하는 데 드는 돈을 낸 국민을 위해 투자 가치를 극대화하려면 장기간 투자를 해야 하지만, 장기간 투자를 계속할 경우 위험도 높아지는 것이다. 아무래도 미국 정부는 빠른 시일 내에 GM에 대한 간섭을 끝내고 민간 투자자를 유치하는 것을 선호하고 있는 것으로 당시 알려졌다. 결국 2013년 12월 9일부로 미국 정부는 보유한 GM 주식 매각을 완료하고, 390억 달러에 달하는 투자 원금을 회수하게 된다. 금융 위기와 이로 인한 도산, 정부의 개입, 그리고 원상 회복으로 이어지는 역사의 한 장이 마무리된 것이다.

10

회사의 채무

ⓐ 회사가 빚을 내는 방법

회사가 기업 활동을 영위하기 위해 조달하는 자금에는 여러 가지 유형이 있다. 가장 대표적인 자금 조달 수단은 투자자의 출자를 받아 회사의 자본금을 늘리는 것이다. 출자자는 회사에 대한 투자자로서 회사에 대해 일정 지분의 소유권 ownership interest 을 갖게 된다. 이러한 소유권은 회사의 장부를 검사한다든지, 주주 파생 소송을 제기한다든지 하는 권한의 원천이다. 이러한 권한들은 채권자가 아닌, 회사의 주인으로서 누리는 권리라고 할 수 있다.

출자를 하는 투자자는 주주 shareholder로서 자기가 투자한 부분에 대해서만큼은 책임을 진다. 책임을 진다는 말은 회사가 잘못 되어서 주주 지분이 소각되더라도 회사로부터 투자한 금액만큼을 돌려 받지 못한다는 것이다. 물론 투자한 금액 이상의 책임을 지는 것은 아니지만, 주주의 운명은 회사의 영업 실적 및 흥망성쇠와 같은 궤도를 달린다고 할 수 있다.

이렇게 주주로부터 조달하는 자금 equity financing 외에도 회사는 은행 등 외부의 채권자 creditor 로부터 경영에 필요한 자금을 수혈할 수 있다. 이렇게 채권자로부터 공급된 자금은 회사의 채무를 구성하게 되며, 회사는 나중에 어떠한 일이 생기더라도 채권자가 준 원금에 이자까지 더해서 상환할 의무를 지게 된다.

물론 항상 채권자가 원금과 이자를 다 되돌려 받는 것은 아니다. 대표적인 예가 채무자인 회사가 도산 bankruptcy 을 신청해 도산 절차에 들어가는 경우다. 이 경우에는 법원의 감독 하에 회사와 채권자가 협의해 회사의 부채를 줄여 주는 채무 조정 reorganization of debt 을 하게 되는 경우가 많다.

기업의 채무도 여러 가지 형태가 있을 수 있다. 가장 대표적인 것이 금융기관으로부터 돈을 빌려 쓰는 대출 loan 이다. 이는 기업 입장에서 부채 debt 가 느는 것이고 소위 간접 금융이라고 불리는 것이다. 회사가 직접 나서서 금융시장에서 채권자들로부터 자금을 조달할 수도 있는데 이때 쓰이는 가장 대표적인 금융 수단이 회사채 bonds 이다.

미국의 금융시장에서 회사채에는 두 가지 종류가 있다. 첫 번째 유형은 담보가 붙어 있는 회사채이다. 이 회사채는 그냥 '본즈 bonds'라고 불리워진다. 보통은 회사의 자산 property of the debtor 이 담보로 제공되어 진다. 또 다른 유형의 회사채는 '디벤처 debentures'라고 하는데, 이는 담보 없이 오로지 회사의 이익 창출 능력 earning power 에 기초되어 발행된다. 디벤처를 보유한 채권자는 기업 파산 시 일반적 채권자 general creditor 로서 도산 절차에 참여할 수 있다. 일반적으로 실무에서는 본즈와 디벤처의 구분이 그렇게 명확하지는 않다. 본즈가 디벤처로 불리기도 하고, 디벤처가 본즈로 불리기도 하고 있다.

본즈든 디벤처든 회사에 대해 채권을 보유한 사람들은 채권자의 권리를 지키기 위해 노력하게 된다. 이렇게 채권자의 권리는 일반적으로 사적인 계약에 의해 보호된다. 채권자를 위한 채무자의 약속을 담은 계약을 미국에서는 '인덴처 indenture'라고 부른다. 인덴처에 포함된 채무자의 약속들이 잘 이행되는지 감독하기 위해 '기업 감시인 corporate trustee'이 선임되는데, 기업 감시인들은 종종 이해관계의 충돌 conflicts of interest에 직면하게 된다. 그 이유는 기업 감시인들이 보통 회사채를 발행하는 기업에 의해 임명되기 때문이다.

대출 채권 담보부 증권과 볼커 룰

대출 채권 담보부 증권(CLO securities)은 은행이 보유하고 있는 대출 채권 중 신용도가 낮고 부채가 많은 기업의 대한 채권을 바탕으로 이 채권들의 풀(pool)을 구성한 후, 증권으로 만든 것을 의미한다. 대출 채권 풀에서 만들어진 증권은 그룹별로 다양한 리스크를 갖게 되며, 이렇게 만들어진 증권은 은행, 자산 관리 회사, 보험회사 등 기관 투자자의 주요 투자 대상이 된다.

2013년 대출 채권 담보부 증권의 발행액은 금융 위기 이후 최대인 820억 달러를 기록했으며, 이렇게 시장이 커진 것은 대출 채권 담보부 증권이 다른 종류의 부채 증권보다 높은 수익률을 제공해 투자자들의 수요가 많기 때문이다. 이렇게 수익률이 높은 대출 채권 담보부 증권을 은행들이 시장에 내다 팔기 시작했다. 그 이유는 금융 위기 이후 월 스트리트를 규제하기 위해 만든 볼커 룰(Volcker rule)이 은행으로 하여금 대출 채권 담보부 증권을 보유하지 못하게 할 것이라는 관측이 확산되면서 부터라고 한다. 볼커 룰은 기본적으로 금융기관이 고객 돈인 자본금을 활용해 자기 계정으로 무모한 투자를 하지 못하게 하는 것이 목적인데, 미 당국은 은행의 대출 채권 담보부 증권에 대한 투자가 볼커 룰이 금지하는 투자와 비슷하다고 본 것이다. 은행들은 볼커 룰이 금지하는 것은 자본금 성격의 투자(equity investment)로서, 대출 채권 담보부 증권 매입은 부채에 대한 투자(debt investment)이므로 볼커 룰의 적용 대상이 되지 않는다는 주장이다.

어쨌든 대출 채권 담보부 증권은 기업 입장에서도 신규 자금을 조달하는 주요한 수단으로서 기능해왔다. 이 증권이 인기를 끌면서 은행들이 레버리지가 높은 기업들에게 대출을 늘리고, 이러한 신규 대출을 바탕으로 새로운 증권이 또 만들어지기 때문이었다. 이런 까닭에, 앞으로 미국 정부가 은행의 대출 채권 담보부 증권에 대한 투자를 규제할 경우 기업 자금 시장의 경색이 초래될 것이라는 우려도 많다.

리먼 브라더스의 빚잔치

2008년 도산하면서 글로벌 금융 위기를 불러온 장본인인 리먼 브라더스(Lehman Brothers Holdings Inc.)는 아직도 '살아있다.' 이 말은 아직 회사가 없어지지 않고 도산 절차(bankruptcy proceeding) 내에서 기업 실체를 존속하면서 빚잔치를 하고 있다는 의미다. 2008년 9월 리먼 브라더스가 미 연방 도산 법원에 신청한 도산 절차는 챕터 11(Chapter 11)이다. 챕터 11은 챕터 7(Chapter 7)과 달리 회사가 바로 없어지지 않고, 기존 회사가 경영권을 유지하면서 법원의 감독 하에 채권자들과 협의를 통해 빚을 갚아 나가게 된다. 빚을 갚기 위해서는 회사에 대한 수만 여건에 이르는 채권을 분류하고, 채권의 존재 여부 및 규모에 대한 기초 조사를 해야 한다. 이러한 과정을 거쳐 회사가 세운 빚잔치 계획은 청산 계획 (liquidation plan)으로 지칭되는데, 이 계획 역시 법원의 승인을 받게 되어있다.

도산 신청 이후, 리먼 브라더스는 2011년 11월 법원으로부터 청산 계획을 승인받고 채권자들에게 빚을 갚아 나갔는데, 2014년 초까지 채권자들에게 갚은 돈은 600억 달러 이상이라고 한다. 모기지 자이언트인 훼니매(Fannie Mae)

과거 맨하탄의 리먼 브라더스 빌딩

만해도, 법원 중재를 통해 당초 189억 달러에 달하는 리먼 브라더스에 대한 채권을 21억 5천만 달러 규모로 조정해 받기로 합의한 바 있다.

리먼 브라더스의 빚잔치는 당분간 계속될 전망인데, 그 이유는 청산 계획 상 50억 달러 규모의 잔여 채무 변제가 필요하고, 아직도 회사가 수십 억 달러에 이르는 자산을 보유하고 있기 때문이다. 잔여 자산은 대부분 부동산인데, 이러한 자산을 관리하고 매각하기 위해 회사는 새로운 이사회 멤버도 뽑았다고 한다. 도산 절차에 있는 회사의 특성상, 이사들은 채권자 협의회(creditors' committee)의 승인을 받아 임명된다. 일반 회사와는 달리 도산 과정에 있는 회사의 이사회 (wind-down board)는 채권자가 받을 수 있는 돈을 극대화하는 것이 우선 임무가 된다. 그 결과, 채권자들은 부동산, 주식, 채권, 구조 조정 등 분야별 전문가를 이사로 임명하는 경우가 많다. 이들은 채권자를 위해 회사가 보유하고 있는 자산의 가치가 극대화되는 시점을 선택해 자산을 매각하게 된다.

아르헨티나, 국채를 놓고 미 헤지펀드와 한판 붙다

국가도 채권을 발행하며, 이를 국채(government bonds)라고 하는 것은 상식이다. 아르헨티나가 국채와 관련해 미국의 헤지펀드들과 전면전을 선포했다. 사연은 이렇다. 2001년 아르헨티나는 심각한 경제 위기를 겪으면서, 자국이 발행한 800억 달러 규모의 국채에 대해 채무를 이행할 수 없는 상황이 된다. 민간 기업이라면 도산 절차(bankruptcy)를 이용해 채무 조정을 하겠지만, 국가에 대해서는 도산 절차가 없다. 원리금을 다 갚을 수 없게 된 아르헨티나 정부는 자체적으로 채무 조정을 하게 된다.

아르헨티나는 아르헨티나 국채를 보유한 채권자들에게 기존 채권 1달러를 25~29센트로 평가해 새로운 채권으로 교환해주겠다고 일방적으로 정하고, 기존 채권자들에게 이러한 조건을 받아들이라고 압박했다. 90% 이상의 채권자들이 아예 돈을 못 받느니 몇 푼이라도 건지겠다는 생각으로 아르헨티나가 정한 조건을 받아들였다. 하지만 몇몇 채권자들은 끝까지 저항하면서 100% 원금 회수를 주장했는데, '항거'의 선봉에 선 채권자는 엘리엇 매니지먼트(Elliot Management), 오리리어스 캐피탈 매니지먼트(Aurelius Capital Management)와 같은 미국의 헤지펀드들이었다. 이들은 법원의 명령을 얻어 가나(Ghana)에 정박해 있던 아르헨티나 해군 함정을 압류하는데 성공했으며, 크리스티나 페르난데스 아르헨티나 대통령은 압류될 것을 우려해 해외 순방 시 아르헨티나 항공기를 이용하지 못할 지경에까지 이르렀다.

헤지펀드들은 아르헨티나 국채의 원금을 회수하기 위해 뉴욕 소재 미국 연방법원에 소송을 제기했다. 아르헨티나는 국가이므로 일반적으로 주권 국가가 갖는 면책 특권을 누리게 된다. 미국의 '주권 국가 면책법(the Foreign Sovereign Immunities Act)'도 헤지펀드가 아르헨티나의 자산을 압류하는 것을 현실적으로 어렵게 만들고 있었다. 이를 아는 헤지펀드는 머리를 썼다. 그들의 주장은 채무 조정의 결과로 새로운 국채를 발행한 아르헨티나가 이러한 채권을 보유하게 된 채권자들에게 돈을 송금할 경우, 송금을 이행하는 미국의 금융기관이 우선적으로 (아르헨티나의 채무 조정 조건에 반대한) 헤지펀드들에게 돈을 지급하도록 법원이 명령할 수 있다는 것이었다. 이렇게 될 경우 송금을 이행하는 미국 금융기관만을 상대로 미국 법원이 명령하는 것이고, 아르헨티나 국가에 대해서는 아무런 조치가 취해지지 않기 때문에 주권 국가 면책법에 위반되지 않는다는 주장이었다. 뉴욕의 연방법원은 이러한 헤지펀드의 논리를 받아들였다. 그러면서 법원은 아르헨티나의 새로운 국채 발행 계약(bond documents)을 해석한 결과, 기존 채권자들을 차별할 근거가 없다고 하면서, 채무 조정 조건에 반대한 헤지펀드에게 우선적인 지급이 이루어져야 한다고 결정했다.

아르헨티나는 법원의 결정에 발끈했다. 아르헨티나는 뉴욕 연방법원의 결정대로라면 아르헨티나가 정한 조건에 순응한 90%의 채권자에게 돈이 지급되지 않으면서, 결국 아르헨티나의 자산이 압류되는 결과를 가져오게 될 것이라고 격분했다. 화가 난 아르헨티나는 미국의 대법원(U.S. Supreme Court)에 하급법원의 결정을 뒤집어달라고 요청했다. 그러면서 아르헨티나는 하급법원인 뉴욕 연방법원이 뉴욕 주법에 근거해 작성된 아르헨티나의 국채 발행 계약을 해석하는 것도 월권이라고 주장하며, 계약의 궁극적 해석은 뉴욕 주 최고법원(the New York Court of Appeals)에서 이루어져야 한다고 압박했다.

미국의 대법원은 아주 바쁜 곳으로 아르헨티나의 주장을 심리할지 여부는 2014년 2월 현재 확실치 않다. 만약 미 대법원이 심리를 거부한다면, 아르헨티나는 채무 조정 조건에 순응해 새로운 국채를 받은 90%의 채권자들에게도 채무를 이행할 수 없는 상황에 직면하게 될 것이다. 왜냐하면 하급 연방법원의 판결로 헤지펀드들이 돈을 먼저 받게 되어있기 때문이다. 헤지펀드와 아르헨티나의 싸움이 어떻게 결말이 날지 흥미진진한 관전이 기대된다.

고정 금리 부채 vs. 변동 금리 부채

미국 연준(Fed)이 양적 완화 축소 계획을 밝히고 장기간 낮은 상태로 유지되어 왔던 금리도 올라갈 것이라는 전망이 제기되면서, 미국 기업들은 고민에 빠졌다. 자금 조달을 위해 고정 금리 채권(fixed-rate bonds)을 발행할 것인지, 아니면 변동 금리 채권(floating-rate bonds)을 발행할 것인지의 문제였다.

고정 금리 채권은 말 그대로 고정된 금리를 투자자에게 지급하는 반면, 변동 금리 채권은 기준 금리(reference rate, 보통은 LIBOR)의 변동에 연동되는 이자를 지급하게 된다. 이자 지급 주기도 고정 금리 채권이 보통 반기별로 지급되는 반면, 변동 금리 채권은 분기별로 좀 더 자주 지급되는 것이 일반적이다.

고정 금리인지 변동 금리인지의 선택은 금리의 움직임을 어떻게 전망하는지에 좌우된다. 만약 단기적으로 금리가 크게 올라갈 가능성이 없다고 본다면 변동 금리 채권을 발행하는 것이 회사 입장에서는 이자 부담을 줄일 수 있을 것이다. 변동 금리 채권을 발행함으로써 다양한 선호를 가진 투자자를 유치할 수 있다는 점도 변동 금리 부채의 매력이다. 실제로 코카콜라(Coca-Cola), 존슨앤존슨(Johnson & Johnson), 뱅크 오브 아메리카(BoA) 등은 변동 금리 채권을 발행해 이용한 기업들이다. 심지어는 미국의 재무성도 150억 달러 규모의 변동 금리 국채를 발행하겠다는 계획을 발표한 바 있다. 2013년 미국 전체의 변동 금리 채권 발행액은 1,710억 달러 규모로 2012년의 650억 달러보다 두 배 이상 증가해 변동 금리 채권에 대한 시장의 수요가 크게 증가했음을 보여주고 있다.

하지만 아직도 많은 수의 기업들은 고정 금리 채권을 선호하고 있다. 2013년 4

분기 고정 금리 채권 발행액은 2,020억 달러이며, 이는 규모면에서 고정 금리 채권이 변동 금리 채권을 압도하고 있음을 보여주고 있다. 고정 금리 채권이 인기있는 이유는 많은 수의 기업들이 이자율 상승을 예상하고 있기 때문이다. 이자율이 급격히 올라가면 변동 금리 채권을 발행하는 기업의 이자 지급 부담은 크게 늘어나게 된다. 따라서 이 경우는 고정 금리 부채가 안전한 선택이 되는 것이다.

레버리지 론 인수로 돈을 버는 월 스트리트

레버리지 론(leveraged loans)은 회사가 빚을 내는 한 방법인데, 부채가 아주 많아 채무 상환 불능 위험이 큰 기업이 차입을 하거나, 인수 기업(보통은 사모투자 회사)이 피인수 기업의 자산을 담보로 부채를 끌어다가 인수 비용을 조달하는 경우에 쓰이는 자금 조달 방법이다. 레버리지 론은 위험도가 크기 때문에 보통은 높은 이자를 투자자(채권자)에게 지급하게 된다.

월 스트리트의 대형 투자은행들이 최근 레버리지 론을 인수하면서 많은 돈을 벌고 있다. 투자은행들의 레버리지 론 인수가 늘어난 것은 레버리지 론의 발행이 늘어났기 때문이다. 2013년 레버리지 론의 발행 규모는 6,050억 달러로 금융 위기 전 최고치인 2007년의 5,350억 달러 수준보다 훨씬 많았다. 보통 투자은행들은 기업이 발행하는 유가증권(주식 또는 채권)을 자기 책임 하에 인수하면서, 인수한 증권을 투자자에게 파는데 이때 수수료를 받게 된다. 레버리지 론을 인수하면서 글로벌 투자은행들이 수수료로 받은 돈은 2013년 무려 157억 달러에 달했다. 2013년 제이피 모건(J.P. Morgan)과 뱅크 오브 아메리카(Bank of America)는 레버리지 론의 인수 수수료로 각각 15억 달러를 받은 것으로 알려졌다. 이러한 실적은 2012년보다 65% 이상 증가한 것이라고 한다.

이렇게 투자은행들이 레버리지 론으로 돈을 많이 벌고 있는 것은 투자자들이 좀 더 수익을 내줄 수 있는 투자 상품을 찾고 있기 때문이다. 아울러 안정적인 경제 성장과 금리 상승 기대감도 레버리지 론 시장이 성장하게 만드는 계기가 되었다. 2013년 말 미 연방 준비은행(Fed)이 양적 완화 축소를 발표하면서 고정 금리 채권(fixed rate bonds)의 인기가 떨어지고, 변동 금리(floating rate interest)를 주는 레버리지 론을 찾는 투자자들이 많아지게 되었다. 왜냐하면 고정 금리 채권은 향후 금리가 올라갈 경우 채권 가격이 떨어질 것으로 예상되는 반면, 레버리지 론은 변동 금리를 적용하는 결과 투자자 입장에서는 채권 가격의 등락으로부터 안전판을 확보할 수 있기 때문이다.

과거 레버리지 론은 보통 사모 투자 회사(private equity)가 인수 · 합병을 실행하는 과정에서 돈을 조달하기 위해 발행되곤 했다. 하지만 미국의 양적 완화 정책으로 장기간 저금리가 유지되자, 조금 더 수익률이 높은 레버리지 론이 투자자들의 관심을 끌게 된 것이다. 앞으로 기업의 인수 · 합병이 활발해질 경우, 인수 · 합병 과정에서 생기는 레버리지 론 수요도 커질 것이다.

회사채 투자의 제왕 핌코의 사업 다각화

미국의 핌코(PIMCO: Pacific Investment Management Co.)는 글로벌 투자 관리 회사로서 연기금, 교육 기관, 은행, 정부 기관 등의 고객을 대신해 2조 달러에 가까운 자산을 관리하고 있다. 핌코의 주된 투자 대상은 회사채(bonds)이며, 핌코가 관리하는 토탈 리턴 펀드(Total Return Fund)는 세계에서 가장 큰 회사채 펀드로 알려져있다. 토탈 리펀 펀드는 핌코의 창업자인 빌 그로스(Bill Gross)가 직접 관리하고 있으며, 자산 규모는 약 2,370억 달러에 이른다.

핌코는 '회사채 가게(bonds shop)'라고 지칭될 정도로 그 동안 회사채 분야에 집중 투자를 해왔다. 이런 핌코가 주식 쪽으로 사업 영역을 다각화하겠다고 밝힌 것은 2014년 초다. 창업자 빌 그로스와 회사를 같이 키워왔던 모하메드 엘-에리언(Mohamed El-Erian)이 회사를 떠나면서 그로스는 회사의 투자 전략을 전반적으로 챙겨야 하는 상황이 되었고, 그간 회사가 취약했던 주식 펀드를 강화하기로 한 것이다.

핌코가 주식 펀드를 새로운 사업 영역으로 선택한 것은 라이벌인 블랙락(BlackRock Inc.)의 영향도 크다. 블랙락은 핌코와는 달리 적극적인 인수 · 합병을 통해 회사채 이외의 영역으로 투자 대상을 다각화 해왔다. 불과 2004년만 해도 블랙락 자산의 70%는 회사채 펀드가 차지했으나, 현재는 31%만이 회사채 형태이고, 57%의 자산이 주식으로 구성되어 있다. 블랙락의 전체 자산 운용 규모도 4조 3천억 달러로 핌코보다 훨씬 크다.

그로스가 생각하는 주식 펀드는 펀드 매니저가 일정한 투자 전략 하에 투자 대상 주식을 적극적으로 선택하면서 운영하는 관리형 펀드(actively managed funds)다. 최근 투자자들이 주가 지수 등 금융시장 지표를 쫓아가는 인덱스 펀드(index fund)를 많이 찾고 있는 상황에서 핌코와 그로스의 선택은 그 귀추가 주목된다.

정크 본드와 M&A

기업 인수를 위해서는 지금이 소요되고, 인수에 필요한 돈을 조달하기 위해 회사가 회사채를 발행하는 경우가 있다. 이때 회사채를 발행하는 회사가 투자 적격 등급(investment grade) 이하의 신용 등급을 가질 경우, 발행되는 회사채는 정크 본드(junk bond)가 된다. 정크 본드는 말 그대로 '쓰레기 채권'인데, 위험도가 높지만 수익률도 높은 채권을 일반적으로 지칭한다.

금융 위기 이후 정크 본드 발행을 통한 대규모 인수 · 합병 추진은 쉽지 않은 일이었다. 왜냐하면 자기 코가 석자인 월 스트리트의 금융기관들이 정크 본드를 인수할 여력이 없었기 때문이다. 하지만, 2013년 9월 버라이즌(Verizon)의 490억 달러에 달하는 대규모 회사채 발행 성공으로 채권 시장이 달아오르자(당시 버라이즌은 투자 적격 등급의 회사였다), 이제 정크 본드도 뜨지 않을까하는 시장의 기대가 커졌다. 아울러 장기간의 저금리로 수익률이 높은 정크 본드에 대한 투자자들의 기대감도 늘고 있는 상황이었다. 그 대표적인 예가 스프린트(Sprint Corp.)와 차터(Charter Communications. Inc.)가 발행할 가능성이 있는 정크 본드였다. 두 회사는 모두 투자 적격 등급 이하의 회사로서, 동종 업계 경쟁 기업의 M&A를 추진하고 있었다. 스프린트는 같은 통신회사인 티모바일(T-Mobile US)의 인수를, 차터는 타임워너케이블(TWC Inc.)에 대한 적대적 인수 · 합병을 시도하고 있었고, 이의 추진을 위해서는 막대한 규모의 정크 본드 발행이 필요했다.

시장의 전문가들은 회사의 발행 수요가 있고, 투자자들도 정크 본드를 찾고 있어 두 회사의 정크 본드 발행에 별다른 문제가 없을 것으로 낙관했다. 당시 정크 본드는 벤치마크로 쓰이는 미 국채(U.S. Treasurys) 수익률보다 3.68퍼센트 포인트 이상의 수익률을 제공하고 있었던 반면, 투자 적격 등급 채권(investment-grade corporate bonds)은 미 국채와 비교 시 단지 1.11퍼센트 포인트 이상의 수익률만을 주고 있었다.

하지만, 장기적으로 미국의 금리가 올라가고 투자자들의 정크 본드에 대한 수요가 떨어지게 될 경우, 정크 본드의 발행 및 리파이낸싱(refinancing) 비용이 크게 증가할 가능성이 있다. 이렇게 되면 기초 체력이 튼튼하지 않은 회사들은 큰 곤경에 처할 가능성이 있으며, 2016년 경 수천억 달러에 달하는 회사채의 만기가 도래하는 점도 시장의 부담 요인이 될 가능성이 있다.

주주가 채권자가 되는 경우

어떤 경우는 주주가 회사의 채무를 사들여 채권자가 되는 경우가 있다. 영국계 사모 투자 회사(private equity)인 에이펙스 파트너스(Apax Partners LP)는 미국의 교과서 발행 회사인 센게이지 러닝(Cengage Learning Inc.)을 2007년 인수했다. 인수에 소요된 돈은 77억 5천만 달러였는데, 이중 56억 달러는 인수를 위해 빚을 낸 것이며, 이 빚은 피인수 기업인 센게이지가 지는 형태가 되었다. 센게이지는 에이펙스의 인수 이후 계속 내리막길을 걸었다. 주정부 및 로컬 정부가 교과서 구매를 줄인데다가, 학생들이 교과서 대신 인터넷을 찾거나 중고 서적을 구매하는 경우가 크게 늘었기 때문이다.

에이펙스는 재무 상황이 안 좋아진 센게이지를 포기하는 대신, 센게이지가 보유한 채무를 사들여 채권자로서의 역할까지 수행하는 전략을 택했다. 2013년 7월 센게이지가 파산 보호 및 갱생 절차를 신청하기까지 에이펙스가 인수한 센게이지의 채무는 12억 달러에 달했으며, 이로 인해 에이펙스는 센게이지의 최대 채권자로 등장했다. 그 결과 에이펙스는 채권자의 지위에서 센게이지의 구조 조정 과정에 참여할 수 있었으며, 센게이지가 갱생 절차를 마치게 된 후 에이펙스의 센게이지에 대한 오너십(ownership)은 그대로 유지되게 되었다.

최근 많은 사모 투자 회사들이 에이펙스처럼 경영 상황이 안 좋아진 피인수 기업의 채무를 사들이는 전략을 실행하고 있다. 이유는 채권자가 되면 피인수 기업의 구조 조정이나 도산 절차 과정에서 감원, 종업원에 대한 연금 축소, 부채 탕감 등을 주도적으로 추진할 수 있어, 당초 지분 매입을 통한 인수에 실패했더라도 다시금 돈을 벌 수 있는 기회를 가질 수 있기 때문이다.

이렇게 바이아웃 펌(buyout firms)이 인수한 회사의 채권자가 될 경우 이해관계의 충돌(conflicts of interest)과 법적 문제가 발생할 수 있다. 피인수 회사가 도산 절차에 들어갈 경우, 대주주는 투자 지분이 휴지 조각이 될 가능성이 크지만 채권자는 우선적으로 채권을 변제받게 된다. 대주주는 도산 절차가 진행되는 동안 주인으로서 도산 과정에 대한 관리를 책임지므로, 대주주가 채권자로서의 역할까지 수행할 경우 본인이 아닌 다른 채권자들을 차별할 가능성이 크고, 회사를 도산까지 몰고 간 대주주가 채권자로서 일정한 몫을 챙긴다는 비판에도 직면할 가능성이 크다. 이렇게 사모 투자 회사의 '빚 사들이기(debt investment)'에 대해 일반 채권자들은 비판적인 시각을 가지고 있다. 채권자들의 주장은 '사모 투자 회사가 구조 조정 과정에서 우선순위를 갖는 채권자가 되기보다는, 피인수 회사가 안 좋아질 경우 오히려 지분 투자(equity investment)를 더 많이 해야 한다'는 것이다. 센게이지의 여타 채권자들도 센게이지가 도산에 들어갈 때까지 에이펙스가 실질적으로 센게이지를 지배하고 있었으며, 에이펙스가 채권자가 됨으로써 센게이지에 대한 통제권을 계속 행사했다고 에이펙스를 비판한 바 있다.

또 다른 사례가 있다. 뉴욕 맨하탄의 대표적 사모 투자 회사 중의 하나인 아폴로(Apollo Global Management)는 레온 블랙(Leon Black)과 문제 채무 전문가(distressed debt specialists) 주도 하에 아폴로가 그동안 인수해온 회사들의 부채를 사들이는 일을 해 왔다. 이러한 투자의 목적은 당연히 (피인수 기업의) 구조 조정 과정에서 주도권을 행사함으로써 투자 원금을 보전하고 궁극적으로 이윤을 얻기 위한 것이다. 아폴로는 실제로 부동산 중개 회사인 리얼로지 홀딩스(Realogy Holdings Corp.)를 인수한 이후, 10억 달러 이상의 리얼로지 채무를 사들였으며, 그 결과 리얼로지의 가장 큰 무담보 채권자(unsecured creditor)가 되었다. 채권자가 된 아폴로는 당초 지분 투자 금액의 두 배 이상이 되는 투자 수익을 얻었다고 한다.

회사의 빚을 아는 아폴로, 사모 투자의 제왕에 오르다

2013년 말 아폴로(Apollo Global Management)는 보유하고 있던 화학 회사 론델바젤(LyondellBasell)의 잔여 지분을 매각하면서 100억 달러에 가까운 엄청난 이익을 얻었다. 이 회사는 과거 희망이 없는 회사라고 알려진 회사였다. 도대체 이런 회사를 인수한 아폴로가 어떻게 그렇게 많은 돈을 벌 수 있었을까?

비결은 인수 대상인 회사의 부채를 과감히 사들이는 아폴로의 전략이었다. 화학 산업을 잘 아는 아폴로는 론델바젤이라는 회사가 진 250억 달러에 달하는 부채를 아주 싼 가격에 사들이면서 회사의 경영권을 장악했다. 블랙스톤(Blackstone)과 같은 경쟁자들은 론델바젤이 희망이 없는 회사라고 판단해 관심이 없었던 터라, 아폴로의 빚 사들이기 전략은 거칠 것이 없었다. 싼 가격에 회사를 샀기 때문에 구조 조정과 경영 효율 향상을 통해 회사의 가치를 높인다면 투자 원금의 몇 배 이상을 회수할 수 있다고 아폴로는 판단했다.

아폴로는 뉴욕의 사모 투자 업계에서 부채에 대한 이해가 가장 높기로 유명한 회사다. 부채에 대한 아폴로의 전문성은 아폴로를 프라이빗 에쿼티의 유력 기관으로 만들었다. 그 예로 아폴로가 운영하는 8호 펀드(Fund VIII)는 184억 달러 규모로서 세계에서 가장 큰 프라이빗 에쿼티 펀드로 알려져 있다.

아폴로는 업계에서 가장 싼 가격에 부채를 사들이는 것으로도 정평이 나있는데, 그 결과 문제가 많은 기업을 인수하게 되는 경우가 자주 있다고 한다. 이렇게 아폴로가 문제가 많은 기업을 인수할 수 있는 것은 자신감이 있기 때문이다. 분석 능력, 재무 구조 조정, 경영 개선 등 여러 가지 면에서 기업의 가치를 늘리는 일이 아폴로의 특기다. 아무도 인수하려고 하지 않는 회사를 인수해 정상화시키는 아폴로의 능력은 주목할 만한 가치가 있다.

금융 위기 이후 전통적 은행들이 위축되면서 아폴로, 블랙스톤, KKR과 같은 사모 투자 회사들이 새로운 신용의 원천으로서 중요한 역할을 하기 시작한 것도 흥미있다. 프라이빗 에쿼티는 일반 은행처럼 예금을 받지 않기 때문에 위험 자산에 대한 투자가 좀 더 자유로우며, 그 결과 투자 등급 이하 기업들의 부채를 사들일 수 있었던 것이다.

ⓑ 빚쟁이를 무시하지 마라

때로는 채무자인 회사가 청산되거나 또는 자산을 처분하는 과정에서 새로운 인수자에게 회사 채무를 그대로 인계하는 경우가 있다. 이 경우 기존 채권자의 권리가 어떻게 되는가? 사례를 들어 보자.

지주회사로서 3개의 자회사를 거느린 UV는 자금 조달을 위해 회사채인 디벤처를 발행했다.[141] 이 디벤처는 시장보다 낮은 이자를 지급하는 회사채였다. 경영 사정이 어려워지자 UV는 청산을 결심하고 자회사를 매각하는 절차에 들어갔다. 이때 맨 처음 달려든 것이 샤론이라는 철강 회사였다. 샤론은 UV 잔여 재산의 51% 정도를 사고 그 대가의 일정 부분을 현금으로 지급했다. 현금 동원 역량이 부족했던 샤론은 나머지의 대가를 기존 UV 회사채를 인수하는 것으로써 갈음하기로 합의했다. 샤론이나 UV가 기존의 회사채를 그냥 사고 팔지 않은 것은 다 이유가 있었다. 그것은 샤론이 기존의 UV회사채를 살 경우 회사채를 보유하고 있

---

141 Sharon Steel Corporation v. Chase Manhattan Bank, N.A.

는 채권자들이 시장 가격보다 높은 가격을 요구할 것이 뻔하기 때문이었다. 결국, UV 채권자들의 공격을 피하기 위한 방법으로 샤론은 UV의 회사채를 단순히 승계하는 방법을 택했던 것이다. UV의 디벤처를 샀던 채권자 중의 하나인 체이스맨하탄 은행이 소송을 제기했다. UV가 채권자의 동의도 없이 채무를 샤론에게 넘겼다는 것이 이유였다. 샤론은 계약상 인수자인 샤론이 UV의 공공 채무 public debt를 당연히 인수할 수 있다는 주장을 폈다.

법원은 샤론의 주장을 받아들이지 않았다. 천편일률적인 계약 조항[142]이 샤론으로 하여금 UV의 채무를 자동 승계할 수 있도록 규정했다고 하더라도, 자동 승계로 인해 채권자의 권리가 침해된다면 이러한 계약 조항은 무효라고 본 것이다. 샤론이 금리가 낮은 UV의 디벤처를 단순히 승계함으로서 이자 부담을 낮추는 대신, 디벤처를 보유한 채권자들은 높은 가격에 채권을 팔 수 없게 된 상황을 법원은 용인하지 않았다.

이러한 법리에도 예외는 있다. 미국법에 의하면, 회사의 청산 과정에서 모든 자산이 실질적으로 새로운 인수자에게 넘어갈 경우에는 인수자가 청산된 회사의 채무를 자동 승계할 수 있다. 인수자가 회사의 새로운 주인이 된다고 생각하기 때문이다.

Corporate Case

GM의 파산 보호 절차 탈출과 채권자의 권리

GM은 2009년 파산 보호 절차에 돌입한 후, 회사의 우량 자산을 새로 출범할

---

142 미국에서는 이러한 조항을 'boilerplate'라고 표현한다.

'뉴 GM'으로 팔아넘기고 아주 빠른 시간 내에 도산 절차를 졸업하게 된다. 이렇게 GM이 도산 절차를 조기에 졸업하게 된 데에는 '올드 GM'으로부터 '뉴 GM'으로 자산을 매각하는데 채권자의 반발이 비교적 적었기 때문이었다. 크라이슬러의 경우 '챕터 11'[143] 도산 절차에 들어가자 마자 인디애나 주의 주립 펀드 등 여러 채권자들의 반발로 도산 절차를 제대로 진행하기 쉽지 않았다. 특히 몇몇 채권자들은 피아트와의 전략적 제휴 등 크라이슬러의 재건 계획이 채권자들의 이익에 반한다고 미국 연방대법원(the U.S. Supreme Court)에 심사를 청구하기도 하였다.

GM의 경우는 '뉴 GM'으로의 자산 매각을 막을 정도로 채권자들이 강력한 세력을 형성하지 못한 것으로 보인다. 일부 반발하던 채권자들도 미국 연방지방법원(the U.S. district court) 정도의 수준까지만 이견을 제시하고 그 이상으로는 문제 제기를 하지 못한 것이다.

GM이 2009년 6월 1일 챕터 11상의 파산 보호 절차를 신청할 때 오바마 대통령은 GM의 재건 절차가 신속하고도 잘 관리될 것(quick and controlled)이라고 약속했다. 실제로 GM의 도산 절차가 진행되는 와중에도 변호사들, GM의 임원들, 그리고 오바마 정부의 관료들도 속도가 생명(speed is vital)이라고 지속적으로 주장한 바 있다. GM의 우량자산을 '뉴 GM'으로 팔지 못할 경우 GM이 선택할 수 있는 유일한 대안은 청산(liquidation)밖에 없고, 그렇게 될 경우 GM의 채권자들은 한 푼도 못 건질거라는 GM과 오바마 정부의 협박 아닌 협박도 채권자들의 반발을 잠재우는 데 크게 기여한 것으로 보인다.

---

143 미국 연방도산법(Bankruptcy Code)상 11장은 기업의 갱생(reorganization)을 위한 도산 절차 등을 규정하고 있다.

파산한 회사의 채권자

2013년 12월, 뉴욕의 거대 헤지펀드인 폴슨(Paulson & Co.)은 보유하고 있던 워싱턴 뮤추얼 은행(Washington Mutual Inc. bank)의 회사채를 팔았다. 폴슨의 회사채 매각은 시장의 관심을 끌었는데, 그 이유는 폴슨이 2007년 미국 주택 시장의 붕괴를 예상하고 서브프라임 모기지를 팔아 그 해에만 37억 달러를 벌었을 정도로 미래를 예측하는데 탁월한 식견이 있기 때문이다.

폴슨의 워싱턴 뮤추얼 회사채 매각은 2008년 워싱턴 뮤추얼의 은행 부문을 인수한 제이피 모건 체이스(J.P. Morgan Chase & Co.)가 워싱턴 뮤추얼의 파산 관재인(receiver)인 미국 연방 예금 보험 공사(FDIC)를 상대로 소송을 제기한 직후에 이루어진 것으로 알려졌다. 폴슨은 워싱턴 뮤추얼의 다른 채권자와 함께 FDIC 관리 하에 있는 27억 달러를 대상으로 제이피 모건과 경쟁을 벌여 왔다.

워싱턴 뮤추얼 은행은 2008년 금융 위기 당시 파산했으며, 이는 미국 역사상 가장 큰 규모의 상업은행 파산으로 기록되었다. 2008년 워싱턴 뮤추얼의 파산 관재인이 된 FDIC는 은행을 제이피 모건에 19억 달러의 가격으로 매각한 바 있다. 제이피 모건은 워싱턴 뮤추얼 은행을 인수해 간판을 2009년 말까지 '체이스'로 바꾸면서 미국 전역에 걸친 영업망을 보유하게 된 것으로 평가된다.

폴슨이 갑작스럽게 워싱턴 뮤추얼의 회사채를 매각하게 된 이유는 잘 알려지지 않고 있으나, 제이피 모건이 FDIC를 상대로 제기한 소송에서 FDIC가 패소할 경우 채권 회수에 문제가 생길 수 있기 때문에 미리 손을 쓴 것이 아니냐는 분석을 해볼 수

파산 이전의 워싱턴 뮤추얼 타워

있다. 제이피 모건은 워싱턴 뮤추얼의 잘못으로 인해 발생한 소송, 화해, 조세 채권 등의 처리에 소요되는 비용을 FDIC가 관리 중인 27억 달러의 일부에서 조달해야 한다는 입장이나, FDIC는 제이피 모건이 워싱턴 뮤추얼을 인수하면서 이러한 문제에 대한 책임까지 다 승계한 것이라는 주장이다.

2012년에는 모너크 얼터너티브 캐피탈(Monarch Alternative Capital), 베노 캐피탈(Venor Capital Management) 등 워싱턴 뮤추얼 회사채를 보유한 채권자들이 제이피 모건과 FDIC를 상대로 파산 절차에 참여하기 위한 소송을 제기한 바 있으며, 이 소송에서도 제이피 모건과 FDIC는 워싱턴 뮤추얼 문제에 대한 책임 소재에 관해 상반된 의견을 보인 것으로 알려졌다.

C 빚쟁이가 가진 권리의 한계

때로는 회사의 추가적 채무 부담 행위가 기존 채권자의 권리를 침해하는 경우가 있을 수 있다. 그 이유는 회사의 채무가 늘어나면 그만큼 채무 상환 부담이 늘어나고 그 결과 기존 채권자가 채권을 회수하지 못할 가능성이 커지기 때문이다.

우리나라에서도 널리 알려진 오레오 과자를 생산하는 나비스코 Nabisco 사는 주주들로부터 회사의 주식을 다시 사들이는 계획을 발표했다.[144] 이 조치는 잠재적인 적대적 인수 · 합병에 대응하기 위한 조치였다. 자사주를 매입하기 위해 나비스코는 주주들에게 주당 75달러를 지급한다는 조건을 내걸었다. 문제는 자금 조달이었다. 현금이 많지 않았던 나비

---

[144] Metropolitan Life Insurance Company v. RJR Nabisco, Inc.

스코는 대규모의 부채 조달을 통해 주식을 사들이고자 했다.

나비스코사의 채권자 중에는 미국 뉴욕의 유명한 생명보험 회사인 멧라이프 Met Life가 있었다. 멧라이프는 나비스코가 발행한 선순위 회사채 prior bonds를 다량 보유하고 있었는데, 나비스코의 추가적인 채무 부담 행위가 주요 채권자인 멧라이프의 이해에 반한다는 생각을 했다. 그 이유는 멧라이프가 보유한 채권 포트폴리오의 수익률이 나비스코의 추가적 채무부담으로 떨어질 수 있다고 생각했기 때문이다.

이렇게 나비스코의 행위가 마음에 안 들었던 멧라이프는 소송을 제기했다. 멧라이프의 논거는 나비스코가 기존의 채권자들이 보유하고 있는 채권의 가치를 훼손하지 않을 암묵적 의무를 지고 있다는 것이었다.

법원은 멧라이프의 주장에 수긍하지 않았다. 채권자의 권리를 담은 회사채 계약서 bond indenture상에서 채무자인 회사가 추가적 채무 부담을 할 수 없다는 조항이 없을 뿐만 아니라, 멧라이프가 나비스코의 채무 부담 행위로 져야하는 부담은 시장에 내재되어 있는 위험이기 때문에 손실을 보더라도 그 몫은 멧라이프가 져야 한다고 보았다. 이러한 투자의 위험은 거대보험사이자 투자자인 멧라

뉴욕 멧라이프 본사

이프가 당연히 알고 있었던 것이기 때문에 나비스코의 책임을 물을 수 없다고 법원은 판단했다.

미국법에서는 이사회를 포함한 회사의 경영진이 회사 또는 주주에게 지는 신의 · 성실 의무가 채권을 보유하고 있는 회사의 채권자 debt holders 에게 까지는 미치지 않는다고 보는 것이 일반적이다. 따라서 채권자인 멧라이프는 나비스코의 막대한 채무 부담 행위를 신의 · 성실 의무 위반 으로 걸고 넘어갈 수도 없는 상황이었다.

d 빚쟁이가 가진 권리의 변경

회사가 발행하는 채권을 시장에서 사는 다수의 대중에게는 자신들이 투자한 금액과 이자를 회수하는 것이 최우선 과제이다. 앞서 설명한 인 덴처에는 이러한 대중적 투자자들을 보호하기 위한 조항들이 삽입된다. 인덴처를 통한 채권자 보호를 규정하는 연방법도 따로 있다.[145]

인덴처는 채권자 보호를 위해 주주에 대한 배당금 지급 상한 limit의 설 정, 주주 지분과 부채의 특정 비율 유지 등을 규정할 수 있다. 채권자들 의 동의가 있으면 이러한 보호 조항 protective covenants들도 수정될 수 있다. 그리고 핵심적이지 않은 조항 non-core covenants들은 채권자 다수의 동의가 있을 경우 수정 또는 삭제가 일반적으로 가능하다.

미국의 기업들은 채권자에게 현금을 주고 채권을 다시 사들이는 대 신, 회사가 새로 발행하는 채권이나 주식을 살 것을 채권자에게 권유할 수 있다. 이는 '교환 오퍼 exchange offer'라고 불리는 것으로 교환 과정에서

---

145 이 법은 'the federal Trust Indenture Act of 1939'이다.

회사가 기존에 있던 인덴처의 내용을 바꿔 교환과 관련된 조건을 변경하는 것도 가능하다. 예를 들어 회사가 채권자로부터 회사채(또는 디벤처)를 사들이면서 기존 인덴처 조항의 수정에 동의할 것을 채권자에게 요구할 수 있다.[146] 특히, 인덴처가 채권자들에게 인덴처 조항의 수정에 대해 거부권을 특별히 부여하지 않는 이상 인덴처의 수정은 비교적 자유롭게 이루어질 수 있다.

ⓔ 회사가 다시 빚을 사들이는 경우

회사가 자금 조달을 위해 발행·매각한 회사채의 가격이 만기까지 지속적으로 오를 것이 예상될 경우가 있다. 이런 경우 회사는 만기에 이르러 시장에서 유통되는 회사채를 발행 당시보다 높은 가격을 주고 살 가능성이 높아진다. 회사로서는 부담이 될 수 있는 요인이다. 따라서 회사는 만기가 되기 전에 회사채를 미리 사는 수단을 강구할 수 있는데 이때 쓰는 방법이 회사채 재매입 redemption이다.

회사채를 보유하고 있는 채권자들도 이렇게 회사가 무분별하게 만기 전에 회사채를 재매입하지 못하도록 할 수 있는데, 이럴 때 쓰는 방법이 계약서인 인덴처에 콜 프로텍션을 집어넣는 것이다. 콜 프로텍션은 발행자인 회사가 회사채 만기 도래 전에 회사채를 중도 매입할 수 없도록 하는 것이다. 이는 채권자인 회사채 보유자들이 만기까지 회사채를 투자 수단으로서 보유할 수 있도록 그 권리를 보호하는 것이라고 할 수 있다.

---

146 Katz v. Oak Industries, Inc.

부채 되사기

경기가 좋을 때 회사가 발행한 주식을 되사는 주식 되사기(share buybacks)가 유행한 적이 있다. 금융 위기 이후에는 세계 경제가 둔화되면서 회사가 발행한 부채를 다시 사는 움직임이 주요 기업들을 중심으로 활발히 진행되었다. 회사 채, 모기지 증권 등 회사가 발행한 부채를 액면 가격보다 싼 가격에 되살 수만 있다면, 회사 입장에서는 부채 규모를 줄일 수 있는 좋은 방법이 되는 것이다.

이렇게 회사가 자신들이 발행한 부채를 싼 가격에 살 수 있는 것은 회사가 발행 하는 채권 등에 투자하는 투자자들(debt investors)이 글로벌 금융 위기로 현금 부족을 겪어 자신들이 투자한 채권을 싸게라도 팔아서 돈을 확보하고자 했기 때문이다. 투자자들로부터 보유 회사채 매각(redemption)요구를 받아 현금이 필요했던 헤지펀드들이 이미 투자했던 회사의 채권 등을 싸게 팔았던 것도 이러한 이유 때문이다.

AIG의 부채 – 주식 교환

미국 정부로부터 구제 금융을 받은 바 있는 AIG는 2009년 12월 초 부채 규모를 줄이기 위해 연방 준비 은행(Fed) 뉴욕 지점에 자회사의 지분을 양도하기로 했다고 발표했다. 연방 준비 은행에 양도하는 AIG 지분의 가치는 250억 달러에 달하는 것으로 알려졌다.

이 거래는 부채를 주식과 교환하는 소위 '부채–주식 교환(debt for equity swap)'으로 당시 AIG의 신용 등급 하락을 막는 데 효과가 있을 것으로 분석되었다. 미국 정부 입장에서도 AIG의 알짜배기 자회사 지분을 확보함으로써 향후 있을지도 모르는 채무 불이행의 위험을 상쇄할 수 있다는 점에서 좋은 기회로 인식되었다.

하지만 당시 이 거래는 미국의 납세자들이 낸 세금으로 생명을 건진 AIG로부터 미국 정부가 빚을 다 받아 낼 수 있을 거라는 확신은 주지 못했다. 그 이유는 미국 정부가 AIG를 구제하면서 준 700억 달러의 대가로 받은 것의 일부가 배당금 지급을 AIG 자율에 맡긴 우선주(preferred stock)였기 때문이다. 우선주를 갖게 된 미국 정부는 AIG 자산에 대해 권리를 행사할 수 없고, 5년 동안은 AIG에 대해 우선주를 되사줄 것을 요구할 수도 없게 되어 있었다.

16억 달러에 해당하는 빚을 탕감하면서, 뉴욕 연방 준비 은행이 받은 것은 아시아에서 사업을 주로 하고 있는 AIAC(American International Assurance Company)의 주식이었다. 또한 추가적으로 9억 달러의 부채를 감면해주는 대신 받은 것은 일본과 영국에서 주로 사업을 하고 있는 ALIC(American Life Insurance Company)의 주식인 것으로 알려졌다.

연방 준비 은행은 두 자회사가 추후 매각될 경우, 위와 같이 받은 주식을 현금을 대가로 팔 수 있게 되어 있다. 당시 부채—주식 교환은 총 8개월이 걸렸다. 이렇게 긴 시간이 걸린 이유는 해외 영업을 하고 있는 두 개의 자회사 때문이다. 이 자회사들을 감독하는 외국 금융 당국으로부터 필요한 모든 승인을 받느라 시간이 상당히 소요된 것으로 알려졌다.

'코포릿 아메리카'를 통해 본
미국식 자본주의

'미국 회사 제도를 지탱하는 기본 철학은 무엇인가?' 이 책을 쓰는 동안 계속 품고 있던 고민이다. 회사라는 조직의 실체, 주주의 의미, 회사의 주인이라는 주주와 경영진 사이의 긴장과 갈등을 조정하는 원리, 금융 시장과 기업의 상호 작용 등 골똘히 생각해봐야 할 과제가 한둘이 아니었다. 미국이 수백 년간 운영해온 기업 제도와 판례, 그리고 현재의 새로운 이슈들에서 추출해낼 수 있는 화두를 찾고 싶은 마음이 간절했다.

미국 제도 내에서 회사는 다양한 유형으로 존재하지만 결국 회사는 회사의 주인인 주주의 이익 실현을 위해 존재하는 실체이다. 회사가 주주를 위해 존재하는 만큼 경영진은 회사를 주주의 이익에 맞게 운영해야 할 의무를 진다. 경영진의 판단과 자율도 존중되지만, 그러한 권리도 주주와 회사의 이익에 부합되어야 한다는 기본적 전제를 충족해야 한다. 소유와 경영의 분리가 대세인 현대식 미국 자본주의에서 이러한 명제는 아주 큰 의미를 갖고 있다. 그 이유는 '주주의 목소리'가 중요해지기 때문이다. 주주의 목소리를 대변하기 위해, 말 없는 주주를 자기편으로 만들기 위해, 그리고 반대하는 주주를 제압하기 위해 많은 사람과 기관들이 뛰고 싸우는 것이 미국식 자본주의의 또 다른 단면이다. 미국에서 적대적 인수·합병이나 헤지펀드를 중심으로 한 기업 사냥꾼의 행동주의 투자가 상시적으로 일어나고 있는 것도 주주라는 회사의 주체를 중심으로 이해될 수 있다고 생각한다.

하지만 '코포릿 아메리카'가 주주만을 위해 존재하는 것은 아니다. 경영진, 채권자, 금융시장, 정부도 회사 및 주주와 지속적인 상호작용을 하고 있다. 특히 뉴욕에 근무하면서 주목한 것은 월 스트리트로 대변되는 미국의 금융 산업이 기업 세계에 미치고 있는 영향이었다. 그 영향은 막대했다. 기업을 죽이고 살릴 수 있는 돈, 부실 기업을 인수해 가치를 키울 수 있는 경영 전문성, 기업 전략의 수정을 요구하며 최고 경영진과 일전을 벌이는 헤지펀드 등은 그 영향력의 증거이다. 금융 위기 이후 정부의 적극적인 감독을 받게 된 월 스트리트의 금융이지만, 월 스트리트가 가진 돈은 주주로서 또는 채권자로서 미국 메인 스트리트의 기업들에게 강력한 존재감을 아직도 과시하고 있다. 금융시장의 반응에 주목하면서 주가를 띄우기 위해 잘 나간다는 애플도 자사주 매입과 배당을 늘리고 주식 분할까지 한 것이 그 증거이다.

미국의 기업 제도를 고찰하면서 또 한 가지 주목해야 할 것은 기업들이 자신들에게 유리한 회사 제도를 선택할 수 있다는 점이다. 미국 상장 기업의 절반 이상이 델라웨어 주에서 법인 등록을 하고 있는 것은 델라웨어 주가 선진적이며 비즈니스 친화적인 회사법과 판례를 바탕으로 기업 경영의 모든 이슈에 대해 답을 줄 수 있기 때문이다. 이는 미국이 연방 국가로서 주마다 각각 회사법을 운용하고 있으며, 개별 주들이 경쟁적으로 기업을 유치하기 위해 회사 제도를 발전시켜 왔기에 가능한 것이다.

이제 미국의 기업 세계를 관통하는 원리와 제도, 그리고 특징이 우리에게 어떤 의미로 해석될 수 있는지가 중요하다. 적어도 경제 분야에서만큼은 글로벌화의 진행이 앞으로도 계속될 것이며, 글로벌화의 진전은 개별 국가들의 룰과 제도가 공통의 표준을 향해 수렴하게 되는 결과를 가져오게 될 것이다. 이러한 흐름은 '글로벌 룰 세터 rule-setter'로서 미국의 제도를 관심 있게 지켜봐야 할 이유다. 회사의 주인인 주주를 위해 이사회의 경영진 견제 기능을 중시한다는 점, 주주 제안 등을 통해 주주가 회사 전략의 설정에 참여할 수 있는 제도적 통로를 보장하고 있다는 점, 쉴 새 없이 사고 파는 주식 거래 속에 회사의 주인이 순식간에 바뀔 수 있다는 점, 내부 거래를 아주 엄격히 처벌하고 있다는 점 등은 우리가 주목할 만한 미국 제도의 특징이다. 미국에서도 주주를 대변한다고 하면서 기업 지배 구조에 대해 공격을 일삼는 헤지펀드에 대한 비판적 시각이 상당하다. 하지만 그들의 주장이 진정으로 기업 가치를 증가시킬 수 있는 대안이라면 시장이 그들의 손을 들어주는 것도 미국식 자본주의의 한 모습이다. 결국 우리가 미국을 통해 참고해야 할 것은 기업의 가치를 올리는 일이 주주의 이익에 봉사하는 것과 다르지 않다는 점이며, 회사의 경영진은 주주와 끊임없는 대화를 통해 서로가 공통으로 지향하는 가치를 찾고 이를 실현하는 방법에 대해 합의를 이루어야 한다는 점이다. 이렇게 될 경우 주주의 권리와 경영진의 권리가 절대 충돌할 필요도 없고, 충돌해서도 안 된다는 교훈을 얻을 수 있다. 이 책을 바탕으로 미국 제도와 사례가 발전하고 진화하는 모습을 지켜보면서 미국을 보는 시각이 좀 더 깊어지고, 더불어 우리 제도의 구체적 발전상까지 생각해볼 수 있는 기회가 마련되길 기대한다.

참고 문헌

William A. Klein, J. Mark Ramseyer and Stephen M. Bainbridge, 『Business Associations: Agency, Partnerships, and Corporations(6th Edition)』, Foundation Press.

William A. Klein, J. Mark Ramseyer and Stephen M. Bainbridge, 『Business Associations: 2006 Statutes and Rules』, Foundation Press.

Alan R. Palmiter, 『Corporations: Examples and Explanations(5th Edition)』, Aspen Publishers.

Daniel S. Kleinberger, 『Agency, Partnerships, and LLCs: Examples and Explanations(2nd Edition)』, Aspen Publishers.

Robert W. Hamilton, 『The Law of Corporations In A Nutshell(5th Edition)』, West Group.

William A. Klein and John C. Coffee. Jr., 『Business Organization and Finance: Legal and Economic Principles(9th Edition)』, Foundation Press.

Joseph Shade, 『Business Associations In A Nutshell(2nd Edition)』, Thomson West.

《2005 New York Laws Affecting Business Entities Annotated》, Aspen Publishers.